KB090137

비즈니스이벤트 시대가 온다

BUSINESS EVENTS

비즈니스이벤트

김성태·윤은주·정광민·김미성 공저

(주)백산출판사

Prologue

MICE산업의 가치 재조명, 비즈니스이벤트!

2020년 바로 그 여름, 우리 MICE산업은 앞으로 어떻게 나아가야 할까라는 답답한 마음에서 몇몇 분과 전화로 얘기를 나누기 시작했던 것이 엊그제 같습니다. 지금은 MICE산업의 위기일까, 전환의 기회일까. MICE는 새로운 도전과 변화를 통해 사회의 필수적인 성장 동력으로 과연 자리 잡을 수 있을까. 이러한 고민들은 필자들뿐만 아니라 코로나 시대를 이겨낸 지금까지 여러분들도 하고 계실 것 같습니다. 코로나 시대를 지나며 과연 국제회의를 개최하는 진정한 목적은 무엇인지에 대한 고민들을 하셨을 것 같고, 오히려 그 고민들이 더 깊어졌을 수도 있을 것 같습니다.

이러한 고민들을 해결하고 앞으로 어떻게 나아갈지를 이야기해 보기 위해 우리가 주목한 개념은 '비즈니스이벤트'입니다. 우리나라 MICE산업은 국제회의를 중심으로 시작되었습니다. 2000년대에는 국내, 해외 도시들과의 경쟁을 통해 국제회의를 유치하고, 개최하는 것만으로도 충분한 사회적 이슈가 되었습니다. 국제회의에 방문한 수십 개국의 해외 전문가들이 유명 관광지로 쏟아져 들어오는 광경에 많은 기자들과 시민들도 관심을 가졌고, 쉽게 기사화도 되었습니다. 2010년대에는 신규 컨벤션센터와 컨벤션뷰로들이 지속적으로 개관 혹은 설립되면서 국제회의를 확장하여 MICE라는 개념이 정착되고, MICE산업은 사회의 신 성장 동력으로 그 중요성이 이어지기도 했습니다. 이후 2010년대 초중반에는 UIA 세계 순위에서 한국이 두각을 나타내면서 우리나라 MICE산업의 전성기를 맞이했다고 해도 과언이 아닐 것입니다. 다만, 전국의 컨벤션뷰로들이 하나둘씩 공사, 재단 등으로 조직이 확대 통합되면서 국제회의 산업만으로는 독립적인 기구로 지속하기가 어려운가라는 의문도 제기되기 시작했습니다.

그러나 최근에는 MICE 참가자들이 개최지에 소비하는 직접 지출효과만으로 MICE 행사를 유치·개최하고 지원할 수 있는 예산을 정부로부터 확보하기에는 훨씬 더 어려운 시기가 되었습니다. 코로나 사태를 거치면서 그동안 대면 개최방식에 의존했던 MICE 행사에 대한 회의와 우려가 커질 수밖에 없었고, 바로 이어지는 경기 침체 속에서 MICE 행사 유치·개최를 위한 예산 확보에는 더 크고 과학적인 명분이 필요해졌습니다.

이러한 시기에 우리에게도 알려지기 시작한 비즈니스이벤트라는 용어는 이미 우리나라와 몇몇 아시아의 나라들을 제외하고는 세계적인 대세로 자리매김하고 있습니다. 그 흐름은 짐작했던 것보다 더 큰 추세임을 조사하는 과정에서 확인했습니다. 비즈니스이벤트라는 직관적인 용어와 그로 인한 비즈니스 성과 제고 혹은 레거시 창출이라는 분명한 목적이 이러한 어려운 변화의 시기에 우리나라 MICE산업의 방향을 새로운 각도에서 조명하고, 정립하고, 나아가기 위한 개념이 되었으면 합니다.

MICE산업이 관광객의 유치와 맥락을 같이하여 지난 20여 년, 아니, 약 30년간을 열심히 달려왔다면, 이제는 보다 깊숙이 사회, 경제, 문화 등 전 분야에 비즈니스 성과를 창출하고, 산업 혁신, 지식 확산 및 지역 커뮤니티 활성화에 기여했으면 합니다. 이를 위한 세부 목표와 전략 수립에 기본적인 인식의 출발점이 되어 MICE산업의 위상과 명분을 높이는 데 일조했으면 하는 바람입니다. 국제회의 혹은 MICE산업이라는 용어를 완전히 바꾸자는 과격한 주장은 아닙니다. 그보다는 우리나라 국제회의 산업의 제2의 도약을 위한 계기들 중에 하나의 중요한 모멘텀이 되었으면 합니다.

또한, 제4부의 자료는 국제회의 산업에 종사하는 재직자와 취준생들에게 조금이나마 실무적으로 도움이 되었으면 하는 차원에서 국제회의 유치 과정과 기획 과정을 여러 자료와 저자들의 경험을 바탕으로 정리한 것입니다. 지난한 유치와 개발 과정들이지만 국제회의 산업에 종사하고 있다면 조금이라도 자부심을 가졌으면 하는 바람도 들어 있습니다.

우리 산업의 가치가 더욱 커지고 우리 산업을 통해 사회가 발전하는 바람들을 엮어 책으로 나오기까지 3년하고도 6개월, 코로나 사태 종식보다 더 오래 걸릴 줄은 미처 몰랐습니다. 핑계일 수도 있지만, 서로 각자의 분야에서 여러 가지 일들에 바쁘고, 지리적으로도 떨어져 있다 보니 온라인 회의만으로 커버할 수 없는 깊이 있는 얘기들을 자주 나누기가 쉽지 않았던 것 같습니다. 하지만 시간이 조금 지났다고 해서 그때 당시의 질문들이 크게 달라지진 않은 듯합니다. 그리고 이 글을 읽고 있는 여러분들도 저희와 같은 고민을 하고 계실 거라 생각합니다. 이 책이 우리의 고민들에 어느 정도 해답을 제시하고 또 같이 성장해 나가는 계기가 되기를 바랍니다.

MICE산업의 방향을 고민하면서
저자 일동

Contents

제 **1** 부

비즈니스이벤트
시대가 온다

비즈니스이벤트는 무엇인가?

제 **1** 절

2019년 12월 발생한 코로나19가 아시아·태평양 지역을 넘어 세계적으로 확산되면서 전 세계 관광 산업이 크게 위축되었다. 다행히 포스트 코로나 시대로 접어들면서 국제회의 수요의 회복세가 가파르지만 성장 일로를 걷던 전 세계 MICE산업의 규모는 과거에 비해 축소되었고, 국제회의 유치 및 개최 방식의 변화에 대한 요구와 그에 따른 진통은 여전히 지속되고 있다.

유례없는 변화를 겪은 지금, 한국 MICE산업은 중대한 도전에 직면해 있다. 대유행병은 MICE산업의 가치를 전면적으로 재조명하도록 강요해 왔다. 코로나 사태 이전, 방문자 경제(Visitors Economy)의 중요한 축이었던 MICE산업은 국내외 참가자의 "현장" 방문과 이들을 활용한 다방면의 파급효과를 창출하는 것에 큰 가치를 두어 왔다. 하지만 지난 3년간은 현장 참가자가 전혀 없거나 대폭 급감한 국제회의에서 과연 어떠한 새로운 가치를 만들어낼 수 있을까라는 질문을 던지지 않을 수 없었다. 이러한 과정에서 일각에서는 MICE산업의 무용론까지 대두되었다.

다행인 것은 MICE업계가 급변하는 국제회의 트렌드에 부합하기 위해 정면으로 맞서서 극복해 왔다는 것이다. 국제회의 유치 및 개최 방식의 디지털 전환이라는 피할수 없는 과제에 ICT 기업들과 힘을 합쳐 도전적으로 대처하고, 국제회의 개최 건수와 참가자 축소, 업계의 매출 감소 및 직원의 감원과 이탈 등 생존 자체가 어려운 시기에도 변화와 혁신을 위해 최선을 다해 왔다.

이제 지난 3년간의 끈기와 용기를 통해 축적된 노하우를 활용해 재도약의 방향을 설정해야 하는 중대한 시기이다. 우리는 그동안의 노력이 헛되지 않게 MICE산업의 구심점을 모을 수 있을 것인가? 추락한 국제회의 산업의 위상을 다시 회복할 수 있을 것인가? 시대에 맞는 한국적인 MICE산업의 발전 방향은 무엇이고, 이러한 방향을 향해 나아갈 수 있을 것인가? MZ세대의 자발적 업계 유입으로 밝은 미래를 만들어갈 수 있을 것인가? 우리는 이러한 도전 과제들을 풀어내고, 포스트 코로나 시대에도 다시 세계적인 MICE산업의 강국에 합류해야만 할 것이다.

새로운 시대의 한국 MICE산업의 새로운 가치 창출. 난제처럼 보이지만, 어쩌면 이 도전은 매일 활용하고 있는 회의, 국제회의 혹은 MICE라는 용어들에 대한 기초적인 재정의에서 시작하는지도 모른다. 이들 용어들의 유래와 차이점을 이해한다면, MICE산업의 범주와 역할을 시대에 맞게 재구성할 수 있고, 나아가 MICE산업의 새로운 가치를 새로운 그릇에 담을 수 있을지 모른다.

즉, 우리가 매일 사용하는 용어는 당면한 여러 도전 과제를 풀 수 있는 매듭일 수 있다. 왜냐하면, 산업을 대표하는 용어의 정의가 명확해지면, 국내회의, 인센티브와 전시회, 기업회의, 각종 특별 이벤트 등 MICE산업의 경계에 있는 분야들의 범주를 보다 명확히 규정할 수 있기 때문이다. 재규정된 산업의 범주는 중앙 정부와 지자체의 예산 규모와 정책 수립, 사업 방향에도 영향을 준다. 지역 DMO(Destination Marketing Organization)/CVB(Convention & Visitors Bureau)의 지원 사업과 설립 형태 등 정책 결정에는 중요한 기준이 될 수 있다. 취약해진 MICE업계의 비즈니스 영역과 시장 진출 기회를 합리적으로 확대할 수도 있다. 나아가 국제회의 주최자와 참가자들의 인식의 전환에도 긍정적인 영향을 줄 수 있으며, MZ세대 미래 인재들의 유입에도 기여할 수 있을 것으로 본다.

이렇듯 우리가 활용하는 국제회의 산업 관련 용어들의 비교와 정의는 중요한데, 이를 본격적으로 살펴보기에 앞서 우선은 우리나라 MICE산업의 현 주소와 직면한 과제를 전체적으로 짚어보는 것에서 출발하기로 한다.

1 한국 MICE산업[1]의 현 주소와 과제

가. 한국 MICE산업의 현 주소

그럼 대한민국의 MICE산업은 어떻게 시작하였고 현재는 어떠한 상황인가?

① 공공 부문의 MICE산업 육성

1979년 문화공보부[2]와 한국관광공사는 국제회의부(현, 코리아 MICE 뷰로)를 설치하여 국제회의 유치 활동 및 국제회의 개최지원, 해외 마케팅 활동, 국제회의 관련 정보 제공, 전문 인력 양성, MICE업계 네트워킹 구축 활동 등을 선도해 왔다. 한국 MICE산업의 중앙전담기구로서의 역할을 일찍이 시작한 것이다. 본격적으로 국제회의의 중요성이 부각된 계기가 된 정부 행사로는 1994년 경주에서 개최된 아시아태평양지역관광협회(PATA) 총회를 꼽는다. 이후 문화체육부[3]는 1996년 12월, 「국제회의산업 육성에 관한 법률」을 제정하면서 국제회의 산업의 중요성을 공식적으로 명문화하는 큰 전환점을 마련했다.

2000년, 한국종합전시장(KOEX, Korea Exhibition Center)은 전문 회의시설 등의 증축을 통해 국내 최초의 컨벤션센터 코엑스(COEX)로 탈바꿈하였는데, 이는 ASEM 정상회의가 계기가 된 것이었다. 대부분의 전문가들은 국제회의 산업의 성장세가 본격화된 시기를 이때로 본다. 이후 2001년 엑스코(대구)와 벡스코(부산), 2002년 aT센터(서울), 2003년 제주국제컨벤션센터(ICC Jeju), 2005년 킨텍스(고양), 김대중컨벤션센터(광주), 창원컨벤션센터, 2008년 송도컨벤시아(인천), 대전컨벤션센터 등 전국적으로 컨벤션센터, 즉, 전문 회의시설들이 건립되었다. 공급이 수요를 창출하면서 꾸준한 성장세

---

1 국제회의 산업 관련 용어로는 법정 용어인 '국제회의', 국내회의까지 포함한 '회의', 그리고 기존에 일반적으로 활용되고 있는 '컨벤션'과 'MICE' 등이 있는데, 이 책에서는 통상적인 용어인 'MICE'를 주로 쓰도록 하겠다.
2 현재, 문화체육관광부
3 현재, 문화체육관광부

를 갖추게 된다.

수요를 창출하기 위한 국제회의 유치 업무가 조직적이고, 본격적으로 시작된 것은 기존의 한국관광공사 외에 전국적으로 컨벤션뷰로들이 설립되면서부터이다. 2003년 4월, 대구컨벤션뷰로의 설립을 필두로, 부산, 제주, 서울 등 컨벤션뷰로가 전국적으로 확대되어 '23년 현재는 17개 이상이 전국적으로 운영되고 있다. 2003년은 컨벤션 기획사 제도 시험이 최초로 국가 자격증 시험으로 시행되면서 MICE산업의 인적 자원 기준과 관리가 공식화된 해라는 점에서도 큰 의미가 있다. 이후, 2005년에는 국제회의 도시를 지정하면서 서울, 부산, 대구 및 제주가 1호 도시들로 지정되었고, 정부 차원에서 본격적인 도시별 국제회의 산업 육성 정책이 개시되었다. 2009년에는 미래 한국경제를 이끌고 나갈 17대 신 성장 동력 산업 중 고부가가치 서비스산업으로 MICE산업이 선정되면서, MICE라는 용어가 확산되고, MICE산업의 가치가 부상하는 계기가 되었다.

국제회의 관련 사업은 주로 한국관광공사의 MICE 뷰로를 중심으로 정책이 만들어졌다. 기존의 국제회의 유치 지원 사업은 국제회의 산업 수요 창출에 큰 기여를 하면서 지속적으로 강화되어 왔다. 또한, 지역발 행사(Origin Events)의 기획·개발 및 육성 사업에도 필요성이 부각되면서 한국을 대표하는 스타컨벤션 발굴 사업을 개시하고, 2012년부터는 지역특화컨벤션 육성 제도로 체계화하여 지역별 강점 산업, 문화 분야의 차별화된 국제회의 기획·개발을 유도하게 된다. 이러한 노력은 국제회의 유치를 통한 국제회의 외에 추가적으로 국제회의 개최 건수를 증대할 뿐만 아니라, 지역별로 균형적인 국제회의 수요 창출을 유도하는 계기가 되었다. 이어서 K-Convention 제도라는 보다 고도화된 육성 사업으로 이어지는데, 이러한 일련의 노력들은 국제회의 참가자 규모에 따른 획일적인 국제회의 유치 및 개최 지원 정책을 넘어 지역 기반형 국제회의 개최를 통한 지역 경제, 문화, 사회 발전이라는 MICE산업의 새로운 가치와 역할에 대한 관심을 고조시켰다는 중요한 의미가 있다. 이외에도 MICE 대사제, 국제 협단체 육성 등을 도입하면서 국제회의 주최자 육성을 통한 지속가능한 MICE 수요 창출에도 힘을 쏟기 시작했다.

최근의 국제회의 산업 육성 관련 정책의 큰 전환점은 중앙 정부인 문화체육관광부가 주관하는 국제회의복합지구 지정 및 육성 사업이다. 문화부는 법적 근거를 마련하여 2018년에 인천, 광주, 고양, 2020년 부산과 대구, 2022년에는 대전과 경주를 복합지구로 지정했다. 현재는 7개 도시의 복합지구 권역을 국제회의 산업 육성의 거점으로 지정하여 집중 지원하고 있으며, 이를 확대해갈 계획이다. 기존의 컨벤션센터, 숙박, 관광 등 인프라 위주의 홍보를 통한 국제회의 유치 성과를 넘어 복합지구라는 권역을 활성화하여 행사 참가자들의 소비 진작 효과를 높이고, 참가 만족도를 제고하기 위한 국제회의 개최지와 참가자 측면의 정책이라는 중요한 의미가 있을 것이다.

R&D 분야에 있어 한국관광공사에서는 그간 M, I, C, E 중 I(인센티브 관광) 분야외 회의(Meetings), 컨벤션(Conventions) 및 전시회(Exhibitions) 분야별로 각각의 산업 규모를 파악하고, 이들을 통한 직접 경제 파급효과 조사를 통해 산업 및 참가자 관련 보고서를 매년 출간하고 있다. 또한 국제회의를 공식적인 산업의 한 분야로 접근하기 위해 관광분야 국책연구기관인 한국문화관광연구원에서는 마이스 경제기여도와 효과 산출 및 제도 개선 연구 등을 진행하고 있다.

이렇듯 중앙 정부, 지자체, 한국관광공사와 지역 DMO/CVB 등 공공부문의 MICE산업 육성 정책과 컨벤션센터와 같은 국제회의 산업 인프라 조성 정책은 특히, 2000년 이후 20여 년 동안 지속적이고 의미 있는 발전을 거듭해 왔다.

② MICE업계 현장의 노력

MICE업계의 현장은 보다 치열한 격변의 발전 과정을 겪어 왔다. 한국의 제1호 국제회의 기획업(Professional Convention Organizer, PCO)인 코코넥스는 무려 1976년에 설립되었다. 이후 지금도 한국의 대표적인 국제회의 기획업으로 회자되는 인터컴은 1985년[4]에 창립했다. 이 시기를 전후하여 활동하던 초창기 PCO들은 컴퓨터도 없는 상황에서 해외 연자와 참가자들과 팩스나 우편으로 소통을 하면서 국제회의 개최를

---

4 1985년 ICCS(International Communication Convention Services)로 설립되었으며, 1989년 인터컴으로 개명 및 국제회의 기획업 등록(www.intercompco.co.kr)

준비했으니 지금으로서는 업무의 어려움을 상상하기조차 힘들다. 앞서 짚어본 공공부문의 MICE산업의 지원 정책은 70, 80년대부터 시작된 이러한 업계의 노력들이 기반이 되었다고 해도 무방할 것이다. 이후 1994년 이오컨벡스, 1996년 인세션, 2001년 피플엑스, 이즈피엠피, 메씨인터내셔날 등 현재의 대표적인 PCO들이 지속적으로 설립되면서 한국의 MICE업계를 이끌고 있다.

MICE업계의 이익을 대변하고 구심점 역할을 수행하기 위한 한국MICE협회는 2003년 6월 창립총회를 개최하면서 설립되었다. 한국MICE협회가 국제회의 기획업, 국제회의 시설업, 국제회의 서비스업, 유관 기관 및 기업 등 MICE업계를 총망라하면서 230여 개사의 회원사를 보유한 반면, 그중에서도 MICE업계를 주도하는 PCO(Professional Convention Organizer)들의 전담 창구는 2007년 1월, 한국PCO협회의 출범을 통해 마련되었다. 현재 한국PCO협회에는 이사사 20개사, 정회원 23개사, 준회원 25개사 및 특별회원 21개사 등 89개사가 회원으로 활동 중에 있다[5].

③ MICE학계의 창구 마련

MICE 관련 공공부문과 민간부문은 물론, 학계에서도 활발한 활동을 이어왔다. 본격적인 학계의 구심점은 2001년 4월 한국컨벤션학회의 설립으로 마련되었으며, 관광학회와는 별도의 학회로 독립하였다는 의미가 있다. 2017년 한국마이스관광학회로 개명한 컨벤션학회는 지금도 각종 연구 및 R&D 사업을 활발히 진행하고 있다. 최근 또 하나의 학회가 재정비를 거쳐 본격적인 활동을 개시했는데, 한국비즈니스이벤트컨벤션학회이다. 2005년 한국이벤트컨벤션학회로 설립하여, 2022년에 한국비즈니스이벤트학회로 개명하면서 이벤트와 컨벤션의 융합을 추구하고 있다.

---

5 세부적인 내용은 한국MICE협회(micekorea.or.kr), 한국PCO협회(kapco.or.kr) 참조

나. 한국 MICE산업의 과제

코로나 사태의 장기화는 지난 수십 년간 이어져온 MICE산업의 발전을 한번에 무력화하고, MICE업계의 어려움들을 증폭시켰다. 하지만 팬데믹 상황에 앞서 이미 고질적인 한국MICE산업의 문제점에 대해서는 지속적인 우려가 있어 왔다. 이러한 문제점과 과제를 우선적으로 짚어보는 것은 새로운 시대의 한국형 MICE산업의 발전 방향 정립에 도움이 될 것이다.

① 공공 부문의 과제

전국의 CVB(Convention & Visitors Bureau)[6] 혹은 DMO(Destination Marketing Organi-zation)[7]의 조직 체계와 역할에 대해서 재조명이 필요하다는 목소리가 많다. 사실, 컨벤션뷰로들은 2003년 대구컨벤션뷰로 설립에 이어 부산, 제주, 광주 등 초창기에는 독립적인 국제회의 전담기구 형태로 창립되었다. 국제회의 유치 및 개최지원 기능을 오롯이 전담하면서 특히 국제회의 유치에 많은 성과를 냈었다. 하지만 소규모 조직으로서의 불안정성, 지자체의 행정 편의성, 관광 등 방문자 경제(Visitors Economy)와의 일부 연관성 등을 근거로 현재는 대부분 통합조직으로 변모되었다. 기존의 지역별 관광 조직이나 컨벤션센터, 혹은 양측 모두와 대단위 통합 조직으로 개편되다 보니, 국제회의의 고유 기능은 사업 규모가 상대적으로 더 큰 관광이나 컨벤션센터 사업들에 흡수 및 축소되는 경향이 많다. 독립된 컨벤션뷰로에서 근무한 경험이 있는 사람들은 이러한 추세를 더욱 실감하고, 우려한다. 통합된 조직 내에서 국제회의 기능과 역할의 축소, 순환보직으로 인한 주최자와의 인적 네트워크 단절, 전문성 결여 등은 국내 및 해외 도시와의 치열한 유치 경쟁에 있어 큰 약점이 되기 때문이다. 통상 수년 후에 국제회

---

6 CVB(Convention and Visitors Bureau)는 특정 도시나 권역의 컨벤션 및 방문자 전담기구로 주로 비영리 총괄 조직 형태로 설립되어 있다. 도시마다 역할의 범위에는 차이가 있지만, MICE를 통한 비즈니스 목적의 방문자 혹은 레저 목적의 방문자를 유치 및 지원하는 서비스를 제공하는 전담 조직이다.

7 DMO(Destination Marketing Organization)는 CVB와 역할 및 기능이 유사하지만 최근에는 MICE보다는 지역 전체의 방문객을 총괄 유치하고, 서비스를 제공하기 위한 보다 광범위한 도시 마케팅기구의 개념이다. 한국관광공사에서는 지역관광추진조직으로 정의하고 있다.

의를 유치하기 마련이므로 이러한 유치 경쟁력 약화는 지금으로부터 수년이 지난 후에 양질의 국제회의 개최 감소의 결과로 돌아올 것이다.

국제회의 세일즈 및 마케팅 업무 외에 지난 3년간의 위기와 급변의 시대에서 업계와 함께 대처할 수 있는 위기관리 능력과 리더십 등 MICE 생태계 육성에 대한 역할의 중요성이 더욱 절실해졌다. 이렇듯 전국의 DMO와 CVB는 국제회의 유치 및 개최 경쟁력 강화뿐만 아니라, 한편으로는 MICE산업의 건전한 생태계 육성의 창구로 거듭나야 한다는 또 다른 중요한 과제를 안게 되었다.

우리나라 MICE산업의 주요 사업을 실질적으로 선도하는 한국관광공사에 대한 진심어린 걱정의 목소리도 있다. 관광공사 내 MICE 관련 부서의 축소나 전담 직원 수의 감소 등이 MICE산업의 위축을 불러오지 않을까 하는 것이다. MICE산업은 그 특성상, MICE 유치와 창출 분야에 공공 부문의 지원이 지속적으로 집중되어야 한다. MICE산업 내 민간 부문의 역량이 부족해서가 아니라 수년 후의 중대형 국제회의를 유치해야 하므로, 민간기업에 즉각적인 수입으로 기여할 수 없기 때문이다. 또한, 유치 과정 자체가 도시 간, 국가 간의 치열한 경쟁을 피할 수 없어 기업이 단독적으로 행사 유치를 추진하기에는 막대한 인력과 재정이 투입되어야만 한다. 결국 한국관광공사와 DMO, CVB들의 역할을 강화할수록 국제회의 수요를 추가 창출하고, MICE산업의 규모 확대에도 기여할 수 있는 것이 국제회의 유치 업무의 특성인 것이다.

또 한 가지 중요한 것은 향후 한 건 한 건의 국제회의 개최에 대한 중요성이 증대되면서 참가자들이 한번 방문했을 때, 이들의 방문 가치를 적극적으로 높이기 위한 여러 전략들에도 신경을 써야 한다는 것이다. 즉, 국제회의 유치나 기획·개발 등을 통한 회의의 수요 창출은 기본적인 역할이고, 이제는 국제회의 개최 지원 정책을 더욱 강화해야 한다. 예를 들어, 단 한 건의 행사를 개최할 때도 해외에서 참가하는 여러 전문가들과 지역의 산·학·관 매칭 간담회, 저명한 해외 참가자의 시민 대상 강연회, 지역이나 전국의 학생들이 참가하는 경연대회, 지역의 젊은 과학자들 대상 어워드 시상 등 개최지의 파급효과를 극대화할 수 있는 지역 연계 프로그램을 기획하여 연계 개최하는 것이다. 나아가 투자 유치 설명회, 지역 기업이 참여하는 전시회와 같은 추가적인 MICE까지도 개발하여 연계할 수 있다. 참가자들의 소비 진작 효과를 높이기 위해 국제회의 복합지구 내의 쇼핑, 관광, 식당, 호텔 등 각종 편의시설들을 참가자의 편의에 맞추어 재정비하는 노력들도 중요하다. 이러한 개최 지원의 기획 과정들에는 지역의 CVB/DMO와 PCO 등 기획사, 그리고 지역 경제기구(지역별 경제/산업 진흥원, 테크노파크, 대학교 등) 등이 공동으로 참여하여 함께 만들어 가야 할 것이다. 이러한 노력은 개최 지역에도 여러 가지 파급효과를 증대시킬 뿐만 아니라, 유치한 행사 자체의 참가 규모 확대 등 질적 성장에도 기여할 수 있을 것이다.

② MICE업계와 학계의 숙원과제

MICE 관련 기업들의 오래된 과제도 여전히 해결되지 않은 부분이 많다. 대부분의 PCO는 유치가 확정된 국제회의 대행에 의존함으로써 다소 단편적이며 획일적인 사업 포트폴리오를 가지고 있다는 것이다. 이러한 경우, 해당 연도의 국제회의 개최 건수나 대규모 국제회의 개최 유무 등에 따라 매년 불안정한 수익구조가 생길 수밖에 없을 것이다. 수익구조의 불안정성은 고용의 불안정성으로 이어진다.

MICE학계에서도 학생들에게 장밋빛 미래를 보장할 수 없는 상황들이다. 코로나 사태 이전부터 관련 학부와 대학원의 신입생 모집에 점점 더 어려움을 겪고 있었고, 어렵게 졸업하는 학생들이 진출할 수 있는 일자리의 부족, 내지는 인력의 수요와 공급에 있어 기업과 학생들의 요구 수준의 불균형, 고된 업무에 대한 사회적 기피 현상 등으로 인해 고성장의 일로를 걷던, MICE산업으로의 진입 및 진출 자체가 눈에 띄게 줄어들고 있다. 컨벤션 특성화 고등학교도 전국에 5개 이상이 개교했지만 특성화 고등학교 졸업생이 MICE산업에 취업하는 경우가 거의 없고, 전국적으로 학과명 혹은 전공명에 컨벤션, 국제회의, MICE 등이 들어가는 수는 지속적으로 감소하는 추세이다. MICE산업의 핵심인 컨벤션산업분야 종사자의 학위를 살펴보면 비전공자가 70% 이상 되고 있어 이는 산업에서 전공 학위에 대한 인정이 안 되는 것을 간접적으로 의미할 수도 있지만, 학과 졸업생 중 다수가 MICE산업이 아닌 다른 분야로의 취업을 한다는 것을 의미하기도 한다. 대학교 입학 초년생들의 경우는 국제회의, 전시회, 이벤트 기획사에서의 업무를 긍정적으로 검토하고 향후 진로를 이 분야로 희망하는 학생들도 많고, 실제 입학 면접에서 구체적으로 MICE분야 취업을 희망하는 학생들도 다수이지만, 학생들이 방학 중 인턴십 등을 참여하고 나면 대부분 진로를 다른 분야로 변경하고 있다. 물론 여름, 겨울 방학 기간은 MICE 행사 비수기이므로 인턴십을 하러 회사에 왔을 때 현장경험을 할 수 있는 기회가 드물기 때문에 대부분 제안서 자료조사 혹은 TM 등의 일을 하게 되고, 인턴을 하는 과정 속 선배 종사자들의 업무에 대한 만족도 등을 보며 MZ세대들은 MICE가 아닌 다른 산업으로의 취업을 원하게 된다.

③ 주최자와 참가자들의 변화된 가치

MICE산업의 또 다른 이해관계자인 주최자들도 한계를 느끼고 있다. 첫째, 국제회의 유치를 위해서는 국제회의 주최자들이 국제 학·협회나 국제기구의 임원으로 진출하고, 학·협회의 이사 등으로서 국제무대에서의 핵심적인 활동이 전제가 되어야 하는데, 이러한 진출과 활동을 통해 국제회의를 유치하려는 노고를 꺼리게 하는 사회적인 분위기도 유치 일선에서는 적지 않게 감지되고 있다. 주최자들을 위한 국제회의 유치 동기 부여와 정책적인 지원도 보다 구체적이고 실용적으로 검토해야 하는 과제로 부상하고 있다. 바쁜 가운데서 치열한 경쟁을 뚫고 국제회의를 유치하고, 이후 수년간 각고의 노력을 통해 성공적으로 개최하더라도 정작 주최자 당사자들에게는 크게 남겨진 것이 없다면 어렵게 유치할 필요성이 굳이 있을까? 현재 협회 및 학회 임원활동은 명예직으로 국제회의를 유치하거나 참가자 유치를 위한 노력에 대한 일부 출장비 보조 외에 개인적인 보상은 전무한 상황이다.

둘째, 국제회의 참가자의 입장은 어떠할까? 해외 참가자 입장에서는 당분간은 참가 대상 국가, 도시의 안전성 등 현장 참가에 더욱 신중할 수밖에 없고, 어렵게 출장을 가더라도 출장으로 인한 성과 창출의 필요성이 더 높아질 것이다. 온라인 참가 시에는 집중력의 한계 등으로 재미있고 실용적인 콘텐츠가 필수적인 요소가 되었고, 특히, MZ 등 젊은 세대들은 이러한 Fun(재미) 요소에 더욱 민감한 것으로 파악된다. 오프라인으로 참가하는 이들에게는 더 높은 참가 가치를 제공해야만 온라인 등록에 비해 더욱 비싼 등록비와 항공료를 마련하여 현장에서 만날 수 있을 것이다. 그러므로 각종 하이브리드 행사 준비와 마케팅에 있어서도 전과는 다른 보다 철저한 기획이 필요하게 되었다. 이렇듯 온·오프라인 참가자들의 참가 결정 과정의 변화와 참가 시 성과 제고에 대한 필요성, 온라인 참가 경험 가치 충족 요구 등에 대한 만족할 만한 대처는 MICE산업에 추가적인 과제가 되었다. 가오슝 프로토콜(ICCA, 2020.11.)에서 '참가자의 관여도와 참가 가치 증대'를 1순위의 변화된 세계 트렌드로 뽑은 것은 이러한 상황을 예견한 것이다.

물론, 국제회의 산업이 본격화된 20여 년 전에 비해서는 분명 국제회의 산업의 규모와 위상이 국내외적으로 높아진 것은 분명하다. 하지만 최근 몇 년간은 분명히 MICE산업 규모의 증대, 질적인 성장, 사업의 다변화, 지원 정책의 강화 및 학생들의 관련 산업 진출 등 거의 모든 면에서 성장의 한계에 도달했다는 생각이 든다. 이러한 과제들은 코로나 사태를 겪으면서 더욱더 분명해졌다. 이것은 혼자만의 생각이 아니라 실제로 여러 전문가들과 업계의 의견들을 반영한 것이다. 지금은 MICE기업, DMO와 CVB, 정부와 지자체 등 산업 플레이어들과 주최자, 참가자 및 개최 국가와 도시 등 이해 관계자들의 입장에서 새로운 가치 전환과 변화에 대한 요구를 진지하게 받아들여야 할 시기가 되었다. 대 인식 전환을 통한 패러다임의 변화로 변화된 시대에 대처하고, 새로운 도약을 설계해야 할 것이다.

2 비즈니스이벤트의 등장

이러한 여러 가지 과제들의 해결을 위한 첫걸음으로서 우리 산업을 대표하는 용어의 정립은 중요하다. 단, 기존에 많은 노력과 비용을 들여 활용해 오던 용어들의 장단점을 고려하지 못하거나, 과거의 여러 현안 문제들을 묻어둔 채로 완전히 새롭게 시작하자는 의도가 아니다. 용어의 전환 과정을 통해 국제회의 산업에 대한 인식의 전환 혹은 확장을 통해 기존의 패러다임을 재정립하고, 새로운 변화와 도전을 위해 힘을 모을 수 있는 근거 있는 변화를 얻고자 한다. 새로운 시대에 접어든 지금이 바로 적정한 시기일지도 모른다.

가. 회의, 국제회의, 컨벤션 및 MICE용어의 유래

우선 기존의 회의, 국제회의, 컨벤션 및 MICE라는 용어부터 유래와 정의를 검토해 보자. 이들 용어에 대한 정의 및 명명은 2006년에 세계관광기구인 UNWTO와 Reed Travel Exhibitions, ICCA와 MPI가 발간한 "회의 산업의 중요성 측정(Measuring the importance of Meetings Industry)"에서 재정리 및 제안되었고, 2008년 UNWTO가 발간한 "글로벌 회의 산업 이니셔티브(Vol. 1)"에서 이를 수정 및 보완한 것을 세계적으로 통용하고 있다. 한국관광공사 등도 현재 이 당시의 용어들을 우리나라의 실정에 맞게 재인용하거나 발췌하여 활용한다.

| 표 1-1 | 회의 산업에 대한 정의와 그에 대한 근거 제안

구분	제안	제안 근거
산업 용어	회의 산업(Meetings Industry)	이 용어는 공급자 측면의 용어로서 주요 핵심적인 관계자들의 지지를 받고 있음
회의 목적	참가자들이 비즈니스를 수행하고 아이디어를 공유하며, 배우고 만나고 토론하도록 유도함	이러한 목적들과 이와 유사한 목적들은 산업계와 학술 저서들에서 가장 기본적인 공통요소임
회의 규모	최소 10명 이상 참가	많은 회의 산업 관련 기구들이 활용하고 있는 기준임
회의 장소	회의 개최를 위해 유료로 활용하는 장소	계약된 장소를 유료로 활용할 때 경제적 파급효과가 발생함
회의 기간	반일(4시간) 혹은 그 이상	최소 회의 시간 개념이 필요 없을 수도 있지만, 4시간이라는 최소 기준이 실질적이고 합리적인 데이터 취합 기준을 제공함

자료: UNWTO(2006), Measuring the economic importance of Meetings Industry, Executive summary, p. xii

2006년에 발간한 UNWTO와 몇몇 관련 기구들의 공동 연구 보고서에 따르면 아래와 같이 MICE산업을 정의하고, 제안한다. 동 보고서에서는 '회의 산업(Meetings Industry)'이라는 용어를 가장 바람직한 용어로 추천한다. 세부적으로 회의라고 칭할 때의 최소 참가 인원도 10명으로 규정하였고, 회의 장소는 유료로 계약할 때만 공식적인 회의로 인정하고 경제적인 파급효과가 생긴다고 판단했다. 회의 시간도 최소 반일(4시간)이라고 기준을 정하였다.

이후 동 보고서 등에 근거하여 2008년에 보완 발간된 UNWTO와 ICCA, MPI, 그리고 Reed Travel Exhibitions의 자료에서는 위의 정의, 규모, 장소 및 기간을 준용하되, 회의(meeting)의 유형(type)을 보다 세부적으로 아래의 3가지로 구체화하였다.

① Congresses, conventions, conferences, seminars
② Trade fairs and exhibitions
③ Incentive activities

UNWTO는 이 중에서도 첫 번째로 언급된 Congresses, conventions, conferences, seminars를 2000년도에 유럽연합 집행기관(European Union Commission)이 발간한 "콩그레스와 컨퍼런스 통계를 위한 방법적 매뉴얼(Methodological Manual for statistics on congresses and conferences)"의 회의 유형을 참고하여 보다 세부적으로 나누게 된다. 회의의 주최 및 홍보 기관에 따른 분류로서 영리를 목적으로 하는 '기업 회의(Corporate meetings)'와 영리 외의 다양한 목적으로 개최되는 '콩그레스 및 컨퍼런스(Congresses and conferences)'로 구분한 것이다. 여기서 콩그레스 및 컨퍼런스는 주최자의 유형에 따라 '협단체(Association)'와 '정부(Government)'로 다시 세분화한다. 이를 정리하면 [그림 1-1]과 같다.

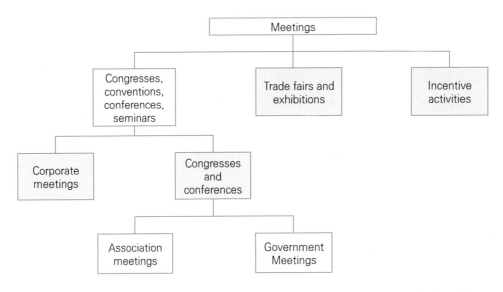

자료: Global Meetings Initiative, Basic Concepts and definitions, Volume 1, 2008.9.2. 내용 발췌 및 도표화

그림 1-1 회의의 유형(Meeting Type)

[그림 1-1]을 살펴보면, MICE라는 용어가 기업회의(M), 인센티브(I), 컨벤션(C), 전시회(E)로 시작되었음이 분명하다(보라색 4개 박스들이 MICE에 해당한다). 그렇지만 2006년 UNWTO, Reed Travel Exhibitions, ICCA와 MPI가 공동 발간한 보고서에서는 MICE라는 용어를 전 세계적인 하나의 큰 흐름으로 소개하면서도 MICE는 통합적으로 산업을 제시하기보다는 각각의 개별적인 유형들이 모여서 산업을 구성하는 것 같은 오해를 불러일으킬 수 있어 공식 채택하지 않는다는 입장을 밝혔다.

오히려 MICE나 회의 외에 '회의 및 이벤트 산업(Meetings and Events Industry)'이라는 용어를 하나의 대안으로 제안하였다. 하지만 아직은 '회의 산업'이라는 용어가 보다 널리 인정받으며, '이벤트'라는 용어가 가진 광범위성 때문에 결국 '회의 산업'이라는 용어를 최종적으로 채택한다. 결론적으로 유럽과 미주 등 적지 않은 나라들이 아직도 '회의 산업'이라는 용어를 활용하는 경우가 많은 것은 이러한 이유이다.

MICE라는 용어의 정의로 넘어가기 전에, UNWTO의 회의 산업 관련 용어를 소개하고자 한다. 앞으로 이 책에서 많이 언급될 것이다. UNWTO는 회의 산업을 수요와 공급의 측면에서 아래의 표와 같이 정의하고 있다. 수요측은 회의 참가를 필요로 하는 참가자(Delegates)와 전시회의 경우는 참가 기업(Exhibitors)들을 말한다. 즉, 회의 와 전시회 개최를 필요로 하여 참가하는 사람들이나 기업이다. 공급측은 반대로 회의 나 전시회를 제공하는 곳이다. 즉, 주최자(Organizer)와 주관기관(Host Organization), 개 최 장소(Venue) 혹은 개최지를 통칭한다. 공급자에는 수송, 숙박, 레스토랑 및 쇼핑 시 설 등 참가자들에게 제품이나 서비스를 제공하는 업계들도 포함한다.

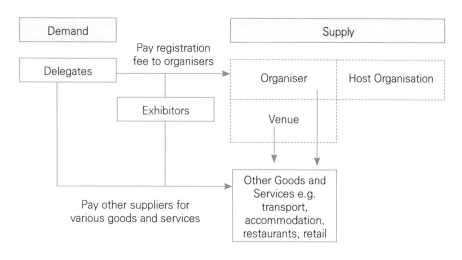

자료: UNWTO(2006), Measuring the economic importance of the meeting industry, p. 12

그림 1-2 The Meetings Industry

앞으로 MICE산업의 이해관계자들이라고 하면 위와 같이 참가자, 주최자, 개최지 를 일컫는다. 나아가 MICE산업의 플레이어라고 하면 참가자들에게 국제회의 관련 제 품과 서비스를 제공하는 정부, DMO/CVB, PCO/PEO, 서비스 공급업체를 모두 포 함하는 것으로 정의한다. 앞으로 각자의 이해관계자들의 입장에서 여러 회의 참가, 주 최 및 개최 동기와 목적을 살펴볼 것이고, MICE산업의 서비스에 대해서도 짚어보게 되는데, 이 분류들 또한 위의 UNWTO의 정의에 기반한 것이다.

나. 한국에서의 MICE용어의 활용

그렇다면, 우리나라에서 가장 많이 통용되고 있는 MICE라는 용어의 정의와 범위에 대해 세계 관광 산업의 총괄기구인 UNWTO와 한국의 MICE산업 지원을 선도하는 한국관광공사의 분류에 의하여 살펴보도록 하자.

| 표 1-2 | UNWTO의 MICE 분류체계 및 포괄범위

구분	제안 근거
기업회의 (Meeting)	– 기업이 주최하는 비즈니스 목적의 회의 – 동일 기업 내, 기업의 그룹사 내, 고객사·사업제공자 등과 이들의 관계에 의해 개최되는 회의

컨벤션,
콩그레스 및
컨퍼런스
(Conventions,
Congresses
and Conferences)
	– 비즈니스 외 목적으로 개최되는 회의
	– 참가자 소집을 위한 별도 장소 섭외, 시간 선정 등의 요인이 결정되어야 함
	– 대표적인 유형
	  ① 공공 컨퍼런스 및 강의(Public conferences or lecture)
	  ② 정부회의(Government conferences)
	  ③ 총회(General assembly)
	  ④ 컨벤션(Convention)
	  ⑤ 학술 회의(Scientific congress)

전시회 (Exhibition)	– 무역 전시회(trade show) 관련 활동만을 포함
인센티브 (Incentive)	– 인센티브 활동(Incentive activities)과 관련한 행사를 의미함

자료: 한국관광공사(2019), 국제회의 유치 매뉴얼

한국관광공사에서 발간한 국제회의 유치 매뉴얼(2019년)과 매년 발간하고 있는 MICE산업 통계조사에서는 MICE를 아래와 같이 정의하고 있다.

| 표 1-3 | 한국관광공사 MICE 정의(국제회의 유치 매뉴얼)

구분		내용
회의	미팅 (Meeting)	- 영리 기관인 기업이 주최하는 기업회의를 의미하며, 회사 임직원, 사업 파트너, 고객, 주주 등이 주로 참석
	인센티브 (Incentives)	- 기업이 업무 성과에 대한 보상이나 동기부여를 위해 제공하는 여행(보상관광)이나 행사(보상행사/회의)를 의미
	컨벤션 등 (Conventions, Conferences and Congresses)	- 비영리기관인 정부가 주최하는 정부회의와 협회가 주최하는 협회회의를 의미하며, 공통의 관심사와 문제를 논의하기 위해 개최함 - 콩그레스, 컨퍼런스 용어를 대체로 사용하기도 함
전시회	전시회 (Exhibitions)	- 크게 무역전시회(Trade Show) 및 대중전시회(Public Show)로 구분 - 기업의 상품과 서비스를 구매자(바이어)에게 소개하고 홍보함으로써 상거래를 촉진하는 행사

자료: UNWTO(2008), Global Meeting Initiative Volume 1. 수정 및 인용

| 표 1-4 | MICE 행사의 정의 및 범위(MICE산업통계 기준)

구분	정의	범위
미팅 (Meeting)	- 아이디어 교환, 토론, 정보 교환, 사회적 네트워크 형성을 위한 각종 회의	- 컨벤션 기준에는 부합하지 않지만, 전체 참가자가 10명 이상인 정부, 공공, 협회, 학회, 기업회의로 전문회의시설, 준회의시설, 중소규모 회의시설, 호텔, 휴양콘도미니엄 등에서 4시간 이상 개최되는 회의 - 단, 외국인 참가자가 10명 미만인 행사는 국내 회의로 간주함
인센티브 여행 (Incentive Tour)	- 조직원들의 성과에 대한 보상 및 동기 부여를 위한 순수 보상 여행 및 보상 관광 회의	- 외국에서 국내로 오는(Inbound) 외국인이 10명 이상 참가하며 국내 숙박시설에서 1박 이상 체류하는 보상관광
컨벤션 (Convention)	- 아이디어 교환, 토론, 정보교환, 사회적 네트워크 형성을 위한 각종 회의	- 외국인 참가자가 10명 이상이며 동시에 전체 참가자가 250명 이상인 정부, 공공, 협회, 학회, 기업회의로 전문회의시설, 준회의시설, 중소규모 회의시설, 호텔, 휴양콘도미니엄 등에서 4시간 이상 개최되는 회의
전시 (Exhibition)	- 유통·무역업자, 소비자, 일반인 등을 대상으로 판매, 홍보, 마케팅 활동을 하는 각종 전시회	- 전시산업발전법에 의한 전시회로 무역전시회, 소비자전시회 및 혼합전시회(1일 이상)

자료: 2018 MICE산업 통계조사, 한국관광공사

위와 같이 MICE라는 용어는 우리나라의 현실에 맞게끔 조정되어 활용되고 있지만, 근본적인 뿌리는 UNWTO의 '회의 산업'과 유사한 범위를 말한다. 하지만 우리나라에서는 '회의 산업'이라고 칭했을 때, 전시회와 인센티브 프로그램 등이 직관적으로 포함되기 어렵고, MICE라는 용어가 오히려 E(전시회)와 I(인센티브)를 명기하고 있어 산업의 범위 확대에 기여할 수 있다고 판단하였다. 또한, 2010년을 전후하여 싱가포르, 홍콩 등 아시아의 선진 도시들에서도 MICE라는 용어를 사용하였으므로 다소 생소하고 어렵기는 하지만 MICE를 공식 용어로 채택하여 사용해 온 것이다.

그리고 'Meetings(M)'를 기업회의로 볼 것이냐, 아니면 컨벤션(C)이라는 중대형 행사의 기준에는 부합하지 않는 해외 참가자 10명 이상의 소규모 행사로 간주할 것이냐는 명확히 정리되지 않았다. UNWTO의 회의 산업 유형을 참고하여 이론적으로 접근하면 '기업회의'로 규정하는 것이 맞을 것 같지만, 실질적인 행사 규모와 이에 따른 지원 정책을 대입하려면 기업회의를 포함한 소규모 회의까지 'Meetings'의 범위에 넣는 것도 충분히 이해가 된다. 이 책에서는 일단 MICE산업의 'Meetings(M)'는 기업회의라고 국한하기보다는, 우리나라에서 통용하는 컨벤션(C)에 비해 규모가 작은 소규모 행사로 보겠다.

다. 비즈니스이벤트의 등장

비즈니스이벤트(Business Events, 이하 "BE")를 공식적으로 확인할 수 있는 것은 2005년, 호주에서 발표한 "국가비즈니스이벤트스터디(National Business Events Study, NBES)"에서이다. 지금으로부터 벌써 15년이 훌쩍 넘었다. 이전에는 호주에서도 미주나 유럽처럼 "회의, 컨벤션 혹은 MICE"라는 용어를 활용하였지만, 산업 자체로 독자적인 산업 체계를 구성하고 지역 사회 내에서도 위상을 높이기 위해 새로운 용어를 지속 고민해 온 것이 분명하다. 2008년에는 "2020 호주비즈니스이벤트전략보고서(A National Business Events Strategy for Australia 2020)"를 발간하게 된다. 이 보고서의 부제는 "이벤트를 통한 비즈니스 – 호주의 미개척 잠재역량(The Business of Events – Australia's Untapped

Potential)"이다. 이 시기에 시드니컨벤션뷰로(Sydney Convention & Visitors Bureau)는 조직 명 또한 비즈니스이벤트시드니(Business Events Sydney)로 개명(2008년 9월)하게 된다. 이 웃 나라인 뉴질랜드도 비즈니스이벤트 산업 육성을 위한 별도의 웹페이지(businessev ents.newzealand.com)를 운영하고 있고, 오클랜드시도 비즈니스이벤트 육성 정책을 비즈 니스이벤트오클랜드에서 내놓았다.

2012년에는 전 세계의 회의산업의 대표적인 국제기구들의 연합체인 회의산업연 합위원회(Joint Meeting Industry Council, JMIC)에서도 "비즈니스이벤트의 가치(The Value of Business Events)"라는 중요한 보고서를 발간하게 된다. 또한, 유럽에서는 영국이 비 즈니스이벤트의 개념을 가장 적극적으로 도입해 왔다. 비즈니스 방문 및 이벤트 전 략(Business Visits and Events Strategy, 2013), 영국 정부의 비즈니스이벤트 실행 전략(UK Governement's Business Events Action Plan, 2019), 비즈니스이벤트 육성 프로그램(Business Events Growth Programme) 등의 국가 단위의 비즈니스이벤트 육성 정책을 연달아 내놓 고 있다. 덴마크의 경우도 비짓 덴마크(Visit Denmark)의 부서 내에 비즈니스이벤트팀 을 별도로 구성했다.

회의산업연합위원회
(Joint Meeting Industry Council, JMIC)

- **설립연도** : 1978년
- **성   격** : 회의산업 관련 국제기구들의 연합
- **설립 목적**
  - 회의 산업의 위상과 동 산업을 통해 파생되는 혜택에 대한 전 세계적인 인식의 증대
  - 주요 현안에 대한 합의 도출 및 업계의 통일된 의견 제공
  - 국제적으로 동 산업의 위상과 전문성을 격상한 회원에 대한 공식적 인증(recognition)
  - 회의 산업의 가치 측정 방법 개발을 통한 산업의 가치 증명
- **주요 회원** : 12개 국제기구
  - 국제컨벤션협회(ICCA), 국제PCO협회(IAPCO), 국제협단체연합(UIA), 글로벌전시산업협회(UFI), 싱 가포르전시컨벤션주최자공급자협회(SACEOS), 국제컨벤션센터협회(AIPC), 유럽도시마케팅(ECM), 국제회의전문가협회(MPI), 유럽전시장협회(EMECA) 등
- **후원 기관** : IBTM, IMEX 그룹

자료: JMIC 홈페이지(www.themeetingsindustry.org)

미국은 유럽과는 다소 차별화된 경로를 취한다. "회의는 비즈니스를 의미한다 (Meetings mean Business)"라는 기치를 일찌감치 내걸고 회의 산업을 통한 경제 활성화 가치에 초점을 둬 왔지만, MICE산업에 대한 공식 용어는 여전히 '회의 산업'을 주로 활용한다. 하지만 캐나다는 보다 적극적으로 데스티네이션 캐나다(Destination Canada) 라는 국가 마케팅 기구 내에 '비즈니스이벤트 캐나다(Business Events Canada)'를 본부로 설치하여 캐나다의 강점 산업별 특화 마케팅 전략에 집중하고 있다.

최근에는 MICE라는 용어를 널리 활용해 왔던 아시아 국가들 중에도 비즈니스이 벤트를 본격적으로 활용하기 시작했다. 이러한 움직임은 싱가포르, 일본, 말레이시아 등 아시아의 MICE산업을 주도하는 선진국들이 주축이 되었다. 말레이시아는 2030년 까지 아시아 5대 비즈니스이벤트 목적지가 되기 위한 "말레이시아 비즈니스이벤트 마 케팅 전략 2021~2030(Malaysia Business Events Strategic Marketing Plan 2021~2030)"을 내 놓았고, 싱가포르는 '안전한 비즈니스이벤트 체계(Singapore Safe Business Events Frame-work)' 등의 국가 산업 전략 보고서 등에서 공식적으로 비즈니스이벤트라는 용어를 채 택하고 있다. 일본은 도쿄컨벤션뷰로 내 "비즈니스이벤트 도쿄[8](Business Events Tokyo)" 라는 부서명도 활용하고 있다.

기타 비즈니스이벤트 두바이(Business Events Dubai)와 같은 중동의 일부 도시는 물 론, 아프리카에서도 "비즈니스이벤트 아프리카"라는 제목으로 공동 뉴스레터를 정기 적으로 발간하고 있어 비즈니스이벤트라는 용어는 전 세계의 MICE산업을 대체하는 대안 용어로 자리매김하고 있다고 해도 과언이 아니다.

더욱 주목할 점은 이러한 움직임은 국제회의 산업의 선진 도시와 국가들이 뚜렷 한 목적성을 가지고 주도해 왔으며, 이는 새로운 MICE산업의 가치 제고를 위한 것으 로 의미가 있다는 것이다.

---

8 도쿄CVB는 비즈니스이벤트 산업 활성화를 위해 도쿄 비즈니스이벤트팀(약 30명 근무)으로 부서를 개명하고, 별 도의 웹페이지(www.businesseventstokyo.org)를 운영하고 있다.

라. 용어 간의 비교

위와 같은 맥락을 들여다보면, 우리나라도 '국제회의' 혹은 'MICE'라는 용어를 지속적으로 활용할 것인가를 고민할 필요가 있어 보인다. 실제로 MICE라는 용어는 앞서 얘기한 대로 하나의 산업을 자연스럽게 통칭하기보다는 제각기 다른 형태들의 유형들을 하나의 생소한 단어로 묶어 인위적으로 창조해 낸 것이다. 행사의 개최 형태를 묘사적으로 설명하는 조합어기 때문에 사전 지식이 없으면 직관적인 인식이 어렵다.

'회의 산업'이란 용어는 어떠한가? 앞서 살펴보았던 UNWTO의 분류에서 전시회(Trade fairs and exhibitions)와 인센티브 활동(Incentive Activities)을 회의 산업으로 인식할 수 있을까? 일단 '회의'라는 용어 자체에서 '전시회'와 '인센티브 활동'이 자동적으로 연상되지는 않는다. 특히, 회의에 부속된 전시회는 몰라도, 독자적으로 개최되는 무역 혹은 대중 전시회는 회의 산업과는 별개 분야로 인식된다. 인센티브 활동들에서도 일부 회의나 세미나를 개최할 수도 있지만, 포상을 위한 각종 시상식이나 동기부여를 목적으로 하는 레저 활동들 위주라면 회의라고 인식하기에는 거리감이 생긴다. 이러한 상황에서 '회의 산업'은 전시회와 인센티브 활동을 포함한다고 다소 무리하게 결론을 내리고, 이를 설득하는 것에는 한계가 있다.

현재 우리나라가 활용하는 법정 용어인 '국제회의'라는 용어는 해외 참가자 유치에 집중하여 외화 획득에 주력하고, 단기간의 경제 활성화에 기여할 수 있는 관광 산업 육성의 측면에서는 의미 있는 용어이다. 우리나라의 경제 발전 과정에서 이러한 시대를 분명히 겪어 왔고, 실제로 MICE산업은 관광 산업의 '꽃'으로 일컬어지며 우리나라 외화 획득과 이를 통한 경제 발전에 기여해온 것은 사실이다. 하지만 국내 회의 산업이 가진 중요성, 특히, 코로나19 및 포스트 코로나 시대를 거치면서 더욱 중요시되고 있는 '국내' 회의의 중요성을 반영하지 못한다는 명확한 한계가 보인다. 여기에 더해 전시회와 인센티브 활동과도 명확히 거리가 있어 보인다.

'컨벤션'이란 용어도 고려해 볼 수 있겠다. 우리는 일상에서 컨벤션센터, 컨벤션뷰로 등 이미 컨벤션이란 용어를 광범위하게 활용하고 있어 대체로 익숙하며, 세계적인 공용어이기도 하다. 반면, '컨벤션'은 '전시'와 대비되는 개념으로 인식되고, UNWTO의 공식 분류에서도 기업회의, 인센티브, 컨벤션 및 전시회로 구분하면서 전체 MICE산업의 일부를 칭하는 용어로 주로 활용되고 있다. 예를 들어, 한국관광공사 산업 통계조사에서 회의, 컨벤션, 전시로 구분하여 각 부문별 산업 규모를 별개로 산출한다. 세계적으로도 컨벤션이란 용어는 컨퍼런스, 콩그레스 등과 혼용하면서 MICE산업의 특정 분야로 국한하여 활용한다는 한계가 있다.

그렇다면, 대안으로서 비즈니스이벤트라는 용어는 어떠한가? 장점을 우선 생각해 보면, 우선은 MICE라는 용어보다 훨씬 더 쉽고, 직관적인 인식이 가능하다. 경험해 본 사람들은 모두 잘 알겠지만, MICE라는 용어를 활용한 지 10여 년이 훌쩍 지난 지금도 각종 보고서와 보도 자료에 MICE라고 용어를 쓸 때는, 한쪽 여백에 참고 표를 하고, Meeings(기업회의), Incentives(포상관광), Conventions(컨벤션), Exhibitions(전시회)이라고 친절히 풀어준 후 회의와 전시산업을 통칭하는 용어라고 요약까지 해줘야 안심이 된다. 여기까지의 내용을 정리해 보면, 아래와 같다.

| 표 1-5 | 기존 MICE산업 관련 용어의 장단점

구분	장점	단점 및 한계
회의	• 현재 세계적인 공용어로 인식	• 전시회, 인센티브 등 유형 내 미인식 ※ Meetings & Events Industry로 표기하는 경우도 있음
국제회의	• 해외 참가자 유치라는 뚜렷한 목적성 내포	• 국내 회의 및 행사에 대한 포함에 한계 • 관광 산업과 외화 획득이라는 가치에 집중
컨벤션	• 일상 용어로 명확한 인식	• 전시회, 인센티브와 극명한 대비 • MICE산업 중 일부 분야로 국한
MICE	• 명확한 유형 및 범위 분류 가능 • 전시회, 인센티브 포함으로 산업의 범위 확대에 기여	• (UNWTO) 개별적 유형이 모인 인위적 조합으로 통합적 산업이 아닌 것으로 오해의 소지 • 직관적 이해와 인식의 어려움

이와 같이 우리나라에서 통상적으로 활용하는 회의, 국제회의, 컨벤션 및 MICE 등의 용어의 유래와 각각의 용어를 살펴보면 각각 장점들도 있지만, 단점과 한계를 가

지고 있다. '회의와 이벤트 산업'이라는 용어도 활용되고 있으나, 이러한 '회의', '국제회의', '컨벤션', 'MICE', '회의와 이벤트' 등의 모든 용어들은 개최 유형을 묘사하는 소극적 용어라는 공통적인 한계가 있다. 이러한 한계와 문제들에 대한 대안 중 하나로 비즈니스이벤트라는 용어가 등장한 것이다. 물론 국내에서 이벤트의 경우 각종 행사 및 모임의 의미로 이와는 주최, 개최형태, 규모, 참가자 유형 등에 따라 차별적으로 사용되어야 한다. 2020년 11월, 대만 가오슝에서 국제컨벤션콩그레스협회(ICCA) 역사[9] 상 최초로 하이브리드 형태로 개최된 ICCA 총회에서는 가오슝 프로토콜(Kaohsiung Protocol)이 채택되었다. 이 보고서에서는 전 세계적인 산업의 변화와 트렌드를 반영하기 위해 회의 및 이벤트 산업(Meetings and Events Industry)이라는 용어와 더불어 비즈니스이벤트(Business Events)라는 용어를 공식적으로 채택하여 전면적으로 활용하고 있다. 선언서의 부제는 "글로벌 이벤트 산업의 전략적 회복 체계(Strategic Recovery Framework for the Global Events Industry)"이며, 비즈니스이벤트는 사회의 거의 전 분야에 걸쳐 변화를 앞당기는 촉진제(A Catalyst for Accelerating Transformation across almost Every Sector)로 소개된다.

앞선 내용을 종합하여 본 저서에서는 비즈니스이벤트(Business Events)란 "비즈니스 창출이라는 공통의 관심사와 직업을 가진 내국인 또는 외국인 최소 10명 이상으로 이루어지는 공공 또는 민간의 활동으로 특정장소에서 개최하는 다양한 형태의 회의(세미나 · 토론회 등) 또는 행사(전시회, 기업 · 특별이벤트 등)"로 정의하였다.

비즈니스이벤트(Business Events)란
비즈니스 창출이라는 공통의 관심사와 직업을 가진 내국인 또는 외국인 최소 10명 이상으로 이루어지는 공공 또는 민간의 활동으로 특정장소에서 개최하는 다양한 형태의 회의(세미나 · 토론회 등) 또는 행사(전시회, 기업·특별이벤트 등)

---

9 ICCA는 1963년 창립되었으며, 현재 100여 개국 1,100여 개의 기업과 기관이 활동하고 있는 MICE산업을 대표하는 세계 협회로 성장하였다.

3 비즈니스이벤트의 차별성과 장점

비즈니스이벤트라는 용어의 기존 용어 대비 차별성과 이에 따른 장점 및 혜택들은 무엇인지 조금 더 자세히 살펴보고자 한다. 왜 MICE산업의 선진 도시들과 국가들이 비즈니스이벤트를 지속적으로 활용하고, 이에 대한 각종 연구와 논리 개발에 박차를 가하는 것일까? 그리고 왜 지금의 시기에 이러한 흐름이 한국의 MICE산업에 중요한 것일까?

가. 뉴노멀 시대에 부합하는 뚜렷한 목적성과 직관성

비즈니스이벤트라는 용어는 회의 유치와 개최를 통해 이룩하려는 목적성을 매우 직관적이고 뚜렷하게 제시한다. 즉, '비즈니스 창출 및 성과 극대화'가 행사 개최의 목적이자 가치라고 용어상에 분명히 명시하고 있다. 이러한 목적성은 여러 관련된 일을 추진함에 있어 많은 도움을 줄 수 있다. MICE산업의 특성상 행사 유치와 개최 과정에서 정부 지원금, 기업 스폰서십 등 예산 확보가 매우 중요한데, 관련 정부나 산하 기관의 담당 직원들, 의사 결정권자들 및 기업들의 인식에 따라 예산 확보가 결정되는 구조이다. 하지만 많은 사람들이 MICE나 회의라고 칭할 때, 여전히 생소하거나 행사를 위한 행사라며 산업의 가치를 절하하는 경우가 많다.

반면에 정부, 공공기관 등 주최자와 개최지의 비즈니스 성과 창출이라는 뚜렷한 목적성을 얘기한다면 영향력자와 관계자들에게 보다 쉽게 접근하고, 그 가치를 설득할 수 있을 것이다. 국내외 참가자로 인한 관광 효과를 넘어 사회, 경제, 문화, 정치 등 사회 전반에 대한 파급효과를 극대화하겠다는 의지를 여러 사례들과 함께 설득한다면 보다 명확하고 빠르게 합의에 도달할 수 있다는 것이다. 또한, 이러한 비즈니스 가치 달성을 위해 주최자, 개최지 등의 긴밀한 상호 협력의 필요성도 공감할 수 있을 것이다. 심지어 일반 시민들도 비즈니스이벤트라는 용어를 다양한 미디어를 통해 처음 접했을 때, 여러 상세한 설명이 없더라도 쉽게 이해할 수 있을 것이다.

비즈니스라는 용어의 직관성은 또 다른 예에서도 찾아볼 수 있다. 코로나 사태로 인한 위기 상황 속에서 MICE산업의 플레이어들은 MICE산업의 중요성을 정부와 시민들에게 전달하고, 설득하기 위해 최선을 다해 왔다. 즉, MICE산업은 관광의 하위 산업이라기보다는 코로나 사태로 취약해진 산업과 경제를 회복하기 위한 필수 경제 활동, 즉, '비즈니스 액티비티(Business Activities)'로 어필하고, 이를 통해 중앙 정부 및 지자체의 보다 강력한 관심과 지원을 끌어내기 위한 수단으로 '비즈니스'라는 용어를 적극 활용했다. 미국의 'Meetings Mean Business' 운동과 그 목적 및 활동이 유사하다. 그만큼 비즈니스라는 용어가 직관적이고, 뚜렷한 목적성을 보여주는 것임을 반증하는 사례인 것이다.

용어의 직관성은 매우 중요하다. 용어가 곧 일반적인 인식이 되고, 공통적으로 인식된 가치를 달성하기 위해 상호 간에 노력하도록 많은 사고, 목표 및 행동까지도 바꾸는 데 기여할 수 있다. 이와는 반대로 어떠한 인식들을 전환하고 극복하는 것은 몇 배의 추가적인 노력과 반복되는 설명과 홍보가 필요하고, 그러한 노력에도 극복이 어려운 경우가 많다. 회의나 국제회의 산업이라는 용어가 수십 년이 지난 지금도 전시회와 인센티브 프로그램들을 포함한다고 인식하기 어렵고, MICE라는 용어는 여전히 일반인들과 심지어 시 의회, 공무원 등 관계자들에게도 생소한 것이 그 예이다.

비즈니스이벤트라는 용어에도 한계점이 없진 않다. 먼저, '비즈니스'라는 용어에 대한 인식에는 동전의 양면성이 있다. '비즈니스'라는 용어가 비즈니스 상거래 위주의 여러 경제 활동들로 활용 및 인식되어 기초 과학이나 순수 학술 컨퍼런스까지 '비즈니스'라는 용어의 테두리 안으로 넣기에는 무리가 따른다. 즉, 순수 학문 분야까지 비즈니스라는 경제 영역으로 무리하게 정형화하고, 제한하는 것은 억지일 수 있다는 것이다. 해외의 사례에서도 이러한 고민을 볼 수 있는데, 독일컨벤션뷰로에서 2013년에 발간한 "회의, 메이드인 독일(Meetings made in Germany)"에서는 "Scientific & Business Events"라는 용어를 잠시 언급하기도 했고, UNWTO의 분류에서도 학술 회의(Scientific

Congress)를 넣어 두었다. 하지만 학술 이벤트와 비즈니스이벤트를 구분하여 순수 학문 분야를 별도로 표기하려는 이러한 시도들은 그 이후에는 비즈니스이벤트 용어로 점차 수렴되면서 현재는 거의 활용되지 않고 있다.

이러한 문제는 좀 더 폭넓은 정의 차원에서 "비즈니스"라는 용어를 살펴보면 해결할 수 있다. '비즈니스'라는 단어는 협의의 개념으로 접근 시에는 사전상으로 "수입을 위해 재화와 서비스를 생산, 구매, 판매하는 일련의 활동(the activity of making, buying, selling or supplying goods or services for money, Oxford Dictionary)"이다. 우리가 흔히 생각하는 협의의 상거래 혹은 경제적 활동의 관점에서 해석할 때 '비즈니스'라는 용어는 순수 학술 컨퍼런스와 충돌이 생긴다. 그렇지만 중요한 것은 '비즈니스'는 광의의 개념을 가지고 있다. 광의의 뜻에서 비즈니스는 "자신의 직업과 관련된 일(work that is part of your job, Oxford Dictionary)"이라고 정의된다. 쉽게는 일상생활에서 누군가와 만났을 때, "무슨 일로 왔어? 놀러 왔어?"라고 했을 때, "아니, 일 때문에"라고 가볍게 대답할 경우, 바로 그 '일'이 바로 '비즈니스'의 광의의 개념인 것이다. 즉, 기초과학이나 인문, 사회, 예술 등의 기초 학문 분야에 종사하는 교수, 대학원생, 학생들에게도 본질적인 국제회의의 참가 목적이 자신의 '직업(job)'인 연구, 학술 교류, 연구지도 등 '일'에 연관된 개념으로 확장하여 생각한다면 비즈니스이벤트에서의 '비즈니스'의 개념을 쉽게 이해할 수 있을 것이다.

사전상의 의미뿐만 아니라, UNWTO 등 관련 국제기구에서도 한 지역의 방문자들을 방문 목적에 의해 분류할 때, '레저'와 '비즈니스'라는 양 축으로 얘기하는 경우가 많은데, 비즈니스이벤트라는 용어상의 비즈니스라는 단어는 '레저'와는 대비되는 폭넓은 의미의 '일'로 해석하는 것이 바람직하다.

향후에 더 세부적으로 언급을 하겠지만, 레거시(Legacy)는 비즈니스이벤트라는 용어가 보여주는 비즈니스 성과 창출이라는 목적성이 어떻게 실현되는가에 대한 핵심적인 근거 논리이다. 주최자와 개최지의 중장기적인 혜택을 일컫는 말로 활용되는 레거시에 있어 가장 기본적이면서도 중요한 큰 축이 '지식 공유 및 확산'이기도 하다. 기초

과학, 인문학 등을 포함한 모든 학술 교류는 비즈니스이벤트의 근본 논리인 '지식 공유 및 확산'이라는 레거시 창출과도 밀접한 관련이 있는 것이다. 즉, 순수 학문도 '일'이며, 지식 확산이라는 중요한 비즈니스이벤트의 성과를 창출하는 것이므로 학술 컨퍼런스들도 대표적인 비즈니스이벤트로 봐야 한다.

이렇듯 비즈니스이벤트라는 용어는 비즈니스 성과 창출이라는 목적성을 분명히 할 뿐만 아니라, MICE산업의 플레이어들을 비롯해 일반 시민들에게까지 직관적인 인식을 가져올 수 있다. 일이라는 광의의 정의를 적용하면 학술 행사를 통한 지식 확산과 프로젝트 개발까지 포함할 수 있다.

나. 레저 활동, 관광 산업과의 명확한 차별성

호주비즈니스이벤트위원회(BECA)[10]는 '비즈니스' 활동과 '레저' 활동에 대한 명확한 차이를 대비시키면서 비즈니스이벤트를 차별화하여 부각한다. BECA 홈페이지의 'Business vs Leisure'라는 챕터를 보면, 우선은 전 세계적으로 관광 산업을 총괄하는 국제기구인 UNWTO의 말을 인용하면서 시작한다.

UNWTO는 특정 지역의 방문자들을 분류함에 있어 방문 목적을 중심으로 살펴볼 때, "레저(leisure), 비즈니스(business) 및 기타 목적(other purposes)"으로 구분한다. 이 중에서도 "레저"를 위한 여행과 "비즈니스"를 위한 방문에는 본질적인 차이가 있음을 이해하고, 이를 인식하는 것이 관광 산업과 비즈니스이벤트 산업의 구분에 있어 중요한 출발점으로 본다는 것이다. 전 세계의 관광 산업을 총괄하는 UNWTO에서 이러한 차이를 공식적으로 구분하고 그 필요성을 공식적으로 인정했다는 것은 의미하는 바가 크다. 아울러 UNWTO는 종종 비즈니스이벤트가 레저 관광의 한 분야로 간주되는 것

---

10 BECA는 1994년에 설립되었으며, 초기에는 MICE라는 용어를 활용하여 MICE Industry Council이었으나, 2000년에 비즈니스이벤트라는 용어를 정식 채택하면서 Business Events를 포함하여 조직명을 개명하였다. 호주의 비즈니스이벤트 산업의 권익을 대변하는 최상위 기구로서 호주컨벤션뷰로협회(AACB), 호주컨벤션센터그룹(ACCG), 호주전시및이벤트협회(EEAA), ICCA 호주챕터, 호주회의및이벤트(MEA), PCO협회(PCOA) 등이 회원으로 활동하고 있다.(www.busineseventscouncil.org.au)

은 오류라고까지 적극적으로 지적한다.

둘 간의 본질적인 차이는 목적지(Destination) 결정 방식에서 가장 명확히 드러난다. 휴가 방문지를 결정하는 방식과 행사 개최지를 결정하는 방식은 현저히 다르다. 레저를 위한 방문지 결정은 개개인이 최종 결정자(단체 여행일 경우도 최종 방문지는 개인이 결정한다)이지만, 비즈니스이벤트는 소속 협단체의 이사회, 기업, 정부 등 결정기구가 별도로 존재한다. 비즈니스이벤트의 개최지를 결정하는 것은 주최자 중 임원과 같은 영향력자이거나 기업의 총수 등 결정권자이기에 이들을 대상으로 한 별도의 타깃 마케팅이 필수적이다. 일단 비즈니스이벤트의 개최지가 결정되면, 참가자들의 개별 참가 여부는 정해진 개최지 내에서 참가 여부를 결정할 수밖에 없다.

BECA는 방문의 동기적인 측면에서도 레저와 비즈니스이벤트를 분명히 구분 짓는다. 비즈니스이벤트 참가자들은 네트워킹 기회, 개최 도시의 위치와 행사장의 접근성, 비즈니스 프로그램의 콘텐츠를 살펴보고 참가를 결정하게 된다. 레저 목적의 방문자는 다른 문화를 탐방하거나, 자유를 만끽하고 개인적인 성장을 추구하며, 친지와 친구를 방문하는 것이 주요 방문 동기이다. 물론, 비즈니스이벤트 참가 결정 시에도 개최지를 방문하여 즐기기 위한 여행의 욕구도 일부 있지만, 이에 앞서 비즈니스 활동 자체가 보다 중요한 핵심 동기이다.

이러한 목적지 결정 방식과 방문 동기 등 방문 결정 과정의 본질적 차이는 관광객 모집 전략과 비즈니스이벤트 유치 전략의 확연한 차이를 불러온다. 이러한 명백한 차이에도 불구하고, 비즈니스이벤트가 레저 관광의 일부로 인식되는 것은 한 국가와 도시로의 방문자를 창출할 수 있고, 비즈니스이벤트 참가자들을 통해 숙박, 식음료, 쇼핑 등 소비 효과가 진작될 수 있다는 결과적인 측면에서 공통성이 있기 때문이다. 즉, 레저 관광객과 비즈니스 방문객이 방문지의 일부 인프라를 공동으로 활용하지만 각 분야의 활성화 사업들과 전략은 다른 것이다.

좀 더 쉽게 예를 들어 보자. 특정 비즈니스이벤트를 한 도시로 유치하는 과정에서 레저 관광객 유치 캠페인을 통해 전반적인 개최 도시의 인지도를 높이는 것이 얼마나 큰 도움이 될 수 있을까? 경험상 도시의 매력도 캠페인은 비즈니스이벤트 유치 성공을 위한 효과적인 마케팅 전략이라고 보기 어렵다. 실제로 비즈니스이벤트 유치를 위한 유치 제안서가 100페이지 분량이라고 하면, 목적지의 관광 매력도 관련 소개는 5페이지 미만이다. 95% 이상을 차지하는 것은 경쟁 국가와 도시에 소재하는 지부 학·협회의 활동과 지부 임원들과 회원들의 국제사회에서의 영향력, 관련 산·학·관의 지역 발전 정도, 국제본부에 대한 기여도 및 행사 개최를 위한 개최 장소, 숙박, 교통 등 일부 개최 인프라를 전략적으로 담아야만 한다. 또한, 비즈니스이벤트 유치를 위해서는 대중적인 캠페인이나 홍보 활동이 아닌, 투표권이 있는 임원급을 타깃으로 집중적인 로비 혹은 마케팅 활동이 필요하다. 투표권자들의 표 싸움인 것이다. 단지, 비즈니스이벤트의 개최지가 이러한 절차로 정해진 이후에는, 유치된 비즈니스이벤트에 참가자들을 최대한 많이 유치하기 위한 참가자 증대 프로그램의 일환으로 도시의 관광 매력도도 일부 포함된다.

결론적으로 관광 산업과 비즈니스이벤트 산업은 방문자 경제(Visitors Economy)의 양 축이긴 하지만 관광 산업과 비즈니스이벤트 산업은 별개의 영역으로 인식하고, 차별화하여 별도로 운영할 필요가 있다. 이러한 경우, '레저' 혹은 '관광'의 대비 개념으로 '비즈니스' 창출이라는 방향이 핵심적으로 중요하다. 비즈니스이벤트라는 용어는 이를 명확히 한다. 반면에 회의, 국제회의, MICE 등 기존의 많은 용어들은 이를 용어에서 구분하여 제시할 수 없다.

짚고 넘어갈 것은 비즈니스이벤트 기능과 관광 기능을 무조건적으로 분리하여 각각 별도의 조직으로만 운영하자는 얘기는 아니다. 여기서는 관광 산업과 MICE산업 혹은 비즈니스이벤트 산업을 동일한 범주로 간주하거나, 관광 산업의 하부 산업으로만 간주하면 시너지 효과보다는 MICE산업이 대폭 위축될 수 있다는 우려의 목소리를 전달하고 싶은 것이다. 실제로 최근 우리나라에서 관광 산업과 통합된 조직들에서는 그러한 우려가 현실이 된 사례들이 많아 아쉽다.

다. MICE산업 범주의 논리적인 확장

지금까지는 비즈니스이벤트라는 용어 활용상의 장점을 살펴보았다. 하지만 지금까지 10년이 훌쩍 넘게 활용하고 홍보해 온 용어들을 대체하는 것은 여전히 쉽지 않다. 법적 용어인 국제회의나 통상적으로 활용되고 있는 MICE라는 용어를 자리매김하도록 하는 데 지금껏 얼마나 많은 노력들과 시간이 필요했는가? 용어의 전환을 위해서는 더 큰 차별성과 가치가 필요할 것이다.

더 중요한 차별성이란 바로 비즈니스이벤트가 기존의 용어에 비해 산업의 범주 확장에 기여하고, 산업의 새로운 세계적인 트렌드를 반영할 수 있다는 것이다.

비즈니스이벤트 유치와 개최를 통한 뚜렷한 '목적성', 즉, '비즈니스 성과 창출'이라는 기준을 적용하여 비즈니스이벤트 산업의 범위를 판단해 보자. 지금까지 기업들의 신제품 론칭 쇼 등 각종 기업 이벤트들과 수출 상담회, 무역 전시회, 최근 세계적으로 두각을 나타내는 파티나 페스티벌 형태의 탈정형화된 특별 이벤트와 페스티벌 등은 회의, 국제회의, MICE의 범주에 포함하기에는 모호했다. 하지만 이들도 비즈니스 가치를 달성하고자 하는 목적성이 분명하기에 비즈니스이벤트 산업으로 간주할 수 있을 것이다.

앞서 살펴 본 호주의 "비즈니스이벤트위원회(Business Events Council of Australia, BECA)"에서는 비즈니스이벤트를 "공통의 관심사와 직업을 가진 최소 15명 이상으로 이루어진 공공 혹은 민간 활동으로 하나의 혹은 다수의 단체가 특정 장소에서 개최하는 행사"로 일컬으며, 비즈니스이벤트 산업의 개념과 유형을 아래와 같이 세부적으로 규정하고 있다.

| 표 1-6 | 비즈니스이벤트의 정의(BECA)

구분	내용
개념	– 정의 : 공통의 관심사나 직업을 가진 최소 15명 이상으로 이루어진 공공 혹은 민간 활동으로 하나의 혹은 여러 단체가 주관하며 특정 장소 혹은 장소들에서 개최 – 형태 : 컨퍼런스, 컨벤션, 심포지엄, 콩그레스, 인센티브 그룹 이벤트, 마케팅 이벤트, 특별 축하 행사, 세미나, 교육 코스, 일반 혹은 무역 전시회(public or trade shows), 신제품 출시 행사, 박람회(exhibitions), 기업 총회, 기업 수련회, 견학 활동 혹은 연수 프로그램 등을 포함하며, 한정적인 것은 아님 – 개최 목적 : 메시지 교환, 교육 및 트레이닝, 제품 홍보, 보상 및 축하, 현안 사항과 문제해결 협력, 자원 발굴 등을 위해 각종 단체가 포럼의 형태로 채택
유형	– 회의(meetings) : 단체 혹은 단체들이 주관하는 15명 이상의 공동 목적을 가진 사람들의 오프라인에서의 만남 ※ BECA의 회원, 호주미팅&이벤트(Meetings & Events Australia)의 정의 – 인센티브 : 특정 단체내의 실적 우수자를 치하하고(recognize), 참가자들의 성과를 보상함으로써 참가자들의 동기를 유발하기 위한 프로그램(Tourism Australia, 2005). 주요 관계자들에게 신제품이나 새로운 서비스 출시에도 활용됨 – 컨벤션 : 컨퍼런스라고도 일컬으며, 수천 명에 이르는 대규모 참가자가 모이고 이 중 다수의 해외 참가자가 포함되어 있음. 대부분의 컨벤션은 특정 형태의 전시회가 동반됨 – 전시회 : 전시회는 제품과 서비스를 보여주기 위한 공급자들의 모임이며, 전문 전시회와 일반 전시회로 구분

자료: BECA 홈페이지(https://www.businesseventscouncil.org.au)

BECA의 비즈니스이벤트의 개념과 유형에서 주목할 만한 것은 우리나라의 'M'이 주로 기업이나 단체들의 소규모 회의를 지칭하는 반면에, 기업들이 주관하는 신제품 론칭, 마케팅 어워드, 연수 프로그램, 기업 총회 및 수련회 등의 행사들도 범주 안으로 구체적으로 제시했다는 것이다. 또한, 인센티브 '투어' 혹은 '여행'이라고 칭하지 않고, 인센티브(Incentives)라고 칭하는데, 이는 UNWTO에서 인센티브 활동(Incentive Activities)이라고 폭넓게 칭한 것과도 유사한 개념이다. 즉, 투어나 여행이라는 용어를 내세워 관광의 영역으로 국한하여 해석하지 않고, 보다 포괄적인 용어인 활동(Activities)이나 프로그램(program)이라는 용어를 활용하여 비즈니스이벤트 산업의 범위를 넓히고 있다. 이러한 이유는 기업행사이든 인센티브 활동이든 행사 개최를 통한 비즈니스 가치 창출이라는 목적성을 기준으로 판단하여 비즈니스이벤트로 간주할 수 있음을 의미한다.

세계의 주요 회의와 전시 산업 관련 국제기구들의 모임인 회의산업연합위원회 (Joint Meeting Industry Council, JMIC)에서는 2019년도에 "글로벌회의산업개요(The Global Meetings Industry Overview)"를 발간하여 비즈니스이벤트의 유형과 범주를 정의하였다. JMIC는 개별 도시나 국가를 넘어 회의와 전시산업을 포괄하고 대표하는 회의 및 전시 산업 기구들이 연합한 공식 기구이므로 JMIC의 비즈니스이벤트에 대한 정의는 중요한 파급효과를 가지고 있다. JMIC는 비즈니스이벤트의 유형을 아래와 같이 8가지로 체계화했다.

| 표 1-7 | 비즈니스이벤트의 분류(JMIC)

구분	내용
컨퍼런스 (Conferences)	– 특정 분야의 현황 및 발전에 대한 검토를 위한 세부 토픽에 특화된 모임(gathering)으로 종종 관련 교육과 자격증이 주어짐 – 프로그램에 상업적인 면이 가미될 수 있지만, 대부분 콘텐츠 자체에 집중
콩그레스 (Congresses)	– 대부분의 전 세계 국가에서 컨퍼런스와 콩그레스는 상호 대체적인 용어임 – 다만, 콩그레스는 컨퍼런스에 비해 주최 기관의 실질적 비즈니스와 거버넌스 운영과 관련된 요소를 보다 내포하고 있음
컨벤션 (Conventions)	– 마찬가지로 컨퍼런스, 콩그레스라는 용어와 상호 대체적인 용어로 활용 – 하지만 일반적으로 교육적인 요소 외에 전시회/트레이드쇼 등이 가미 – 이는 새로운 제품과 서비스를 전시하여 행사의 수익 창출과 참가자의 지식 창출에 기여하고자 함
기업이벤트 (Corporate Events)	– 주관 기업의 비즈니스와 주로 연계된 광범위한 활동을 포함 – 교육, 신제품 출시, 세일즈 활동이나 기업 발전을 위한 각종 활동 포함 – 종종 구성원의 동기 유발을 위한 인센티브 프로그램 연계
전시회 (Exhibitions)	– 특정 분야의 기술적, 전문적 혹은 일반 소비 제품 관련 바이어와 셀러의 직접적인 교류 유도의 장 – 최근 방문자와 참가 업체의 참가 가치 증대를 위한 교육 및 사교적 요소가 점차적으로 증대
인센티브 프로그램 (Incentive Programs)	– 기업의 이해관계와 세일즈를 촉진하기 위한 동기 유발과 포상 프로그램 – 종종 타 행사에서는 보기 힘든 독특한 투어 체험, 독창적인 이벤트 연계 – 기타 기업의 성과 목표 달성을 위한 관련 행사
특별 이벤트 및 페스티벌 (Special Events and Festivals)	– 공동의 이해를 가진 참가자간의 참여, 엔터테인먼트 및 네트워킹 기회 제공의 장이라는 일반적 정의 외의 특별 이벤트 – 행사의 형식, 내용 및 구성 요소들이 전통적인 양식의 이벤트에 비해 정형화되어 있지 않으나, 동시에 전통적 이벤트의 진화에 이바지

하이브리드 이벤트 (Hybrid Events)	– 비교적 최근의 용어로 완전한 온라인 이벤트(Virtual Events)와는 다르게 상당 부분 원격 참가로 구성된 행사 – 대면 만남에 더해 추가적인 혜택을 가미할 수 있어 현장 행사의 촉진적인 수단 으로 활용됨

자료: JMIC(2019), The Global Meetings Industry Overview

JMIC의 8가지 비즈니스이벤트 유형에서 주목할 점은 우리가 활용하는 MICE라 는 용어에 비해 기업들의 회의를 넘어선 기업 이벤트와 특별이벤트 및 페스티벌, 그리고 하이브리드 이벤트를 공식적으로 포함한다는 것이다. 비즈니스이벤트에 대한 JMIC의 정의는 여러 가지 시사점을 가지고 있어 좀 더 세부적으로 분석해 보고자 한다.

① 기업회의를 넘어 기업 이벤트로의 확장

먼저 유형 분류상에 기업회의라고 국한하지 않고, 기업 이벤트라고 칭한 것은 중 요하다. 기업이 주관하는 행사들은 국내 혹은 국제회의 외에도 신제품 론칭, 각종 시 상식, 로드쇼, 이사회와 총회 등 여러 가지 형태들의 이벤트들로 이루어져 있다. 이벤 트라는 용어에는 일단 위와 같이 기업이 비즈니스 목적으로 추진하는 여러 유형의 행 사들을 포괄한다고 볼 수 있다.

사실, 지금까지 대부분의 한국의 CVB들은 이러한 기업 이벤트들까지는 마케팅 대상으로 보지 않고 있으며, 기업회의조차도 집중적인 마케팅 노력을 하고 있지 않은 경우가 많다. 주로 학·협회가 주관하는 국제회의 유치에 집중하거나 관광 부문과 통 합된 DMO의 경우에는 대규모 인센티브 관광 유치에 무게를 두고 마케팅 전략에 집 중한다. 이러한 배경에는 기업회의는 성격상 목적지 마케팅만으로 유치하기는 어렵 다는 사실도 있다. 기업회의는 개최지 결정에 있어 기업 내 담당 임원의 단독적 결정 으로 이루어지는 경우가 많아 협단체의 유치 과정에 비해 컨벤션뷰로가 유치 제안 등 투명한 참가가 어려우며, 무엇보다 기업의 바이어 네트워크 정보나 마케팅 노하우 등 의 정보 보호 차원에서 CVB/DMO, PCO 등과의 협력을 꺼리는 경우도 많다. 즉, 참 가 인원당 몇만 원 수준의 개최지원금보다는 기업의 정보 보호와 독립적인 운영에 집중하는 것을 더 중시한다. 더군다나 DMO/CVB 입장에서 유치할 필요성이 있는 중·대형의 기업 이벤트를 주관하는 기업은 중강 기업이거나 대기업인 경우가 많은데, 이들은 내부적으로 별도의 교육 팀 혹은 국제교류 팀을 두어 행사 혹은 교육 기획과 운영을 전담하는 경우가 많기 때문에 DMO/CVB 혹은 전문 업계의 서비스 지원에 대한 필요성이 절실하지 않을 수도 있다.

한국관광공사에서도 이러한 기업회의의 특성을 반영하여 개최 지원금을 직접적으로 지원하는 것보다는 회의 참가자를 대상으로 입국 서비스, 고급 공연 등 환영 프로그램을 운영하거나 유니크 베뉴를 활용할 수 있도록 하는 등 협단체 회의와는 다른 차별화된 고급 서비스 지원책을 마련해 두었다. 하지만 기대보다 이러한 지원 정책에 대한 활용도가 낮은 것은 기업 이벤트들을 유치하고 개최하는 데 있어서의 위와 같은 폐쇄적인 특성 때문이다.

그럼에도 비즈니스이벤트를 통한 개최 지역의 경제 파급효과가 더욱 중시되고, MICE산업의 영역을 확장하고, 사업의 다각화를 적극 검토할 필요가 있다고 생각한다면 기업 이벤트 부문을 적극 확대할 필요가 있다. 특히, 지역의 기업들이 실제로 필요로 하는 국내외 바이어 대상 기업회의를 발굴하여 개최 지원하는 것은 지역으로부터 실질적인 수요를 창출하고, 지역 경제 활성화에 직접적인 도움이 될 것이다. 지역의 CVB와 PCO들이 지역의 기업들에게 고객과 참가자의 가치를 높일 수 있는 각종 회의 운영 노하우, 개최 도시의 일반적인 비즈니스 환경과 역사에 대한 전문적 소개, 지역의 산·학·관 연결 상담회, 전문 회의 시설 및 유니크 베뉴 등 비즈니스 서비스와 컨설팅을 전문적으로 제공할 수 있는 시스템을 갖추어 제공한다면, 이 자체가 지역의 여러 기업인들에 대한 지원이자, 국제회의 수요 창출 및 MICE산업 규모 확대에도 기여할 수 있을 것이다.

나아가 해외 기업이벤트 유치 분야는 한국의 높아진 국제적 위상과 매력을 감안 시에 향후 새로운 시장으로 적극적으로 개척할 필요가 있는 분야가 될 수 있다. 실제로 지역에 있는 해외 수출 위주의 중강 기업들 중에도 기업회의를 국제회의 형태로 개최하는 경우가 꽤 있다. 하지만 이들의 대부분은 해외의 유명 도시에서 개최하거나 심지어 본사가 있는 지역이 아니라 서울에서 개최하는 경우가 많은데, 이들을 우선 우리나라와 지역으로 유치하고 지원하는 방안을 연구해야 할 것이다.

최근 지방에서 약 20년 동안 PCO를 직접 운영해 온 어느 사장은 기업들의 "수출 혹은 비즈니스 상담회"에도 많은 관심을 가지고 사업을 확장하기 위해 노력하고 있다. 회사 창립 이래 다양한 분야별로 수백 건의 국제회의를 기획하고, 개최 지원해 오면서, 다양한 국제회의 주최자들, 국내외 바이어, 유관 기관 및 기업 등의 분야별 네트워크가 꾸준히 구축되었고, 이를 통해 국내 기업의 해외 진출 사업이나 국내외 비즈니스 상담회 등 해외 마케팅 분야의 사업을 확장해 보고 싶다는 것이다. 또한, 이러한 분야는 외국어가 가능한 PCO 직원들의 역량과 각종 마케팅 기획 업무와도 밀접히 연관되어 소위 추가적인 직원 선발이나 내부 조직의 전면 개편을 않고서도 '잘 할 수 있는' 핵심 역량 분야이기도 하다는 것이다. 이러한 과정은 대행하는 행사의 성공 개최에만 시야를 국한시키지 않고, 한 건의 행사를 기획·운영하더라도 보다 적극적으로 해외 바이어나 에이전시 네트워크 구축, 주최자와의 긴밀한 관계 등에 집중하면서 미래 사업에 대비한 노하우와 네트워크를 축적해 갈 수 있을 것이다. 이러한 보다 적극적인 행사 개최 과정에서 주최자와 참가자에 대한 서비스도 향상되는 결과로 이어질 것이다.

기업회의 대부분이 50명 내외의 중소규모라는 규모적인 특성을 감안하고, 향후 포스트 코로나 시대의 비즈니스이벤트의 변화 중에서 개최 회의 규모의 축소는 피할 수 없는 대세가 될 수도 있어 행사의 규모로만 그 가치를 판단하는 것은 시대에 뒤떨어진다. 단 한 건의 중소규모의 기업 이벤트를 개최하더라도 지역의 유관 기업들이나 학계, 연구원, 지자체 등과 연계된 네트워크 간담회를 개최하여 기업에도 특별한 가치를 제공하고, 개최 도시에도 부가적인 가치를 증대하거나 개최 도시에 방문하는 기업 관계자들이 필요로 하는 비즈니스 가치를 창출할 수 있도록 보다 매력적이고, 긴밀한 비즈니스 서비스가 필요한 시점이라고 생각한다.

② 특별 이벤트 및 페스티벌 포함

또한, 앞서 비즈니스이벤트의 유형으로 포함할 수 있는 새로운 분야는 특별 이벤트 및 페스티벌 분야라고 얘기했는데, 이는 과연 우리가 익히 알고 있는 페스티벌, 즉, 축제까지도 포함하는 것인가? '레저'를 목적으로 하는 축제를 얘기한다면 당연히 비즈니스이벤트의 유형으로 간주해서는 안 될 것이다. 통상적으로 페스티벌에 참가하는 참가자는 즐기고, 쉬기 위한 것이고, 일이나 비즈니스를 위한 것이 아니다. JMIC의 '특별이벤트와 페스티벌'의 정의를 살펴보면, 일반적인 컨퍼런스 등의 형태로 정형화되지 않고, 비즈니스이벤트의 탈정형화를 선도하는 진화하는 행사들로 설명하고 있다. 즉, 일반적인 페스티벌을 포함한다는 의견은 아닌 것이다.

따라서, 우리가 떠올리는 나비축제, 치맥축제, 머드축제, 탈춤축제 등 일반적인 페스티벌을 일컫는 것이 아니라, 오히려 SXSW(사우스 바이 사우스 웨스트), Slush, C2 몬트리올, 캠퍼스 파티, SF(샌프란시스코) China 등과 한국의 Meet-up, GIF 등의 탈정형화된 페스티벌 형태의 특별 이벤트를 일컫는 것으로 봐야 한다. 이와 유사한 사례들은 전 세계적으로 지속 증대되고 있는데, 세부적인 사례들은 제2부 3절에서 심도 있게 다루어 보겠다.

특별 이벤트와 페스티벌에도 MICE산업 영역의 확대 가능성이 놓여 있다. 이들은 참가자의 경험 가치를 높이기 위해 기존의 전통적인 컨퍼런스 개최 형태를 과감히 탈피하고, 참가자의 입장에서 다양한 기획과 디자인을 입힌 행사들이다. 교육과 강의, 컨퍼런스도 일부 진행이 되지만, 경연대회, 헤커톤, 파티, 산책 등의 참가 가치 극대화를 위한 파격적인 형식의 행사들로 채워진다. 이들 행사들은 특정 지역이나 국가에서 고정적으로 개최되는 경향이 있는데, 이는 출발 자체가 지역이나 국가의 창업보육, 산업 육성, 투자 유치 등 뚜렷한 특정 목적을 가지고 개발된 행사들이 많기 때문이다. 이러한 특성은 최근 매우 가속화되고 있다.

'드림포스투유(Dreamforce to You)'라는 기업 주최 행사의 경우는 '세일즈포스(Salesforce)'라는 기업이 직접 주최하는 대표적인 기업회의이자 페스티벌이다. 연간 17만 명이 넘는 전 세계의 참가자가 매년 샌프란시스코에 마치 축제에 참여하는 것처럼 모인다. 직접 소비효과만 '19년 기준, 3,000억 원에 달한다는 분석이다. SF China는 샌프란시스코 정부인 투자청에서 중국 자본의 투자를 유치하기 위해 만든 비즈니스이벤트이다. 이러한 행사는 규모가 중요한 것이 아니라, 특별한 서비스를 통해 단 한 건의 계약이라도 성사될 수 있는 고급 서비스가 필요하다.

브라질에서도 특별한 이벤트가 개최되고 있다. 스페인의 한 기업이 만든 Campus Party는 브라질 리우 카니발, F1 그랑프리 행사에 이어 브라질에서는 3대 이벤트로 손꼽힌다. 제목처럼 파티와 같은 축제의 장이기도 하지만 실질적인 콘텐츠는 젊은이들이 치열하게 1주일간 숙박을 하면서 이루어지는 헤커톤, 아이디어톤, 강의와 컨퍼런스, 관련 전시회, 창업 피칭 등이 가미된 또 다른 형태의 MICE이며, 경연대회이자 축제이다. 강의만 수백 개의 세션 형태로 진행되고, 패널들이 참가하는 컨퍼런스가 수일간 진행이 되고, 관련 기업들의 전시회가 1주일간 지속된다. 약 1만 명의 젊은이들이 특정 주제를 가지고 1주일간 프로젝트를 구상하고 이를 발표한다. 이러한 파격적인 형식 파괴를 통해 젊은이들의 창의적인 아이디어들이 발굴되고, 창업으로 이어진다. 수천 동에 이르는 텐트가 열을 맞춰 전시장을 빽빽이 채우고 있는 모습을 보면, 그 자체가 장관이다. 이러한 특별 이벤트 내지는 비즈니스 페스티벌들도 비즈니스 목적성이 뚜렷하다면 비즈니스이벤트의 범주로 포함하여 MICE산업의 범위를 확장해야 할 것이다.

최근 한국관광공사에서 시행하고 있는 융복합 국제회의 개발 및 육성 사업은 이러한 트렌드를 반영한 정책으로 중요한 시도인 듯하다. 기존의 국제회의에 한국의 문화적 강점을 접목한 특별 이벤트나 페스티벌을 접목하는 것이다.

③ 공식적인 MICE산업의 범주, 하이브리드 회의!

하이브리드 이벤트 행사를 하나의 분류로 넣어둔 것도 의미가 있다. 특히, JMIC에서 위와 같이 비즈니스이벤트를 분류한 시점이 코로나 사태가 발생하기 전인 2019년임을 상기한다면, 온라인 국제회의 시스템과 미팅 테크놀로지에 대하여 적어도 수년 전부터 각종 검토가 이루어져 공식적인 하나의 유형으로 포함되었음을 짐작할 수 있다.

하이브리드 행사는 하나의 행사 유형으로 빠르게 고착화되었고, 나아가 나머지 7가지 유형의 비즈니스이벤트에 모두 적용될 수 있는 회의 개최 형태이기도 하다. 그야말로 뉴노멀 혹은 넥스트 노멀 시대의 한 축이라 하겠다. 이제는 온라인 회의 시스템이 가진 많은 장점들을 서로 확신을 가지고 얘기하고 있다. 시공간을 초월하여 홍보를 확대하여 참가자 확대 및 행사 브랜드의 강화에 기여할 수 있고, 행사의 개최 기간을 유연하게 연장하여 보다 많은 참가들에게 접근할 수 있으며, 비디오나 홀로그램을 활용해 해외 유명 강사진의 연설이나 강의를 저렴하고 편리하게 시청할 수도 있다. 디지털 콘텐츠를 연중 스트리밍 서비스를 제공하거나 E-아카데미 등의 형태로 유료화할 경우는 참가자에 대한 서비스 제고 차원을 넘어, 주최자의 수입 증대에도 기여할 수 있다. 온라인으로 행사에 접속한 참가자들은 이듬해 현장 방문의 가능성을 높일 수도 있다. 이러한 버추얼 혹은 하이브리드 회의의 장점들을 많은 국제회의 주최자들과 CVB, PCO 등이 몸소 체험하였고, 코로나 사태와는 상관없이 향후 국제회의의 새로운 개최 방식으로 이해하고 있다.

다만, JMIC는 100% 온라인으로 진행되는 버추얼 이벤트의 경우는 하이브리드 행사와는 별도로 구분하고, 8가지 비즈니스이벤트 유형에는 포함하지 않았다. 하지만 버추얼 이벤트 또한 미래에 중·소규모의 오프라인 행사로 개최되거나, 양질의 콘텐츠가 바탕이 되어 비즈니스 성과 창출에도 기여할 수 있어 비즈니스이벤트 산업의 범위에도 포함할 필요가 있다고 생각한다. 한국관광공사나 지자체 CVB 등에서는 오프라인 참가자에 대한 지원에 더해 하이브리드, 온라인 등 기타 개최 유형들도 비즈니스 성과 창출의 정도에 따라 차등적으로 지원할 필요가 있을 것이다.

이렇듯 비즈니스이벤트라고 정의할 때, 기업 이벤트, 특별 이벤트와 페스티벌, 그리고 하이브리드 이벤트는 물론, 버추얼 행사에 대해서도 논리적이고, 유연한 접근이 가능해 지면서 기존의 MICE산업의 영역이 근거 있게 확장될 것이다.

④ MICE산업의 핵심 서비스와 역량 기준의 산업 범주 확장

JMIC는 비즈니스이벤트의 성공적 개최 지원을 위해 회의 공급자가 제공하는 공통 서비스들을 정리했다. 행사 주관(Events Organization), 목적지 마케팅(Destination Marketing), 개최지 내 운영(Destination Management), 기술적 지원(Technical), 오디오와 비디오 지원(Audio Visual), 전시회 기획(Exhibit Services), PCO(Professional Congress Organization), 음향, 조명, 장식 등을 갖춘 무대(Staging : sound, lighting, decoration), 연회 등 식음료 지원(Food and Beverage : Banquet), 커뮤니케이션즈와 마케팅(Communications and Marketing) 등 10가지이다.

위의 지원 서비스들은 기존의 MICE산업 플레이어들이 이미 제공하고 있는 기술이나 서비스들이다. 위와 같이 공통된 서비스의 정리가 중요한 것은 비즈니스이벤트 산업의 범위와 규모를 규정하기 위한 또 다른 기준이 될 수도 있기 때문이다. 예를 들어, 기업 이벤트나 각종 경진대회 등 특별 이벤트들이 비즈니스이벤트의 범주인가를 고려할 때, 위와 같은 서비스들이 제공되는지를 또 하나의 기준으로 적용하여 판단할 수 있다. 기업 이벤트나 특별 이벤트도 '행사 주관'이 필요하고, 개최지 간 유치 경쟁이 있다면 '목적지 마케팅'과 '개최지 내 운영 지원'이 필요할 것이다. 기타 PCO, A/V, 전시회, 무대, 식음료, 참가자 모집 마케팅 등의 운영 서비스가 필요하다면 비즈니스이벤트의 영역으로 분류해도 좋을 것이다.

이러한 공통적인 서비스들은 MICE산업 플레이어들의 핵심 역량이기도 하기에 관련 기관과 기업들이 기본적으로 잘 할 수 있는 분야이기도 하니, 효과적인 산업 범주의 확대와 기업들의 사업 다변화에도 기여할 수 있을 것이다.

라. MICE산업의 새로운 가치, 비즈니스이벤트 레거시!

지금까지 비즈니스이벤트가 가진 직관성과 목적성 그리고 산업의 범주 확장에 대해 알아보았다. 네 번째 비즈니스이벤트라는 용어가 가진 또 다른 중요한 장점과 혜택이 있는데, 그것은 레거시(Legacy) 이론을 세부적으로 살펴봐야 한다. 레거시는 비즈니스이벤트의 핵심 논리이며 궁극적인 비즈니스 가치 창출의 지향점이자 종착지이다.

비즈니스이벤트라는 용어를 지속 고민하고, 성과 창출에 대해 진심을 다하다 보면, 한 건의 행사라도 성공적 개최와 지속 관리를 통하여 주최자와 개최지에 어떻게 중·장기적인 혜택을 남길 것인가를 고민하게 된다. 이러한 중·장기적인 혜택과 파급효과가 비즈니스이벤트 개최를 통한 레거시(Legacy)이다.

JMIC는 "빙산 이론, 비즈니스이벤트의 레거시(The Iceberg, the legacies of Business Events)"라는 용어를 수년간 공식적으로 사용해 오고 있으며, 2017년 1월 27일에는 "비즈니스이벤트 세계(Business Events World)"라는 제1호 뉴스레터 발간을 필두로 매월 지금까지 약 100회의 뉴스레터를 발간해 왔다[11]. 이 뉴스레터는 전 세계의 레거시 창출 성공 사례를 담고 있는데, 부제가 바로 "빙산 이론, 비즈니스이벤트의 레거시"이다. 제목에서 짐작할 수 있겠지만, 숙박, 식음, 쇼핑 및 관광 등으로 인한 직접적인 소비효과나 단기적인 결과(outcomes)는 비즈니스이벤트 개최로 인한 다양한 파급효과 중 '빙산의 일각'에 불과하며, 이를 넘어선 다양하고, 파급효과가 큰 중장기적인 혜택, 즉, 레거시에 가치를 두는 것이다. ICCA에서도 이러한 레거시를 관광 관련 파급효과와 구분하여 중점을 두고 있다.

자료: https://www.themeetingsindustry.org/industry-re자료s/the-iceberg-legacies-of-business-events/

---

11 https://www.the-iceberg.org/newsletters

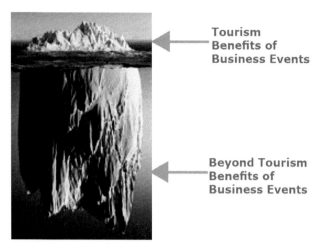

자료: ICCA(2018), A Modern History of International Association Meetings, pp. 49-50

나아가 JMIC는 비즈니스이벤트의 유산(Legacies)을 3가지 카테고리로 요약하여 분류했다. 진정한 회의의 가치는 지식 산업 경제(Knowledge Economy), 산업 혁신(Industry Innovation) 및 지역사회의 복지(Community Well-being)에 대한 기여에 있음을 설명한다.

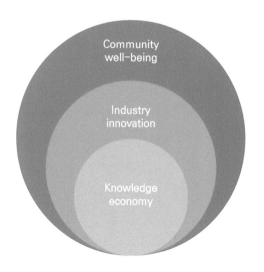

자료: Business Events Legacies, JMIC Case Study Project Report, 2019.5. p. 2

그림 1-3 Business events contribution segments

이 부분은 비즈니스이벤트의 근간을 구성하는 중요한 기반 이론으로 볼 수 있어 주요 내용을 발췌해 보겠다[12].

① 지식 경제(Knowledge Economy)

지식 경제는 지식, 기술 교류 및 협업을 통한 지속적 발전을 필요로 한다. 비즈니스이벤트가 개최되는 수일간 관련 연구원, 전문 분야 종사자들의 최신 지식들이 한 곳에 집결되어 지식의 차이를 깨닫게 되고 새로운 연구 주제가 만들어진다. 여러 사례들을 통해 비즈니스이벤트의 개최가 전문 분야의 경력 개발, 지식과 기술의 발전, 네트워크와 협업 형성, 평판과 지명도 제고, 소속감과 열정 고취 등에 기여한다는 것이 증명되었다. 즉, 컨퍼런스를 통해 지식이 습득되고, 공유되며 이러한 지식은 자신의 일에 반영된다. 사회적이고 전문적인 네트워크가 컨퍼런스에서 형성되고 발전된다. 새로운 지식 공유의 길이 만들어지고, 과거에 두절되었던 네트워크가 재형성된다. 행사에 참가한 지역 연구원들과 기업들의 평판과 지명도가 향상되며, 이러한 결과들을 통해 산업과 연구 발전의 허브가 될 수 있도록 촉매제 역할을 하게 된다.

② 산업 혁신(Industry Innovation)

세계적으로 국가 및 지역 정부들은 지속적인 경제 성장을 위해 혁신적인 정책들을 개발해 왔다. 대부분의 경우는 주력 산업 분야의 혁신을 선도하는 것을 포함한다. 산업 혁신을 위해서는 지식 경제와 재정 투자가 활성화되어야 한다. 여러 사례 연구들은 주요 분야 스타트업 기업들의 창업 투자와 주력 산업 분야에 대한 재정적 투자를 유치하는 데 있어 컨퍼런스가 중요한 역할을 할 수 있음을 보여준다. 학계, 업계, 그리고 정부의 대면 회의들을 통해 혁신적인 정책들이 수립, 평가 및 조정되면서 보다 폭넓은 혜택으로 이어질 수 있는 기회를 제공한다.

---

12 가급적이면 JMIC의 원문의 내용에 충실하게 번역 및 발췌하였다.

③ 지역 사회 복지(Community Well-being)

지역 사회에 대한 레거시는 많은 형태를 띤다. 거시적으로는 지식 경제 활성화와 혁신적 산업 발전을 통해 지역 사회의 복지에 기여한다. 또한, 미시적인 사례들도 보고된다. 컨퍼런스 개최 시에 통상적으로 개최 지역에 대규모의 참가자들이 집중적으로 방문하게 된다. 이것은 지역 사회 복지에 상당한 파급효과를 가져온다. 여러 사례 연구를 통해 지역 참가자들의 지식 및 전문 기술의 증진이 지역 복지 서비스의 발전으로 이어짐이 증명되고 있다. 나아가 여러 사례들을 통해 물품 조달 전략, 인재 확보 정책, 지속가능성과 레거시 프로그램들이 사회적 이탈을 감소시키고, 사회적 약자들을 포함한 각계의 지역사회 이해 관계자들에게 혜택을 가져옴을 알 수 있다.

위와 같이 JMIC는 비즈니스이벤트 개최의 중요성을 판단할 때, 참가자들을 통한 직접 소비효과와 관광 효과 측면에 국한해서는 안 될 것이며, 지식경제, 산업혁신 및 지역 사회 복지에 기여하는 레거시들에 더욱더 집중해야 한다고 설명한다. JMIC에서는 비즈니스이벤트 산업 분야의 리더들을 "여행 에이전트(travel agents)"가 아니라 "사회 변화 에이전트(change agent)"라고 지칭한다(The iceberg, 2019).

이렇듯 국제회의 유치 및 개최 준비 시에 이러한 레거시 창출을 주최자와 개최지가 사전에 협력하여 구체적인 목표를 가지고 기획한다면 어떨까? 아마도 국가, 시정부, 지역의 관련 산·학·관에서 어렵게 유치한 국제회의 한 건의 성공적인 개최만을 목표로 삼지는 않을 것이다. 유치된 행사와 관련된 지역 연계 프로그램을 사전에 기획하여 개발할 것이다. 즉, 국제회의 참가자들 중 잠재 투자자들을 선별하여 이들을 대상으로 지역 기업을 참가시켜 투자 유치 설명회를 개최할 수도 있다. 노벨상 수상자 등 저명인사가 행사에 참가한다면, 시민을 대상으로 지역 복지에 기여할 수 있는 재미있는 강연회를 개최해 볼 것이다. 지역 기업들이 참여할 수 있는 전시회 개발을 통해 산업 혁신을 시도할 수도 있다. 실제로 2004년에 대구에서 개최된 세계솔라시티총회 개최 시에 제1회 그린에너지전시회를 연계 개최한 후 지금은 신재생에너지 분야에서 UFI(국제전시연합)의 인증을 받은 10대 글로벌 전시회로 자리매김하였다.

또 하나의 사례를 들어보자. 만약에 벤처기업들이 참여할 수 있는 피칭 대회를 국제회의와 연계하는 것은 어떨까? 2016년 제네바에서 개최되었던 "SIBOS Conference(The Swift International Banking Operations Seminar)"에서는 제네바는 물론, 스위스 전역에서 연중 예선 대회를 거쳐 12개 벤처 기업을 선별하고, SIBOS 본 대회에서 피칭 대회를 개최하였다. 지역과 국가의 청년들이 SIBOS의 스타트업 연계 행사에 참가하여 실질적인 투자 유치 성과를 제고하고, 창업에 기여한 것도 레거시 창출의 성공 사례 중 하나이다.

이러한 연계 프로그램들에 지역의 PCO 등 비즈니스이벤트 관련 기업들이 함께한다면 한 건의 국제회의를 기반으로 새로운 비즈니스이벤트를 개발하고, 개최함으로써 MICE산업의 매출 증대와 외연 확대에도 기여할 수 있을 것이다. 이러한 대회 개최를 위한 추가적인 재원은 어떻게 확보할 것인가에 의문을 가질 수도 있지만, 레거시에 대한 성공 사례들을 공유한다면 중앙 정부와 해당 지자체에서도 명분을 가지고 예산을 확보할 수도 있을 것이다. 실제로 한국관광공사에서도 수년 전, 지역에 특별한 파급효과를 가져올 수 있는 소규모 행사를 규모와는 상관없이 개최지의 사회적 파급효과 창출을 위해 지원했던 사례도 있다.

레거시 창출을 위한 일련의 과정에서 그동안 평가 절하되었던 MICE산업의 역할과 위상이 격상될 수 있으며, MICE업계의 자긍심을 북돋울 수 있을 것이다. 레거시에 대한 국내외의 구체적인 성공 사례들과 이를 위한 주최자와 개최지의 협력 방안, 관련 정책 제안은 제2절에서 세부적으로 다룰 예정이다.

비즈니스이벤트의 레거시 관점은 향후 MICE 관련 사업과 정책의 긍정적이고, 근본적인 변화를 유도할 수 있다. 우선 정부에서는 양적 성장 추구에서 질적 성장으로 전환하기 위한 근거를 마련할 수 있을 것이다. 국내외 참가자 수에 의존한 지원 정책을 벗어나 비즈니스 성과나 레거시를 지표로 정하고, 이를 창출하기 위한 개최 지원 사업들과 레거시 관리 부문에 새로운 지원 정책 개발과 예산을 확보할 수 있을 것이다. 물론, 이 부분에 대해서는 많은 토론과 협의가 필요할 듯하다. 하지만 분명한 것은

UIA나 ICCA의 개최 건수에 의존한 도시 경쟁력 평가와 이를 위한 유치 및 개최 지원 정책들에는 변화가 필요하다는 것이다. 비즈니스이벤트로의 인식 전환을 통해 비즈니스 성과 창출을 위한 개최 지원에 보다 힘을 쏟을 필요가 있다.

마. 지역발 이벤트(Origin Events)의 중요성 증대

마지막 다섯 번째 비즈니스이벤트의 장점은 지역 수요형 혹은 기반형 행사에 대한 중요성이 증대한다는 것이다. 지역마다 산업, 문화 등 특정한 강점 분야와 관련된 특화된 회의나 이벤트를 만들고 키워가는 것에 보다 더 집중할 필요성이 부각된다. 왜냐면, 비즈니스 성과 창출 혹은 레거시 창출이라는 목적을 가지고 생각을 하다 보면, 대륙별로 순회하는 국제회의를 유치하는 것도 좋지만, 이는 일회성으로 한 번 개최한다는 한계성이 아쉽다. 만약에 지역이 필요로 하는 분야의 비즈니스이벤트를 개발하여 매년 정기적으로 개최할 수 있다면 국내외 네트워크를 쌓아가고, 이를 관리하여 더 큰 비즈니스 성과를 창출할 수 있을 것이다. 현재 한국관광공사에서 지원 중인 특화컨벤션과 K-Convention, 기타 융복합 국제회의 육성 등의 제도가 중요한 것도 이러한 이유에서이다. 더 많은 지원이 생겨나고, 컨벤션뷰로나 PCO 등이 주관하는 특화컨벤션 개최 성공 사례들이 확대된다면, MICE업계의 생태계 강화와 사기 진작에도 큰 역할을 할 수 있을 것이다.

컨벤션뷰로나 PCO들이 전통적으로 주최자를 지원하는 간접적인 역할에서 그치지 않고, 비즈니스이벤트 기획과 개발에 직접 투자하고, 정기적으로 개최하는 행사를 개발하여 매년 혹은 격년으로 개최하며 키워갈 수 있다면, 지속적으로 축적된 노하우와 긴밀한 네트워크의 우위를 활용하여 세계적인 대회 개발 가능성도 높일 수 있을 것이다. MICE업계는 국제회의 대행에서 주관으로 역할을 확대할 수 있기에 주최자로서의 직원들의 사기 또한 진작될 것이다. 실제로 국제회의를 직접 기획, 주관해 보면 대행하는 행사와는 또 다른 주인의식과 애정을 가지고 연중 지속적으로 고민하게 되고, 노하우와 네트워크가 쌓이면서 자신감과 자부심이 쌓이게 된다. 지역의 여러 기업 지원 기관이나 기업들과의 보다 깊은 관계를 이어갈 수 있다.

물론, 이러한 전 과정이 쉽지만은 않다. 단기간의 수익 창출이 어려워 적정한 투자 기간이 필요하고, 노하우가 축적된 의욕있는 직원도 필요하고, 이들이 전념할 수 있는 여건도 만들어야 하며, 개발 초창기에는 시나 컨벤션뷰로 등 초기 자본 성격의 적극적인 행·재정적인 투자와 지원도 상당 기간 필요하다. 그럼에도 자체 브랜드 컨벤션 개발을 숙원사업으로 얘기하는 분들이 의외로 주변에 많다. 지난 수십 년간 쌓아온 노하우를 활용하여 국제회의 업계가 직접 만들어 가는 국제회의 개발 시스템에 더욱 신경을 써야 할 것이다.

2020년 4월, 여러 어려운 여건 속에서도 한국관광공사에서 공모한 K-Convention 사업[13]에 28건의 컨벤션이 응모하였고, 2021년 대구 지역의 특화컨벤션 육성 사업에는 11건의 행사들이 지원하여 이러한 지역발 행사에 대한 필요성과 높은 관심도를 증명하고 있다.

지역발 이벤트의 창출과 연계된 또 하나의 중요한 사업은 주최자 육성 사업이다. 협단체 사무국의 창출과 육성을 시스템적으로 지원할 수 있다면 이들을 통한 비즈니스이벤트 추가 창출과 레거시 창출이 지속가능성을 가지게 된다. 협단체가 지역발 행사를 주관하고, 참가자를 회원으로 연중 관리하며, 산업 발전 및 지식 확산 등 레거시 창출을 위해 연중 노력한다면 MICE 수요 창출과 MICE산업 생태계 조성에 안정적인 기반이 마련될 것이다. 대구에서 컨벤션뷰로와 PCO가 주축이 되어 개발한 아태안티에이징컨퍼런스(APAAC)는 올해 7회째를 맞이하는데, 아태안티에이징학회(APAAS)를 창립하여 컨퍼런스를 컨벤션뷰로와 함께 공동 주관하고 있다. 학회가 공식적인 법인으로 출범하여 자리를 잡게 되면, 국내 회원들의 자발적 참여를 보장할 수 있고, 이들을 통해 국내외 네트워크 관리와 비즈니스 성과 창출이 안정적으로 자리 잡을 수 있을 것으로 생각된다.

---

13 K-Convention 사업은 한국을 대표할 수 있는 지역에서 개발된 브랜드 컨벤션을 지정하고, 중장기적으로 육성하는 한국관광공사의 대표적인 사업이다.

지금까지 제1절에서는 우리나라 MICE산업의 현 주소와 과제들을 짚어보고, 세계적으로 활용되고 있는 비즈니스이벤트의 용어와 레거시의 개념을 우선적으로 살펴보았다. 또한, 비즈니스이벤트의 차별화된 장점들을 직관적 인식, 관광 산업과의 차별성 확보, 산업 범주의 확대, 레거시 창출 및 지역발 이벤트의 중요성 증대 등 다섯 가지로 살펴보았다. 제2절에서는 주최자, 참가자 그리고 개최지의 입장에서 비즈니스이벤트 주최, 참가 및 개최 목적을 세부적으로 살펴보면서 MICE산업의 이해관계자들의 목적에 부합하는 비즈니스이벤트의 장점과 필요성에 대해 생각해 보고자 한다.

제 2 절 · 비즈니스이벤트를 왜 만들고 유치하는가?

비즈니스이벤트의 목적성과 레거시 창출의 관점에서 MICE산업을 재조명해 보면, MICE산업의 이해관계자들의 시각에도 일대 전환이 일어날 수 있다. 앞서 MICE 산업의 이해 관계자들을 주최자, 참가자 및 개최지로 분류했다. 각각의 이해관계자들의 입장에서 비즈니스이벤트의 주최, 참가, 개최 목적을 살펴보고, 이러한 인식의 전환이 어떤 의미가 있으며, 어떻게 상호 간에 긍정적인 변화를 가져오는지 생각해 보자.

주최자의 비즈니스이벤트 개최 목적은 참가자들의 만족도 제고, 회원 증대를 통한 수입 증대, 전 세계의 관련 산·학·연·관과의 정보 교류 확대, 사회에 대한 기여도 제고 등을 생각해 볼 수 있다. 비록 정부, 학·협회, 기업 등 다양한 형태의 주최자들이 있더라도 공통적으로 비즈니스이벤트라는 용어는 각 주최자의 "비즈니스"에 부합하는 성과 창출이라는 목적을 용어 자체에 담고 있어 개최지와 참가자에게 의도가 명확히 전달되고, 이를 위해 서로 노력해야 한다는 인식을 심어준다.

참가자는 코로나19 사태를 겪으면서 국제 행사 참가에 다소 신중해졌을 것이다. 참가자들의 소속 기관이나 기업의 해외 출장비가 팬데믹 이전으로 완전히 회복되는데도 다소 시간이 걸릴 수 있고, 이에 따른 출장 회수나 출장 기간도 일부 축소되었을 것이다. 이러한 배경으로 참가자들은 줄어든 해외 출장의 기회를 잘 활용하여 비즈니스 성과 및 참가 가치 창출에 보다 노력해야 할 것이다[14]. 참가자의 입장에서는 세심하게 디자인된 비즈니스이벤트를 선택하여 참가하는 것이 더욱 중요해졌으며, 비즈니

---

14 참가자들의 미래 참가 행태에 대해서는 향후 일정 임계점에 달하면 폭발적 증가를 예측하기도 한다. 매우 반길 만한 일이지만, 폭증하더라도 대부분은 비즈니스이벤트 참가자들이 일반 관광객에 비해 시기가 늦을 것으로 예측한다.

스이벤트의 주최자와 개최지 입장에서도 이들의 참가 가치를 극대화하기 위한 노력을 비즈니스 창출의 관점에서 기울여야 한다.

개최지 또한 한 건의 행사 개최에도 신중하게 비즈니스 성과 창출을 고민할 수밖에 없다. 우선, 유치 대상 행사 건수 자체가 그동안 줄어들었고, 개최 확정된 국제회의 건수도 전보다 감소했다. 온라인 형태의 참가 방식이 현장 참가를 일부 대체할 수도 있기 때문에 개최지에 직접 방문하는 연간 총 현장 방문자 수는 줄어들 확률이 크다. 즉, 개최지의 입장에서는 국제회의 개최 건수 감소와 현장 참가자들에 의한 직접 소비효과가 줄어들면서 파급효과를 더 높일 수 있는 보완적인 전략을 고민해야 한다. 한 건 한 건의 국제회의를 대상으로 개최 지원책을 강화해야 하고, 이를 통해 지역에 중장기적인 혜택인 레거시를 창출할 수 있도록 비즈니스이벤트 차원의 접근이 더 중요한 시기이다.

개최지는 이러한 개최 지원책 강화뿐만 아니라, 국제회의 유치 프레젠테이션에도 주최자의 비즈니스 성과 창출에 기여할 수 있는 제안을 강화하여 설득해야 할 것이다. 주최자가 필요로 하는 참가자 만족도 제고, 회원 확대, 주최자의 각종 설립 목적에 맞는 사업성과 창출 등에 개최지도 직접적으로 기여할 수 있는 전략적인 제안이 중요하다.

이렇듯 비즈니스이벤트라는 용어로의 전환은 주최자, 참가자 및 개최지가 비즈니스 성과 창출이라는 공동의 목표 아래 상호 간의 노력이 더욱 필요하다는 적극적인 인식을 공유해 준다. 나아가 왜 비즈니스이벤트를 주최하고, 참가하며 유치하는가에 대한 각각의 동기와 목적들을 더 면밀하게 살펴보는 것은 이러한 인식의 전환을 넘어 성공적인 비즈니스이벤트 개최 방향을 구체적으로 제시해 줄 것이다.

1 왜 주최하는가?

비즈니스이벤트를 주최하는 목적은 주최자들의 유형에 따라 다소 다르다. 주최자의 유형 분류는 여러 가지 방법이 있을 수 있지만, ICCA에서는 아래 표와 같이 크게 기업과 협단체 회의로 구분하고, 기업회의를 내부, 외부, 내·외부 혼합형 회의로, 협단체 회의는 국제 정부기구와 비정부기구로 나누었다. 하지만 이 책에서는 정부까지 포함하여 3가지 통상적인 유형으로 주최자를 분류할 것이다. 앞서 살펴보았던 UNWTO의 분류 방식을 반영한 것이다.

자료: A Modern History of International Association Meetings, ICCA, 2018

먼저 회의 시장 규모가 가장 큰 협단체(Association)의 주최 목적을 살펴보겠다. 협단체라 함은 사전적 의미로는 "특정 목적을 위해 공식적으로 결성된 사람들의 모임(an official group of people who have joined together for a particular purpose)"이며, 유사어로 '기구(Organization)'로 불릴 수 있다(Oxford 온라인 사전). 국제협단체연합(Union of International Associations, UIA)은 매년 전 세계의 협단체들의 리스트를 책으로 엮어 편찬하며, 많은 국가들이 이들이 주최하는 회의를 국제회의 인증의 중요한 기준으로 활용한다. UIA 는 협단체를 정부 간 국제기구(Inter-Governmental Organizations, IGO), 비정부 간 국제 기구(International Non-Governmental Organizations, INGO 혹은 NGO), 그리고 다국적 기 업(MNE, multinational enterprises 혹은 transnational corporations) 등 3가지로 분류한다. 정 부 간 국제기구는 국가 정부 간의 공식적 협약에 근거하고, 3개국 이상이 그 협약에 참가하며, 현안 문제를 수행할 수 있는 영속적인 사무국을 보유하는 것을 기본 조건으 로 한다. 비정부 간 국제기구[15]의 경우, 국가 정부 간 협약에 의하지 않는 모든 국제기 구들을 일컬으며, 회원의 경우는 민간 위주로 구성되나 정부 기구가 권한을 일임한 회 원도 포함할 수 있다. 단, 정부 기구의 일임을 받은 회원은 그 협단체의 표현의 자유를 침해하지 않는 범위 내에서만 회원 자격을 허용한다. 참여 국가 수는 정부 간 국제기 구와 같이 3개국 이상이 되어야 한다. 다국적 기업의 경우, 이 책에서는 기업 주최자 로 간주하고, 기업의 주최 목적 내에서 다루도록 하겠다.(UIA 홈페이지 참조)

가. 협단체의 비즈니스이벤트 주최 목적

국제 협단체들의 비즈니스이벤트 개최 목적은 수익 창출, 조직의 위상 강화, 정 책 개발, 주요 현안 사항의 이슈화 및 명성 제고, 지식 확산, 새로운 연구 성과 공유, 회원 간의 협업 강화, 사회적 기여 프로그램 운영 및 위와 같은 제반 활동을 통한 신규 회원 확대 등을 꼽을 수 있다. 즉, 비즈니스이벤트 주최를 통해 내부적으로는 조직의 행·재정적 운영 기반을 강화하고, 회원 유지 및 확대에 기여하며, 외부적으로는 단체 의 명성과 위상을 제고하는 것이다.

이 중에서도 가장 기본적인 주최 동기는 수익창출이다. 단체의 운영 재원은 회비 와 사업비, 후원비로 구성되는데, 이 중 사업비는 해당 산업분야에 대한 종사자 교육

---

15 비정부 간 국제기구에 대해서는 세계적으로도 명확한 기준이 통일 되지 않아 UIA는 국제연합 경제사회위원회(UN Economic and Social Council, UN ECOSOC)의 기준을 준용하되, 7가지의 UIA 자체 기준을 추가하여 판단 하는 것으로 하였다. 7개의 UIA의 자체 기준이라 함은 그 기구의 목표(aims), 회원(members), 조직(structure), 임원(officers), 재무(finance), 자율성(autonomy), 그리고 활동(activities) 등이 갖추어져야 한다.

혹은 자격증 제도 운영 등을 포함한다. 종사자 교육은 확대되면 국제회의, 컨벤션 등으로 발전된다. 또한 단체 소속 회원사 및 회원을 위한 산업 전시회가 개최되기도 하는데, 이러한 행사 사업을 통해 사업 매출을 발생시키고 있다. 이러한 재원 구성 요소는 결국 각각의 속성이 서로 연계되는 구조로 회원이 많으면 교육, 회의, 전시회 등의 규모가 커지고 매출이 증가하게 되고, 행사의 규모가 커질수록 신규 회원 모집 및 기존회원 유지 등이 강화되어 회원 규모가 성장한다. 또한 회원의 규모가 커질수록 관련 기업 혹은 정부로부터의 후원도 커지게 마련이다. 설립 초기의 협단체는 비즈니스이벤트를 통해 큰 수익 창출까지는 어렵더라도, 이러한 정부 보조금, 후원금 등을 확보할 수 있는 기회 자체를 마련하는 것도 의미가 있을 것이다. 협단체가 행사의 전반적인 개최 비용, 즉, 개최지의 물가와 지원금을 반영한 세부 예산 계획을 면밀히 검토하는 것도 수익 창출이라는 협단체의 고유한 목적 때문이다[16].

또한, 협단체들은 회원들에 대한 서비스 제공과 만족도 제고에 많은 관심을 기울인다. 이를 통해 기존 회원들의 탈퇴를 방지하고, 신규 회원을 확대해감으로써 협단체의 근간을 유지하며, 지속적 발전을 도모하기 위해서다. 회원들에 대한 서비스 제공을 위해서 기존 회원들이나 잠재 회원들이 한 자리에 모일 수 있는 비즈니스이벤트는 중요한 역할을 담당한다.

협단체들은 홍보 효과 극대화를 위해서도 많은 노력을 기울인다. 협단체의 지속 가능한 발전을 위해서는 기구 자체의 명성(Profile)을 쌓고, 이를 비즈니스이벤트 개최를 통해 홍보하며, 이러한 결과물로 구축된 조직과 행사의 신뢰도를 바탕으로 신규 회원들을 확대해 간다.

이러한 협단체의 비즈니스이벤트 주최 목적을 이해한다면, 개최지의 역할도 보다 분명해진다. 2003년 멜버른에서 개최된 세계유전체대회(International Congress of Genetics)에서는 멜버른컨벤션뷰로와 주최자와의 협업으로 개최지인 호주 멜버른의 관

---

16 Gaining Edge가 제시한 국제회의 도시 경쟁력 지표에서 개최 비용과 운영 부문이 15%라는 큰 부분을 차지하는데, 이 또한 협단체의 수익 창출이 중요함을 반증하는 것이다.

련 산·학·관 참여를 대폭 증대했다. 지역 및 국내 참가자 1,200명을 모집함으로써 2,000명이 넘는 역대 최대 규모의 대회로 개최했다. 대구에서 개최된 세계에너지총회의 경우도 역대 30회 대회 중 최대 규모로 개최되었는데, 국내 참가자가 4,300명을 넘어 총 7,000명이 넘는 공식 등록자가 집계되었다. 멜버른과 대구의 사례처럼 특정 개최지에서의 이러한 노력을 통해 개최 국가 혹은 도시의 참가자가 증대되는 것은 협단체 주최자의 입장에서는 수입 증대, 신규 회원 증대 및 후원 규모 상승 등의 혜택을 받게 된다. 등록자 수가 늘어남에 따라 등록비 수입이 늘어나고, 전체 등록자 수가 증대하여 행사 규모가 커지면 전시 참가 기업들의 만족도 제고와 스폰서십 금액도 늘어날 수 있다.

유전체 대회의 성공적 개최 이후 멜버른은 '팀 멜버른'이라는 이름하에 유전체 관련 분야의 14명의 앰버서더를 위촉하였다. 이후 유전체 대회 재유치를 비롯한 유사 관련 분야의 9개의 국제회의를 수년 내에 유치함으로써, 63,700일의 체류일(delegate days)을 창출하고, 91백만 달러의 직접 파급효과를 창출하겠다는 구체적이고 장기적인 목표를 세우는 데 이르렀다. 대구의 경우도 2013 세계에너지총회의 성공적 개최 이후 또 다른 에너지 분야 3대 올림픽인 세계가스총회 유치 성공에 직접적인 도움이 되었다. 이렇듯, 단 하나의 행사라도 성공적으로 개최함으로써 이를 계기로 구축되는 분야별 임원들과의 인적 네트워크들을 활용하여 DMO/CVB들은 관련 행사 재유치 등 선순환 구조를 만들 수 있다.

온·오프라인 참가자의 유형별 참가 가치 증대, 홍보 강화를 통한 참가자 모집 확대, 지역 연계 마케팅을 통한 지역 및 개최 국가 산·학·관의 참여 확대 등을 통해 주최자와 개최지 상호 간의 비즈니스 성과를 창출하기 위해서는 행사 개최 이전 양측의 긴밀한 협력이 필수적이고, 개최지에서는 기존 '유치' 위주의 정책 지원에서 '개최 지원' 정책의 강화, 이에 따른 개최지의 DMO/CVB들의 역할과 기능에도 변화를 주어야 할 것이다.

"협단체는 개최지의 비전에 부합하는 비즈니스이벤트를 개최하는 사례가 많다. ESTRO(유럽방
사선치료·종양학회)는 마드리드와 코펜하겐을 향후 컨퍼런스 개최의 파트너로 선택하였는데,
의료 산업의 발전을 목표로 하는 개최지와 ESTRO가 같은 비전을 가지고 있기 때문이다."

– Sven Bossu의 바르셀로나 개최 IBTM World 정책·실행 포럼 발표(2019.11.) 자료 중

지금까지 협단체 주최자들의 비즈니스이벤트 주최 목적을 살펴보고, 이를 이해하
게 되면 주최자는 물론, 개최지에게 어떤 긍정적 영향과 협력을 불러올 수 있는지를
생각해 보았다.

나. 기업의 비즈니스이벤트 주최 목적

그렇다면, 기업들은 왜 비즈니스이벤트를 주최하는가? 성과와 실적에 대한 보상,
신제품 및 서비스의 개발을 위한 협업, 기업 현안 문제 해결, 계획 및 정보 공유, 신제
품의 론칭 및 제품 홍보, 임·직원들에 대한 동기 부여, 팀 빌딩, 업무 기술 트레이닝,
기업과 개인의 성과 향상 등이 기업 이벤트 개최를 통해 달성하고자 하는 목표라 할
수 있다.

통상적으로 대기업의 경우, 매년 전 세계의 지점을 온라인으로 연결하거나 초청
하여 이사회, 총회 등을 개최한다. 규모는 다르겠지만, '21년 국내 모기업의 주주총회
는 임직원, 주주, 기자 및 운영인력 등 1,000명이 넘는 참가자들이 수개의 회의실에서
온·오프라인 형식으로 첨단 기술을 도입하여 회의를 진행했다. 코로나 사태의 방역
단계에 따라 시나리오를 구상하고, 최대 참가 규모를 한정하고, 이에 맞추어 현장 참
가자를 확정한다. 나머지 참가자는 온라인 참가 시스템과 전자투표 시스템을 활용한
다. 회의실별 수용 인원을 실측하여 파악하고, VIP, 주주, 기자 등의 대기실, VIP 이
동 경로, 건강상태 확인소 등을 면밀히 배치하는 등 철저한 기획에 의한 운영을 한다.
이러한 기업 이벤트를 개최한 컨벤션센터의 경우는 임대료 수입도 유사 규모의 학술
대회보다 훨씬 더 많았다. 성공적 개최를 위해 사전 리허설을 수차례 진행하기 위해 1
주일 이상 행사장을 임대했기 때문이다.

기업 이벤트들 중 신제품 론칭 쇼 등은 무대, 중계, 음향, 조명 등 최신 회의 기술들로 중무장하여 협단체 행사와는 사뭇 다른 압도감을 주는 경우가 많다. 기업들은 시대에 뒤처지면 안 되고, 그러한 부정적인 인식을 직원이나 외부에 보여서도 안 된다. 이러한 사유로 흔히 새로운 회의 운영 기술들과 미팅 테크놀로지들의 시험대가 되는 경우가 많다. 뿐만 아니라, 의전에도 많은 신경을 쓰고, 메뉴 선정에도 세심한 관심을 가지게 된다. 해외 바이어가 참가할 경우는 한국의 전통적인 유니크 베뉴나 고급 음식점을 활용하는 등 가격보다는 질적인 서비스를 우선시하는 경향이 많다.

해외의 대표적인 대규모 기업 이벤트를 살펴보자. 미국 샌프란시스코에서 개최되는 드림포스투유(Dreamforce to You)라는 행사는 세일즈포스(Salesforce)라는 샌프란시스코에 본사를 둔 기업이 주최하는 전형적인 기업 이벤트이다. 세일즈포스는 고객 관계 관리 솔루션을 중심으로 한 클라우드 컴퓨팅 서비스를 제공하는 기업으로 1999년 3월에 설립되었다. 드림포스투유 개최를 통한 개최지의 직접 경제 파급효과는 2억 6천5백만 달러(한화 약 3,000억 원)에 달하며, 샌프란시스코에서는 이를 기업 주최자와 개최지의 컨벤션뷰로와 경제 기구들과의 협업을 통한 성공사례로 소개하고 있다.

2019년 드림포스투유 행사의 경우, 전 세계 120개국과 미국 50개 주의 임직원, 고객, 파트너, 학생들이 참가하여 11월 19일에서 22일까지 4일간 개최하였다. 무려 171,000명이 등록하였으며 2,700여 개의 세션이 진행되었다. 온라인 시청자도 전 세계적으로 1,700만 명에 달했다. 아마존과 애플 등과의 파트너십이 체결되었고, 부대 행사로 명상 프로그램, 플리트우드맥 콘서트, 지속가능성 관련 담화들이 진행되었다. 2020년에는 100% 버추얼 행사로 개최하면서, 코로나 사태에 신속한 대처를 했다. 세일즈포스는 드림포스투유의 개최 목적을 참가자들에게 영감을 주고(inspire), 즐거움을 선사하고(delight), 교육을 제공하며(educate), 상호 간의 연결 기회를 제공(create opportunity to connect each other)하는 것으로 밝히고 있다. 이를 위해, '20년도 온라인으로 개최된 행사에서는 60여 명의 우수 사원들을 선발하여 "Trailblazer Golden Hooty(우수 직원에게 금색 모자티를 제공)"를 집으로 미리 보내고, 언박싱하는 장면을 온라인으로 중계하면서 화면에 폭죽 효과를 연출했다. 이러한 형태로 전 세계의 우수 직원들에게 보상을 하고, 이들의 성공 사례를 강의 형태로 공유한 것이다. 4일간 특정 주제별로 강의 세션을 진행했는데, 많은 세션에서 스피닝 휠(Spinning Wheel) 추첨을 진행하고, 드림포스 캐릭터 상품을 개별 발송한 후 온라인 배경 화면 내 부착 및 노출을 유도해 재미요소와 소속감을 느끼도록 세심하게 기획하였다. 동영상과 PT 등 여러 자료들을 자연스럽게 기술적으로 연결 및 송출하고, 강사들도 즐거운 인상과 말투로 진행하도록 유도하면서 전 세계 참가자들의 몰입감을 극대화했다. 그야말로 보상, 협업, 해결, 정보, 홍보, 동기 부여, 팀 빌딩, 트레이닝 등의 모든 요소를 갖춘 성공적인 기업 이벤트의 개최 사례이다.

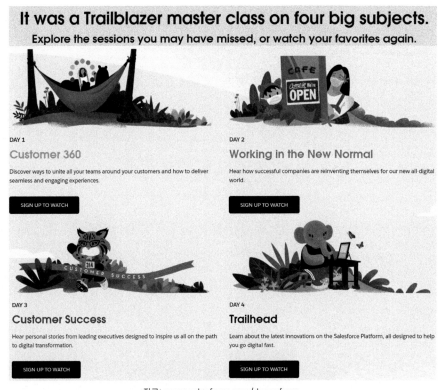

자료: www.salesforce.com/dreamforce

그림 1-4 20년도 드림포스투유 4일간 주제

이러한 국내외 성공사례들을 보자면, 지금까지 협단체 주최 행사에 집중되어 있는 MICE업계의 시야를 더 확장해야 한다는 생각이 든다. 즉, 각 지역에 소재한 글로벌 역량을 가진 대기업이나 중강 기업들과 함께 그들의 고객을 대상으로 한 비즈니스이벤트들을 만들어 갈 수 있도록 노력하는 것이다. MICE업계의 수십 년간의 노하우와 서비스를 기반으로 새로운 비즈니스이벤트를 창출하는 것은 그동안의 MICE기업들과 지자체의 축적된 노하우를 통해 충분히 가능하다는 생각이 든다. 기업들의 비즈니스이벤트 개최 목적에 부합하는 성공사례들이 국내의 각 지역별로 생겨날 수 있도록 지원책을 고민할 필요가 있을 것이다.

예를 들어, 한국관광공사 특화컨벤션에 꼭 협단체들이 주관하는 행사만 선정할 필요는 없을 것이다. 성장 가능한 기업회의를 발굴, 육성하는 것도 새로운 시장 창출이며, 이는 MICE기업들에게도 좋은 기회가 될 것이다. 다만, 기업 주최자들에게는 개최 지원금 자체나 규모가 중요하다기보다는 질적으로 높은 서비스, 즉, 유니크 베뉴, 맛집, 고급 공연, 전통 기념품, 관광지와 쇼핑 등에 대한 매력적인 소개와 개최 도시와 국가의 역사, 문화, 경제, 산업 등 비즈니스의 전반적인 환경에 대한 스토리텔링 등이 제공되어야 한다.

지역에 소재한 각 분야의 중강 기업들과 수출 주도 기업들은 전 세계의 해외 바이어와 고객 관리를 위해 매년 수건의 기업회의를 개최하는 경우가 많다. 하지만 이들 기업들도 소규모의 회의는 본사가 위치한 지역에서 개최하더라도 1년 중 최대의 본 행사는 본사가 소재한 지역 도시가 아니라 마드리드, 라스베이거스 등 해외 유명 도시에서 개최하는 경우가 많다. 규모도 1,000명이 넘는 경우도 많다. 기업의 주요 해외 바이어들의 지리적 분포를 고려해 접근성이 편리하면서도 유명한 도시를 개최지로 선택한 배경이 있겠지만, 본부 소재지인 지역에서 개최하는 시도를 하거나 다른 대안 행사를 개발할 수 있는 여러 방법들도 있을 것이다. 지역의 CVB들과 MICE기업이 힘을 모아 전략적으로 제안한다면 말이다. 여기에 이를 정책적으로 지원하는 한국관광공사의 추가적인 역할도 강화된다면 해외에 뺏긴 경제 파급효과를 지역으로 가져올 수 있을 것이다.

다. 정부의 비즈니스이벤트 주최 목적

마지막으로 정부의 입장에서는 왜 비즈니스이벤트를 개최하는가? 지자체와 공공기관 등을 포함한 정부 주최 국제회의는 또 다른 목적성을 가지고 있다. 정부 및 관련 기관들은 수익 증대라는 협단체와 기업들의 기본적인 목적과는 달리, 고유한 공공의 목적을 실현하는 것이 우선적으로 중요하다. 가령, 투자 유치, 기업 유치, 공동 협업 관계 구축, 정보와 정책의 교류와 상호 홍보, 무역 및 협상, 국가와 도시 혹은 정부 간 정책 도출, 외교와 정치적 위상 강화 등이 그러한 목적이 될 수 있다.

정부 주최 비즈니스이벤트는 이러한 목적 달성에 초점을 맞추다 보니 개최지 결정과정이 다르다. 개최 후보 국가 및 도시의 관련 정책을 우선적으로 고려하고, 다자간 국제회의의 경우는 대륙별, 국가별 순회 원칙과 안배가 미리 정해져 있는 경우가 많다. 정해진 국가 내에서 개최 도시의 결정은 주로 해당 국가 정부의 결정에 따른다.

우리나라에서 가장 많은 정부 주관 국제회의를 개최하는 도시들은 서울, 부산, 제주처럼 개최 인프라, 특히, 숙박시설이 기본적으로 잘 갖추어지고, VIP들의 경호와 의전을 잘 이행할 수 있는 개최 도시를 선호한다. 그 이유는 주최하는 정부 예산과 개최지 매칭 예산 등이 이미 확보되어 있는 경우가 많아 대회를 통한 이윤 창출보다는 안정적인 운영이 더욱 중요하기 때문이다. 가령, 정상회의를 개최하기 위해서는 국가별로 특급 호텔을 별도로 요구하여 수 개 이상의 5성급 호텔을 갖춰야 할 경우가 많고, 공항에도 국빈급들의 개인 비행기 계류장 등의 시설이 충분히 갖춰져야 한다.

행사 개최 시에도 협단체와 기업 회의와는 다소 차이가 있는데, 대부분 행사의 총괄 기획과 주요 의전, 경호 등의 핵심적 운영 부분을 정부의 담당 부서가 직접 주도하는 경우가 많다. MICE기업들과 개최지는 주로 행사의 효율적인 운영 지원 측면에 더 집중하게 된다. 정부 주최 행사에는 고위 정책권자들이 도시를 방문하게 되고, 도시명을 붙인 선언서들이 공표되기도 하며, 각종 미디어를 통한 홍보효과도 크기 때문에 파급효과가 더욱 크다고 볼 수 있다. MICE업계의 입장에서는 안정적인 수입 창출, 의전, 경호 등 공식적인 프로토콜을 적용하는 노하우를 쌓을 수 있다는 장점도 있으며,

특히, PCO의 인건비, 대행 수수료 등이 안정적으로 확보되고, 과업 지시와 범위도 명확히 제시되는 경우가 많아 수익과 안정적인 업무 모두를 보장받을 수 있어 중요한 분야이기도 하다.

최근에는 국가별로 순회하는 정부 간 국제회의는 물론, 지자체들 간의 정책, 경제, 문화, 정치적 강점과 특성을 감안한 지자체 간 교류 행사들이 늘어가고 있는 것도 눈여겨볼 트렌드이다. 예를 들어, 광주시가 주최하는 세계인권도시포럼은 2021년에 11회를 맞이했다. 광주광역시가 유네스코와 유엔 인권최고대표사무소(UN OHCHR), 국가인권위원회 등과 공동으로 개최하는데, UN 인권기구, 인권단체, 국내외 인권 관련 도시 관계자 등 인권보호 주체 간의 협력을 도모하고 인권에 대한 여러 주제를 논의하기 위한 도시 간 포럼으로 개최된다. 아시아태평양차별반대도시연합(Asia-Pacific Coalition of Cities Against Discrimination, APCAD), 유네스코 포용 및 지속가능 국제도시연합(International Coalition of Inclusive and Sustainable Cities, ICCAR) 등과 연계하여 국제적인 인권 포럼으로 지속 발전하고 있다. 특히, 2020년 제10회 대회에서는 버추얼 행사로 76개국, 236개 도시의 총 2,767명이 참가하여 성공적으로 개최되었다.

또 다른 사례로 대구에서 개최되는 세계물도시포럼을 들 수 있다. 2015년 개최한 세계물포럼의 개최 직후에 대구광역시가 주최하면서, 물 산업 관련 세계적인 도시들과의 교류를 선도하고, 물 산업 도시로서의 주도권을 잡아가기 위한 비즈니스이벤트를 기획하였다.

이러한 도시 간 교류 행사들의 공통점은 도시 간의 문화, 경제, 사회 등의 강점 네트워크를 중요한 자산으로 판단하여, 도시 간의 교류와 협업, 공공부문 정책 개선, 관련 산업의 비즈니스 창출 등을 목표로 정기적으로 개최한다는 것이다. 이렇듯 지자체나 국가 혹은 공공기관이 자신들의 강점 네트워크를 활용해 개발하는 비즈니스이벤트의 경우에는 정부나 공공기관이 관심을 가질 만한 문화, 경제, 정치 등의 분야에서 주제나 구상안을 도출하고, 이를 제안할 수 있는 여지가 충분할 것이다. 이러한 과정에서 DMO/CVB가 지자체와 MICE산업 관계자들을 연결하는 중간자적인 역할을 중요하게 수행해야 할 것이다.

협단체, 기업 및 정부가 주최하는 비즈니스이벤트들의 주최 목적을 살펴보고, 이에 대한 개최지의 연관성을 생각하면서 MICE 관련 산·학·관의 역할까지 고민해 보았다. 결론적으로 비즈니스이벤트를 주최하는 목적은 주최 기관이나 기업의 행·재정적 지속가능성 확보, 네트워크 확대, 수행 사업에 대한 인식 확산, 나아가 커뮤니티, 지역, 국가 및 세계의 발전에 대한 기여에까지 이른다고 볼 수 있다. 비즈니스이벤트의 뚜렷한 개최 목적성을 가지고 이들 주최자들의 입장을 고려해 볼 때, 주최자의 행사 개최 목표를 달성하는 데 기여할 수 있는 개최지의 유치 및 개최 지원 경쟁력 강화가 더욱 필요하고, 참가자들에게 경험 가치를 극대화할 수 있는 전략들도 강화되어야할 것이다. 또한, 관련 국제행사 유치와 더불어 이제는 지역이 필요로 하는 행사를 기획하여 정기적으로 개최하는 것도 주최자와 개최지의 입장에서는 비즈니스 성과 창출을 위해 유리하므로 새로운 트렌드가 될 수밖에 없는 이유도 짚어보았다.

2 왜 유치하고 개최하는가?

그렇다면, 이러한 비즈니스이벤트를 왜 국가와 도시들은 어려운 경쟁을 통해 유치하거나 공들여 개발하여 개최하려고 하는가? 이를 체계적으로 이해하는 것은 개최국과 도시의 국제회의 유치 및 개최 지원 정책의 수립 방향을 설정할 수 있도록 할 것이다. 주최자에게도 개최지의 입장을 이해하고, 상호 협력을 통해 서로에게 도움을 줄 수 있는 여러 가지 방법을 고민할 수 있도록 할 것이다. 개최지의 개최 목적을 파악하여 이를 효과적으로 실현하기 위해서 참가자들에게 어떠한 홍보 전략과 지원이 필요할는지도 고민할 수 있다.

가. 회의 개최를 통한 단기적 결과물

지금까지 개최 도시들은 국제회의 개최를 통해 현장 참가자들이 방문하여 회의에 참여하고, 먹고, 자고, 보고, 구매하는 직접 소비효과를 기반으로 직·간접 파급효과와 총생산효과를 산출한 후, 정해진 산식에 의해서 고용 창출 등에 기여할 수 있음을 설득하는 정도의 MICE 유치 및 개최 당위성에 대한 논리를 제시해 왔다. 하지만 코로나 사태는 이러한 참가자의 방문에 의한 파급효과 제고에만 의존하는 것에 대해 근본적인 변화가 필요하다는 문제의식을 불러 왔다. MICE산업이 가진 실질적이고 다양한 경제, 사회, 문화, 정치 분야 등의 잠재된 파급력과 영향력을 방문자들에 의한 직접 소비 효과에 국한하고, MICE산업 스스로 과소평가하는 결과를 초래한 것이다.

개최지는 국제회의 개최를 통해 새로운 가치를 창출하거나 기존의 가치를 극대화함으로써 비즈니스이벤트의 가치를 재평가하여 위상을 강화하는 방법을 개발해야 한다. 이러한 개최지의 입장과 상황은 주최자들과 참가자들에게도 많은 영향을 미칠 수 있다. 개최지가 새로운 가치 창출을 위해 유치 단계에서부터 주최자들에게 개최지와의 보다 긴밀한 협력을 통해 개최지에 각종 파급효과 극대화에 기여할 수 있도록 전략적으로 요구하게 될 것이기 때문이다. 회의 공급자인 개최지와 주최자의 입장은 참가자들에게도 여러 가지 커뮤니케이션을 통해 전달되기 마련이다. 이에 참가자들도 파급효과 극대화에 보다 신경을 쓰게 될 것이고, 개최지와 주최자의 협력을 통해 제공되는 여러 프로그램들에 보다 열린 자세로 참가하게 될 것이다.

나. 개최지의 레거시 창출: 해외사례

개최지의 입장에서 비즈니스이벤트를 개최하는 동기와 목적은 비즈니스이벤트의 핵심 이론적 기반인 '레거시(Legacy)'와 매우 밀접한 관계가 있다. 앞서 소개한 회의산업연합위원회, JMIC는 개최지의 레거시는 크게 지식 경제, 산업 혁신 및 지역민의 복지 향상으로 분류했다. 또한, 2020년 8월에 발간된 Best Cities Global Alliance의 "파급효과 측정을 통한 이벤트 레거시의 개선(Advancing Events Legacies through Impact Measurement)"은 비즈니스이벤트의 레거시 유형과 목표를 5개 분야로 나누고 있다. 경제적 (economic), 정치적(political), 사회적(social), 환경적(environmental), 그리고 주제 분야별 (sectoral) 레거시들이 그것이다.

경제적 레거시란 비즈니스의 성장, 수출과 무역, 산업 발전, 투자 유치, 인재 유입 등 개최지와 국가의 경제 발전에 기여하는 여러 혜택을 의미하고, 정치적 레거시는 정책의 개선, 시민 참여도(득표율), 정부의 행정 서비스 개선, 정치적 신뢰도 제고, 부정부패의 개선 등 비즈니스이벤트 개최로 주로 정부나 정치권이 얻을 수 있는 중장기 파급효과를 일컫는다. 사회적 레거시는 사망률, 실업률, 문화·유적 보존, 인권, 삶의 질 등 사회 전반에 걸친 파급효과를 말한다. 환경 보호 생태계, 식량과 물, 탄소 중립, 그린 에너지 및 지속가능성 등과 관련된 내용들은 환경적인 측면이 될 것이고, 마지막으로 개최되는 행사의 세부 주제 분야별로 지식 확산, 인적 자원 역량 강화, 관련 분야 클러스터의 발전, 기술 혁신, 과학의 발전 등을 주제 분야별 레거시로 정의하고 있다.

레거시의 범위: 레거시 종류와 목표

특정 회의 개최를 통한 레거시 목표를 구체적으로 정한다면, 관련 이해관계자들이 이 목표를 달성하고자 노력하고, 그 회의가 나아가고자 하는 장기적 비전을 가질 수 있도록 집중하게 할 수 있다.

경제적 분야	정치적 분야	사회적 분야	환경적 분야	주제 분야(sectoral)
• 비즈니스 성장 • 수출/무역 • 산업 발전 • 해외 직접 투자 • 인재 유치	• 정책 개선 효과 • 득표율(시민 참여도) • 정부 서비스 개선 • 부정부패 감소	• 사망률 감소 • 실직률 감소, 사회 정의 • 문화재, 유적 보전 • 사회적 참여도, 제도 접근성 • 인권 보호, 공공복지 • 생활표준 개선 • 인프라 개선 • 삶의 질 향상 • 건강 증진 • 불평등 개선	• 생태계 보전 증대 • 식량 및 물 안보 • 기후변화 목표 달성 • 탄소 중립성, 그린 에너지 전환 • 도시의 지속가능성 증대	• 글로벌 지식공유 측정 효과 • 인적자원 능력 개발 정도, 기술력 발전 • 참여도 및 접근성 (예 : 여성 일자리, 소수집단 참여, 개발도상국 참여 등) • 회복, 완화, 조정, 혁신 • 클러스터 발전 • 기술 혁신 • 글로벌 리더십 • 모범 사례 및 운영 사례 적용 • 자원 동원 • 과학적 발전

자료: 파급효과 측정을 통한 비즈니스이벤트 레거시 개선, 2020.8, Best Cities Global Alliances, p. 14

Best Cities Global Alliances의 회원인 덴마크 코펜하겐은 주최자와 개최 도시를 대상으로 레거시를 증대하기 위해 다양한 노력을 기울이고 있으며, 레거시 분야의 세계적인 선두 도시라고 자부한다. 덴마크는 회의 개최 이후의 중·장기적인 레거시(Legacy)를 단기적인 회의 결과물(Outcomes)과 구분하고, 단기적인 결과물이 레거시 창출의 동력(drivers)으로 작용하는 것으로 정의하였다. 예를 들어, 회의 준비 과정과 개최를 통해 정책을 개선한 것은 회의의 결과물이고, 이러한 정책 개선이 동력이 되어 후에 사회에 긍정적 파급효과를 불러온다면 이것을 레거시로 칭한다. 특정 제품을 홍보하는 전시회의 성공적 개최를 행사의 결과물이라 한다면, 이후 이를 통해 생겨난 수출과 무역 실적을 레거시로 구분한다. 회의 참가자 간 지식의 교류가 이루어진 후 이러한 지식이 적용된 효과가 각 회사나 기관에서 실질적으로 매출이나 업무 효율성 등으로 드러나면 그것은 레거시에 해당한다. 의료 컨퍼런스를 통해 의료 기술에 대한 지식 습득이 이루어진다면 그것은 결과물이며, 이를 통해 사망률 혹은 치료율 등이 일정 시간이 지난 후 높아졌다면 그것이 레거시인 것이다.

회의 직후 측정	회의 결과물(레거시로의 동인)		회의 레거시	후속 측정
• 지역 및 국내 참가 • 해외 참가 • 미디어 보도 • 정책 지원 • 각종 개선 사례 • 비즈니스 기회 • 신규 투자 창출 • 전문성 증대 • 수준(표준) 향상	• 지역 제품과 서비스 홍보 • 정책 개선 • 지식 교류 • 의료 진료 개선 • 지역 인지도 개선 • 수준(표준) 향상 • 비즈니스 파트너십 구축 • 클러스터 발전 • 글로벌 인지도	→ → → → → → → → →	• 수출 및 무역 • 정책 효과(impacts) • 지식의 적용 결과 • 건강 증진 결과 • 삶의 질 • 혜택(benefits)의 　질과 규모 • 산업의 영역과 규모 • 경제적, 사회적 결과물 • 투자 혹은 인재 유치	• 정책 결과물 • 브랜드 인지도 • 공공 건강 증진 • 사회적 이득 • 수출 증대치 • 클러스터 성장률 • 해외 직접 투자(FDI) • 특허 창출 • 기타 긍정적 변화 　지표
	행사 직후 조사		후속 조사	

자료: Meeting Legacies, Meet Denmark, 2020, p. 24

회의 직후의 측정과 후속 측정을 통해, 단기적인 결과물과 중장기적인 레거시의 측정에 대해서도 많은 무게를 두어야 한다고 주장한다. 사실, 레거시에 대한 정량화된 측정 결과가 나올 수만 있다면 MICE업계에서는 너무나도 반가운 일이겠지만, 이러한 정량적 결과를 위해서는 세심한 사전 기획, 레거시 창출 목표 설정, 행사 사전 측정, 행사 직후 및 향후 수년간의 지속적 조사와 측정이 있어야만 가능할 것이다. 심지어 그러한 노력에도 불구하고 정량적으로 결과를 도출하기에는 힘든 항목들도 많다. 이러한 한계로 아직까지는 레거시에 대한 중요성을 인식하고 있는 대부분의 도시와 국가들도 레거시 창출 사례를 중심으로 소개하고 있다. 하지만 이러한 노력들은 언젠가는 의미 있는 결과를 가져오리라 확신한다. 우리나라도 우선은 전국의 레거시 사례들을 조사하고 이를 취합해서 여러 나라들과 보조를 맞추거나 앞서나갈 수 있도록 하는 것이 좋을 것이다. 결과물과 레거시를 통한 개최지의 파급효과 증빙이 결국은 국가와 도시의 MICE산업의 위상을 강화하고, 더 큰 사업과 정책으로 연결될 것이다. 또한, 주최자, 개최지 및 참가자들의 만족도와 인식 변화에도 긍정적인 반향을 불러올 것이다.

다. 개최지의 레거시 창출: 국내사례

2021년 3월, 대구에서도 2003년 컨벤션뷰로의 설립 이래 개최되었던 5개의 주요 비즈니스이벤트를 대상으로 레거시 사례 조사 및 지표 개발을 1차적으로 완료하고, 이를 보고서 및 디지털 백서로 발간하였다. 그 내용을 간략히 살펴보자.

대구, 비즈니스이벤트 레거시 백서 요약

- 결과물 : 보고서. E-Book(주최자 인터뷰 영상 포함), 브로슈어
- 주요 내용
  - 비즈니스이벤트 레거시 개념 정립, 해외 사례 조사
  - 대구 미래 산업과 대표 비즈니스이벤트 레거시 조사(5건)
  - 전문가 조사 및 분석, 레거시 지표 개발

[대구 비즈니스이벤트 레거시 사례표]

연번	대상 행사명	레거시
1	2004 세계솔라시티총회	• 전국 최초 '솔라시티 조례' 제정, 솔라시티 50년 계획 수립 • 세계 10대 그린에너지엑스포, 비즈니스포럼 론칭
2	2013 세계에너지총회	• 에너지 산업, 미래 산업 선정 및 육성 • EXCO 확장의 계기 • 세계가스총회 유치의 직접적 계기
3	2015 세계물포럼	• 물 산업, 신 성장 산업 선정 및 육성 • 물산업 클러스터 조성(환경부 2,409억 원 투자 계기) • 한국물기술인증원, 삼성엔지니어링, 롯데케미컬 등 유치 계기
4	2019 세계뇌신경과학총회	• 국가뇌연구사업 주도 • 한국뇌연구원 2단계 건립 명분
5	글로벌로봇비즈니스포럼 (2017~2020)	• '글로벌로봇클러스터 사무국' 창립 계기 • 지역 기업 해외 수출(기술협약 45억 원, 수출 상담 380억 원 등)

대구의 사례를 보면 몇 가지 시사점이 있다. 우선은 파급효과가 큰 대형 국제회의들을 중심으로 물 산업, 에너지 산업, 로봇 산업 등 어떠한 도시에도 공통적으로 중요한 산업들이 회의 개최 이후 타 도시들에 비해 경쟁력을 가지고, 두각을 나타내게 되는 시발점이 되었고, 이를 통해 대구의 미래 산업 로드맵을 형성하는 데 상당한 기여를 했다는 것이다. 심지어는 무에서 유가 창출되다시피 하는 경우도 있는데, 국가물산업클러스터의 대구 유치를 사례로 들자면, 당시에 오히려 대구보다 물 산업 분야에 더 유리한 인프라를 가진 도시들도 있었지만, 세계물포럼 개최 도시라는 명분이 국가 정책 수립과 실행에 직접적으로 반영되면서 대구가 주도권을 가지고 국가 클러스터를 유치하게 된 것이다. 환경부의 2,409억 원이 투자되는 대규모 사업이 대구에 유치된

것의 직접적인 계기가 물 포럼인 셈이다. 투자 유치를 통한 추가적인 관련 기업들의 대구 이전, 한국물기술인증원 유치 등의 2차 혹은 간접 파급효과는 더욱더 크다는 것을 생각해 보면, 그 엄청난 파급효과를 실감할 수 있을 것이다.

나아가 세계물포럼의 개최로 전 세계의 물 산업 관련 종사자는 대구를 직접 방문하였거나 포럼 준비 홍보 과정에서 대구가 익숙하고 저명한 도시로 각인되었을 것이다. 1.6만 명이 넘는 해외 방문자가 2015년에 대구를 방문하였고, 2011년도 유치 성공 이후에 4년간의 준비 기간 동안 또 얼마나 많은 도시 홍보가 이루어졌을까? 이렇게 타깃이 명확하고, 효과적인 도시 브랜드 제고와 도시 마케팅 방안이 과연 있을까? 대구에 소재한 기업들이 세계로 진출할 때, 대구라는 본사 소재지 도시가 물 산업 분야에서는 높은 신뢰도를 주어 비즈니스 성과 창출에 이점이 되기도 할 것이다. 참가자들이 개최지를 방문해서 얼마의 돈을 쓰고 갔는지도 물론 중요하지만 이러한 투자 유치와 도시 브랜드 제고 등의 막대한 파급효과를 넘어설 수는 없을 것이다.

이러한 사례들은 전국적으로 많을 것이다. MICE업계에서는 이러한 성공 사례들을 전체적으로 발굴해 내야 할 것이다. 시간과 노력이 들겠지만, 레거시 창출 사례를 통한 비즈니스이벤트의 중요성에 대한 증명은 MICE산업의 위상 강화 및 육성 방향 정립에 결정적 역할을 하리라고 본다. 또한, 이를 세계적으로 홍보한다면 우리나라도 UIA나 ICCA 등의 개최 건수로만 평가를 받지 않고, 진정한 비즈니스이벤트 강국으로 자리매김할 수 있을 것이다.

주최자들에게도 이러한 레거시 창출 사례들은 중요하다. 협단체, 기업, 정부 등 주최자의 입장에서는 이렇게 레거시 창출에 최선을 다하는 개최 도시에서 본인들의 행사를 개최할 때 개최지의 적극적 참여와 지원을 통해 성공 개최 확률이 높아질 것으로 예상할 것이다. 또한, 향후 이러한 개최지의 레거시 창출 성과를 자신들의 성공적인 사례로 타 개최지에 홍보할 수 있고, 이는 주최 행사의 브랜드 가치를 높일 것이다.

또 하나 중요한 것은 개최지의 입장에서는 대규모 국제회의 개최 전후의 전략적 노력으로 사후에 정기적으로 개최할 수 있는 국제회의를 개발하거나 또 다른 관련 분야의 국제회의 유치에도 기여할 수 있다.

2004년 대구에서 개최된 세계솔라시티총회는 사실상 대구컨벤션뷰로가 발족한 후 직접적으로 해외 경쟁 등의 정식 유치 단계 절차를 통해 유치한 첫 성공 사례였다. 2003년, 중국 베이징과 경합하여 세계태양에너지학회컨퍼런스 유치에 먼저 도전했던 대구는 베이징에 석패했지만, 대구의 노력과 유치과정에 신뢰감을 느낀 IEA(세계에너지기구)에서 제1회 세계솔라시티총회 대구 개최를 권고하고, 공식 승인하면서 2004년 결국 1회 대회를 개최하게 되었다. 이때 공식 발표된 '대구 선언문'에는 전 세계 11개 도시 대표들의 서명이 포함되었고, 대구는 이를 계기로 솔라시티 50개년 계획을 전국 최초로 수립하여 이후 대구 에너지 산업의 발전과 혁신에 밑바탕을 마련했다. 이때 회의에만 국한하지 말고, 전시회를 연계 개발하여 파급효과를 제고해 보자는 아이디어가 나왔다. 그린에너지라는 개념도 명확하지 않았던 때라 EXCO의 담당자들은 전시회 개발 및 개최에 애를 먹었지만, 어렵게 개최한 전시회는 그린 에너지 산업 시장을 선점하면서 성장하여 현재는 UFI의 인증을 받은 동 분야의 세계 10대 전시회로 발돋움하였다.

이후 2003년 당시 유치에 실패했었던 세계태양에너지학회컨퍼런스도 결국 2012년도에 인도 뭄바이를 물리치고 유치에 성공했고, 2015년에 성공적으로 개최하였다. 2008년에는 2013 세계에너지총회를, 2014년에는 2022 세계가스총회 등을 유치하면서 에너지 분야의 올림픽이라 불리는 대형 국제회의의 유치 성공 사례가 이어지면서 에너지 분야 국제회의 수요 창출과 도시 브랜드 제고에 지대한 기여를 했다.[17]

라. 레거시 창출을 위한 주최자와 개최지의 협력

또 한 가지 중요한 교훈은 이렇듯 국제회의 개최를 통해 지역 파급효과 극대화 성과를 내기 위해서는 이를 위한 협력 시스템이 지역에 구축되어 있어야 한다는 것이다. 각 산업별 경제 관련기구들을 포함하여 지역의 기업 지원 단체인 상공회의소, 테크노파크, 경제자유구역청, 창조경제혁신센터 등과의 긴밀한 협업이 있다면, 개최 지역의

---

17 이렇듯 연속적으로 에너지 분야의 국제회의를 유치하는 과정에서 축적된 인적 네트워크는 여전히 대구컨벤션뷰로의 직원들에게 고스란히 남아 있어 이후에도 많은 관련분야 국제회의 유치 및 개발이 가능할 것이다.

레거시 창출에 더욱 효과적일 것이다. 위의 경제기구들의 설립 목적에 맞게끔, 주요 비즈니스이벤트의 국내외 참가자들과 지식 네트워크를 활용하여 지역 산·관·학과의 연계 프로그램을 만들어 실행한다면, 더욱더 지역에 가치 있는 레거시들이 생겨날 확률이 높아질 것이다.

> "컨퍼런스는 전략적 도구로 간주되어야 한다. 왜냐면, 도시를 성장시키고 부흥하기 때문이다. 특히, 팬데믹 이후에 도시를 재건하기 위한 강력한 방법이다. 비즈니스이벤트는 관광이나 문화 분야로 다루어져서는 안 되며, 도시의 경제 성장 동력 분야가 바람직한 자리이다."
>
> — 레슬리 윌리암스, Best Cities Global Alliance,
> '비즈니스이벤트를 통한 경제회복을 위한 JMIC 선언서' 웨비나 인터뷰 중

ESTRO는 유럽방사선치료·종양학회(European Society of Radiation Therapy and Oncology)이며, 이름에서 짐작할 수 있듯이 방사선 암 치료에 환자들이 보다 쉽게 접근할 수 있도록 하고, 양질의 방사선 치료 방식 개발과 확산을 목표로 하는 학회이다. 1980년에 5명의 창립멤버로 시작하여 현재 유럽은 물론 7,800명 중 25%가 타 대륙에 분포할 만큼 세계적인 학회로 성장하였다. 몇 년 전부터 ESTRO는 개최지의 '참여 프로그램(Engagement Program)'을 시행하고 있다. 이 프로그램은 개최지와의 협력을 통해 개최 지역의 커뮤니티를 적극 참여시켜 ESTRO 총회를 촉매제로 활용하여 방사선 종양학의 성장을 궁극적으로 이끌어 내기 위한 것이다. ESTRO는 이 프로그램을 통한 개최지와 주최자의 파트너십은 전통적인 관계를 넘어서는 것이므로 양측 모두가 추가적인 노력을 필요로 한다고 밝히고 있다. 이를 위해 ESTRO는 개최지 결정에 있어서도 일반적인 개최지의 행사 운영 능력과 인프라는 40%, 개최지의 참여 프로그램을 60%의 비중으로 채점하여 평가하는 개최지 결정 제도를 도입하였다. 나아가 동 참여 프로그램을 성공적으로 시행하기 위해 3년 전부터 개최가 확정된 개최지와의 적극적인 협업을 위해 상호 간의 목표를 수립하고, 준비 단계를 거치면서 ESTRO와 개최지 상호 간의 레거시 창출을 위해 노력한다.

ESTRO | Engagement project definition

An Engagement Project aims to demonstrate a tangible improvement of the uptake of radiation oncology as a result of a partnership between the local community and ESTRO, utilizing the ESTRO annual congress as a catalyst.

An Engagement Project partnership will go far beyond the traditional relationship between a local community and a congress organizer and therefore will require additional efforts - both from the local community and ESTRO.

자료: Sven Bossu의 바르셀로나 개최 IBTM World 정책·실행 포럼 발표(2019.11.) 자료 중(https://boardroom. global/the-estro-engagement-project)

왜 비즈니스이벤트를 개최하는가에 대한 해답이 주최자와 개최지의 상호 노력을 통한 레거시 창출임을 보여주는 좋은 사례인 듯하다. 앞으로 많은 주최자들이 개최지와의 협력에 동참하고, 레거시 창출의 성공 사례들이 쌓여갈수록 비즈니스이벤트의 위상과 중요성이 높아지고, 개최지 또한 한 건 한 건의 국제회의에 새로운 시각과 지원 정책으로 접근할 수 있을 것이다.

무엇보다 중요한 것은 행사 개최 수년 전부터 주최자와 개최지는 긴밀한 협력을 통해 구체적인 목표를 서로 공유하고, 이를 실현하기 위한 전략적인 실행 체계를 구축하는 데 추가적인 노력과 기획이 필요하다는 것이다.

혹시 이미 유치가 확정된 국제회의 중에 이러한 노력을 필요로 하는 행사들이 단순히 방문자들의 소비 진작 효과에 서로 만족하고 있는 것은 아닌지 살펴봐야 할 것이다.

3 왜 참가하는가?

참가자는 비즈니스이벤트의 수요자이다. 실질적인 최종 소비자이다. 이들의 실질적 참가가 전제되어야 주최자와 개최지의 행사 개최 목적이 비로소 달성된다. 하지만 의외로 수요자의 입장과 요구 사항을 반영하여 행사를 기획하고 실행하는 모범적인 행사는 생각보다 드물다. 아마도 어떤 주최자들은 수십 년간 이어온 행사 운영 매뉴얼이나 내부 규칙에 따라 행사를 되풀이하는 것이 일상이 되었을 수도 있고, 굳이 참가자들의 수요를 절실하게 반영하지 않더라도 협단체의 운영에는 큰 문제가 없을 수도 있다.

하지만 향후에는 주최자들도 온·오프라인을 병행하여 연중 온라인 미팅 기술을 활용하는 등 변화된 국제회의 개최 방식에 비용을 써가며 적응해야 하고, 등록비 수입과 기업 후원도 현장 참가자 수의 감소 추세에 따라 줄어들 수 있어 예산적인 부담이 커질 수 있다. 개최지의 입장에서도 보다 많은 참가자들이 도시에 직접 방문하도록 유도하기 위해서는 참가자들의 경험 가치 제고를 위해 전략적으로 방문 혜택을 마련해야 할 것이다. 현장 참가자가 늘어나야만 주최자의 수입 안정성과 개최지의 파급효과가 증대될 수 있기 때문이다. 따라서, 이러한 변화의 시기에 기본적으로 참가자의 참가 목적과 동기를 다시금 파악해 보고 이에 따른 전략적 대처를 조목조목 점검, 개선하여 참가 가치를 높여주는 것은 중요한 과제일 수 있다.

ICCA의 가오슝 프로토콜에서 향후 MICE산업의 변화에 대한 4대 대응 체계 중에서 최종 수요자인 '참가자의 참가 가치와 참여도(engagement) 증대'를 제1순위로 꼽은 것은 바로 이러한 이유일 것이다. 여기서는 참가자의 참가 동기를 분석해 보고, 이에 대한 대응을 고민해 본다. 나아가 향후 참가자들의 대세가 될 소위 MZ세대들의 참가 증대를 위한 차별화된 방안까지 생각해 보았다.

가. 회의 참가 동기와 목적

국제회의 참가 목적 중 가장 중요한 것은 전문 분야의 최적화된 맞춤형 인적 네트워크를 구축할 수 있다는 것이다. 참가자의 전공 분야에 부합하는 전문가, 동료들과의 집중적 교류를 통해 세계적 트렌드, 최신 정보, 학문 및 기술 등 주요 지식 습득의 창구로 활용할 수 있을 것이고, 연구 장학금 확보와 협력 프로젝트 발굴도 가능할 것이다. 이외에도 비즈니스이벤트 참가 자체가 도전과 성장의 기회로 동기부여가 될 것이다.

2017년, 영국 런던의 이마고 베뉴(IMAGO Venue)는 러프버러 대학, 라이트 솔루션(The Right Solution)과 함께 연구 프로젝트 보고를 발표했는데, 왜 회의에 참가하는가라는 질문에 대해 평균 23세 '학생'들과 평균 38세 '일반 참가자' 및 각종 컨퍼런스와 세미나 주최자 등 총 430명의 답변을 받아 정리했다.

여기서 학생들은 소위 밀레니얼 세대들이다. 특이한 것은 이들도 전 세대처럼 대면 미팅의 중요성에 큰 가치를 두는 것으로 조사되었다는 것이다. 이는 미팅 기술의 발전과 활용도 중시하지만 네트워크 창출과 지식 습득에 있어 직접적인 만남과 감성 교환의 중요성을 이해하고 원한다는 것이다. 그리고 81%의 학생들과 82%의 일반 참가자들은 회의 참가의 주요 동기로 '개인 경력 개발 기회'를 꼽았다. 학생들과 일반 참가자들 모두가 공통적으로 영감을 줄 만한 전문가들과 저명인사들로부터 배우고자 하였고, 이를 통해 자신들의 미래 발전을 도모하고자 했다. 또한, 전문가들과의 만남만큼 동료들과의 관계 구축도 중시하였다. 그중에서도 밀레니얼 세대들은 단순한 지식 습득보다는 동료들이나 전문가들과의 네트워크 구축에 더욱 집중하기를 원했고, 심지어는 전문가들보다 동료들과의 교류를 더 원했다. 일반 참가자들은 일과 직접적으로 관련된 콘텐츠보다는 영감, 열정 및 리더십을 제공할 수 있는 콘텐츠를 찾는 것으로 밝혀졌으며, 학생이든 일반 참가자든 공통적으로 주최자들의 욕심과는 달리 회사 등의 비전을 공유하려는 지시적인 정보를 원하지 않았다.

주목할 점은 주최자들이 이러한 참가자들의 참가 동기에 크게 높은 비중을 두고 행사를 기획하지는 않는 것으로 드러난 것이다. 설령 노력을 했더라도 실질적인 효과가 크게 없었다는 참가자들의 응답도 많았으며, 주최자들이 창의적인 생각을 자극할 수 있는 방안 창출에 더 많은 관심을 가져주기를 바랐다. 이를 충족하기 위해서는 주최자가 원하는 회의 개최 방식이 아니라 참가자들이 원하는 방식을 최대한 반영해야 한다는 결론이 나온다.

2019년 7월에 Curtis & Coulter에 실린 '왜 컨퍼런스에 참가하는가? 참가자와 주최자의 5가지 주요 이유'라는 제목의 한 기사를 보면, 컨퍼런스 참가자들의 주요 참가 이유를 5가지로 구분했다.

여기서도 첫 번째 참가 이유는 네트워크 구축이다. 참가자들 각자가 전 세계 다른 도시에 살기에 그 지역에서는 만날 수 없는 새로운 사람들이나 한동안 만나지 못했던 사람들을 만날 수 있는 효과적인 방법으로 행사 참가를 중시하는 것이다. 더욱이 이러한 네트워크는 참가자 자신의 필요에 부합하는 전문 분야의 네트워크이다. 비즈니스 이벤트처럼 광범위하면서도 집중된 네트워크 구축 수단은 없을 것이다.

두 번째로는 참가자의 지식 확대에 기여하고, 문제 해결 방안을 찾을 수 있다는 것이다. 컨퍼런스 주제 분야의 새로운 학문, 기술, 제품, 데이터 등을 습득할 수 있고, 분야별 리더나 전문가와의 일대일 면담의 기회를 통해 희소성 있는 전문 지식 습득이나 현안 문제 해결에 대한 통찰력 있는 자문을 얻을 수도 있다. 저널의 기사 등을 통해서는 알 수 없는 세부적인 배경 지식과 적합한 논리를 파악해 낼 수도 있다.

세 번째로는 자신이 추진하는 일이나 성과에 대해 발표를 하고 다른 사람들에게 공유를 할 수 있다는 것이다. 발표 준비 과정을 통해 자신의 일에 대한 확신이 생기거나 발표 후 질의응답이나 다양한 분야, 때로는 완전히 다른 분야 전문가들의 피드백을 통해 새로운 관점이나 통찰력을 습득할 수 있다.

네 번째로는 자신을 여러 참가자들에게 드러내 보임으로써 특정 직업과 경력에 결정적인 영향을 미칠 수 있는 누군가와 연결될 수 있다는 것이다. 그 누군가가 기업의 CEO이건, 학교의 교수이건 간에 상관없이, 식사 시간에, 세션에서, 전시홀 등에서 몇 분 안에 이러한 만남과 연결이 가능하다. 특히, 행사에 참가하는 목적이 협업 발굴,

직업과 관련된 아이디어 창출, 특정 위원회의 임원 발굴 등 구체적이고 뚜렷할수록 더 효과적일 것이다. 경험에서 돌이켜보면 행사의 참가는 사전에 계획된 면담 외에도 우연적인 만남, 즉, '우연성'이 중요한 기회와 큰 성과로 발전할 수 있었기에 출장 준비는 항상 설레는 것인 듯하다.

마지막으로 자신의 기존 전문 분야와 관심사를 넘어 지식 습득의 범위를 확대할 수 있다는 것이다. 특히, 최근에는 분야 간의 융·복합이 가속화되고 있어 새로운 분야의 지식 습득이 중요해지고 있다.

또 다른 저널의 한 기사는 컨퍼런스 참가의 이유를 네트워크 확대, 특정 분야의 타깃 지식 습득, 현안 문제의 해결, 동기부여 및 재미 요소 등 5가지로 꼽았고, 직업 관련 관계 구축, 개인적 상호 작용, 글로벌 커뮤니티의 소속감, 새로운 기술과 지식의 습득, 유사 관심사의 사람들 면담, 명성 제고 등으로 정리한 사례들도 있다.

2010년 싱가포르에서 개최된 5개의 국제회의 참가자들을 대상으로 150부의 설문 결과를 취합한 말레이시아의 한 논문[18]에서는 참가 동기를 크게 4가지로 분류했다. 전문 분야 관계 및 명성(professional and prestige), 즐거움의 추구(pleasure-seeking), 개최지 요인(destination factors) 및 컨퍼런스 요인(conference factors)이 그것이다. 좀 더 세부적으로는 아래와 같이 정리할 수 있다.

---

18 An Analysis of Conference Attendee Motivations: Case of International Conference Attendees in Singapore, Anahita Malekmohammadi, Badaruddin Mohamed & Erdogan H. Ekiz(Malaysia), May 2011

| 표 1-8 | 컨퍼런스 참가 동기 분류

전문 분야 관계 및 명성	즐거움의 추구	목적지 요인	컨퍼런스 요인
전문 분야 관계 구축 개인적 상호 관계 글로벌 커뮤니티 소속감 새로운 지식과 기술 습득 유사한 생각의 사람들과 만남 동료들 내에서의 명성 제고	집으로부터의 탈피 새로운 경험의 추구 새로운 목적지 방문	목적지의 긍정적 이미지 기후(좋은 날씨) 안전, 안보 숙박 시설 나이트 라이프 개최지의 공식 언어 투어 및 관광 기회 음식과 레스토랑 시설 사전 경험 여행 이동 거리 직항 노선 등록비 비용 여행 경비	컨퍼런스의 질적 요소 컨퍼런스 토픽의 관심 유발도 컨퍼런스 주최자 네트워킹 기회 저명한 연자

주: 각 요인별로 높은 중요도 순으로 위에서 아래로 정리하였음

위의 내용에서 보듯이, 비즈니스이벤트 참가자들의 참가 동기에서 즐거움의 추구와 개최지의 긍정적 이미지와 즐길 거리를 무시할 수 없다. 특히, 지난 수년간 중시되어온 비즈니스(Business)와 즐거움(Pleasure)의 합성어인 블레저(Bleasure)의 개념도 '즐거움의 추구', '목적지 요인' 등에서 잘 드러난다. 즉, 참가자들의 중요한 동기 중에는 일상을 탈피하여 변화를 주면서 타지를 여행하고 싶은 즐거움의 추구가 중요한 동기가 되는 것으로 증명되므로 이에 대한 주최자와 개최지의 홍보 노력이 중요할 것이다.

위의 사례들은 주로 협단체가 주최하는 회의 참가 목적과 동기로 이해되는 반면, 2015년 미국여행협회가 발간한 보고서[19]에서는 기업회의나 기업 고객 면담과 같은 비

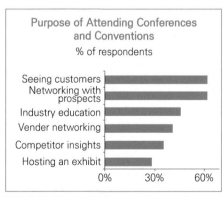

Purpose of Attending Conferences and Conventions
% of respondents

자료: Oxford Economics Survey of Frequent Business Travelers

---

19 The Role of Business Travel in the U.S. Economic Recovery, 2013. U.S Travel Association, Project : Time off, p. 21에서 인용

즈니스 여행자들에 부합하는 목적을 정리하였다. 기존 고객 면담, 잠재 고객과의 네트워크 구축, 산업 지식 교육, 제조사 등 네트워크, 경쟁사들의 인사이트 파악, 전시회 참가 등의 순이었다. 이 보고서는 기업 관계자들의 해외 출장 목적에 보다 초점을 두었지만, 컨퍼런스나 컨벤션 참가 동기를 비즈니스 성과 창출 측면에서 바라본 좋은 예가 될 수 있다.

나. 참가자의 참가 결정 요인 및 결정 과정

위와 같이 참가 동기나 목적에 대한 생각을 하다 보면, 참가자들의 참가 결정 단계까지 살펴볼 필요성을 느끼게 된다. 참가 동기에 부합하는 행사 기획과 개최가 가장 중요하겠지만, 참가자들의 참가 결정에 영향을 미치는 촉진 및 저해 요인들을 해결 혹은 강화한다면 더 많은 참가자들을 유치할 수 있기 때문이다.

2018년 3월, 환대산업 및 관광운영 저널(Journal of Hospitality and Tourism Management)에 소개된 논문에는 참가 동기와 참가 저해 요인을 더 구체적으로 정리하고, 실질적인 행사 운영과 준비 단계에 도입할 수 있는 지표들로 구성되어 있다.

| 표 1-9 | 컨퍼런스 참가 동기 및 저해 요인

컨퍼런스 참가 동기	참가 저해 요인
• 직업적, 전문적 접촉(4.36) • 전문 분야 새로운 연구 결과 습득(4.24) • 기존의 친구와의 조우(4.19) • 고용주의 경비 지원에 의한 참가(4.17) • 유사한 생각을 지닌 사람들과의 면담(4.11) • 미래 전문가들과의 미팅(4.00) • 동료들 내에서의 명성 구축(3.94) • 글로벌 커뮤니티의 소속감(3.94)	• 컨퍼런스 등록비(3.82) • 항공 등 교통비(3.80) • 숙박비(3.74) • 업무 외 시간 확보 가능성(3.53)
• 흥미 있는 컨퍼런스 토픽(3.79) • 새로운 주제에 대한 습득(3.78) • 직업적 전문 분야 개발(3.77) • 접근이 용이한 위치(3.68) • 새로운 친구 만들기(3.58) • 매력적인 목적지(3.46) • 협단체에 대한 소속(3.36)	• 타 행사와의 시간 충돌(3.36) • 이미 확정된 휴가와의 시간 충돌(3.31) • 여행이 가능한 건강 상태(2.88)
• 안전한 목적지(3.28) • 사무실에서의 탈피(3.26) • 직무 기술 시 포함 가능(3.23) • 목적지 주변의 방문(3.15) • 새로운 비즈니스의 창출(2.68) • 컨퍼런스 참가 시 친구와 친척 방문(2.64)	• 의료 시설 활용 접근성(1.97)

주: 1) 중요도의 순서를 쉽게 이해할 수 있도록 좌·우, 상·하 순으로 재구성하였음
  2) ( )안의 숫자는 5점 만점의 평균 중요도임

자료: Judith Mair, Leonie Lockstone-Binney & Paul A.Whitelaw(2018), The motives and berriers of association conference attendance: Evidence from an Australian tourism and hospitality academic conference 내용 발췌 및 번역

여러 가지 참가 동기와 잠재적인 저해 요인들을 분석한 결과, 참가 동기 요인이 저해 요인에 비해 컨퍼런스 참가 결정에 훨씬 더 큰 영향력을 가지는데, 이는 '참가 동기'의 상위 8가지 요인들이 '참가 저해 요인'들보다 중요도가 높게 평가된 것을 보면 알 수 있다.

2010년 3월에 여행관광마케팅 저널에 소개된 "컨벤션 참가 결정 요인 재검토(Re-visiting Determinants of Convention Participation Decision Making, Joanne Jung-Eun Yoo, Xin

Zhao)"에서는 컨벤션의 참가 결정 요인을 각종 문헌 조사를 통해 31가지 요소[20]로 정리하고, 이를 중요도 순으로 제시했다. 이후 유의한 기준을 적용하여 4가지 카테고리로 분류했다.

| 표 1-10 | 컨퍼런스 참가 요인 분석(Factor Analysis) 결과

요인 1: 네트워킹	요인 2: 개최지 요인
• 전문 분야의 네트워크 구축 기회 • 글로벌 커뮤니티의 소속감 • 동료들내에서의 인지도 • 동료와 친구와의 개인적 상호 관계 • 직업 관련 기회 모색 • 전문 분야 사람들과의 면담	• 컨벤션 개최지의 방문 기회 • 매력적인 개최지 이미지 • 컨벤션 개최지에서의 업무 외의 부가 경험 • 컨벤션 개최지 접근성
요인 3: 여행 용이성(Travelability)	요인 4: 교 육
• 컨벤션 개최지까지의 거리 • 개인적인 재정 상황 • 소속 기구로부터의 여행경비 지원	• 새로운 기술과 지식 습득하기 • 전문 분야의 변화에 대한 보조 맞춤

주: 각 요인 내 세부 지표들은 중요도 순으로 정리하였음

자료: Joanne Jung-Eun Yoo & Xin Zhao(2010.3), Revisiting Determinants of Convention participation decision making, Journal of Travel & Tourism Marketing, 27(2), p.185

위에서 살펴본 여러 가지 사례들을 요약해 보자면, 참가자들의 참가 요인은 크게 참가에 긍정적 영향을 미치는 참가 유도 요인과 참가를 제고하도록 하는 잠정적인 부정적 저해 요인으로 구분할 수 있을 것이다. 이렇게 양분하여 생각하면, 긍정적 요인을 극대화하고, 저해 요인을 약화시킬수록 참가자 증대에 기여할 수 있는 효율적 접근 전략을 개발할 수 있다.

이를 바탕으로 주최자, 개최지 등 회의 공급자들이 참가자를 증대하기 위한 마케팅 세부 전술 구상에 기초적인 자료로 활용할 수 있을 것이다. 향후에는 레거시 창출을 위한 지표로도 적용할 수 있을 것이다. 여기서는 학문적 접근보다는 주최자와 CVB, 서비스 공급자 등 개최지의 마케팅에 적용할 수 있도록 여러 자료들을 분석하

---

20 31가지 참가 결정 요인은 논문을 참고하기 바란다.

여 아래와 같이 다듬어보았다.

크게는 4가지로 참가 요인을 구분하였는데, '전문 분야 개발'은 참가자의 소속 분야의 지식 습득과 네트워킹, 명성 제고 등을 포함한다. '컨퍼런스 요인'은 참가 행사 자체의 수준과 신뢰도를 높이는 요인들로 묶었다. 행사 개최지의 매력도와 저해 요인을 '개최지 요인', 마지막으로 다소 개인적으로 처한 환경에 따라 참가 결정에 영향을 미칠 수 있는 '개인적 요인'으로 구분하였다.

| 표 1-11 | 비즈니스이벤트 참가 요인

구분	참가 유도 요인	참가 저해 요인
전문 분야 개발	• 전문 분야 네트워크 구축 - 전문가, 동료, 차세대 전문가 등 • 새로운 지식과 기술 습득 • 글로벌 커뮤니티에의 소속감 • 경력 및 명성 제고 • 주최자(협단체)와의 연관성 • 새로운 비즈니스 창출 혹은 유지	-
컨퍼런스 요인	• 컨퍼런스 주제와 토픽의 질적 수준 • 저명한 연자 • 컨퍼런스 주최자의 명성과 신뢰도 • 네트워킹 기회	• 컨퍼런스 등록비 • 타 컨퍼런스와의 기간적 충돌 • 개최 기간의 적정성

개최지 요인	• 매력적인 개최지 이미지
	  - 기후(좋은 날씨), 나이트 라이프, 투어 및 관광
	  - 목적지 주변의 방문 기회
	• 안전, 안보
	• 공식 언어
	• 회의, 숙박, 음식 등 인프라 수준
		• 접근성 및 교통비
		  - 여행 거리, 직항 노선, 비자, 지역 교통 편의 등
		  - 항공료 및 개최지의 교통비
		• 물가
		  - 숙박비, 식음료비 등 경비
		• 의료 시설 수준 및 이용 편의성

개인적 요인	• 사무실, 집으로부터의 탈피 • 고용주의 경비 지원 • 기존 친구와의 조우 • 개최지에서의 과거 경험 • 새로운 목적지 방문 기회 • 업무 외 부가 경험	• 여행이 가능한 건강 상태 • 가족 관련 경조사와 의무 • 업무 외 시간 확보 가능 여부

개념상 다소 모호할 수 있는 지표들을 설명하자면, 전문분야 개발의 '주최자(협단체)와의 연관성'이라 함은 참가자가 학·협회의 임원으로서 학·협회에 대한 의무감이 높거나 과거에 큰 상을 수상하여 주최자에 대한 고마움이 많거나 자신의 은사가 주최하는 행사라는 등 참가자와 주최자와의 밀접한 관여도를 의미한다. 주최자와의 연관성이 높을수록 행사 참가 결정은 보다 쉽게 유도될 것이다.

컨퍼런스 요인의 '컨퍼런스 주최자의 명성과 신뢰도'는 각 분야에서 정통성을 인정받거나 저명한 주최자가 개최하는 행사에 대한 참여도가 높아질 수 있음을 뜻한다. 예를 들어, 미용·성형 등 항노화 분야에서 세계적으로 유명한 IMCAS(International Master Class on Aging Science)가 주최하는 본 대회인 IMCAS 콩그레스는 물론, IMCAS가 아시아, 미주 등에서 새롭게 론칭하는 국제회의일 경우에도 행사 참가 결정에 상대적으로 유리한 위치를 선점할 수 있을 것이다. 또 다른 컨퍼런스 요인의 '네트워킹 기회'는 전문가나 동료 간의 네트워크를 위한 공식적인 프로그램 구성이나 기회 제공의 여부가 컨퍼런스 자체의 참가 동기 요인이 될 수도 있다는 것을 의미한다.

컨퍼런스의 개최 기간도 적정해야 할 것이다. 너무 짧거나 길 경우, 참가 결정을 위한 내부 보고나 검토 과정에서 저해 요인으로 부각될 수도 있을 것이다. 개최지 요인 중 '안전과 안보' 문제는 개최지 내 의료 시스템의 신뢰도와 정치적인 안정성 등을 얘기하는데, 참가 결정에 긍정적 영향을 미칠 수 있다.

이렇게 참가 동기 관련 지표를 정리한 후, 이에 따른 공급자의 대응 전략을 지표별로 생각해 보았다. 공급자는 주최자와 개최지로 구분되는데, 주최자는 정부, 협단체, 기업 등으로, 개최지는 중앙 정부, 지자체, CVB/DMO, PCO, 기타 서비스 업체 등으로 세분화될 수 있을 것이다. 원칙적으로는 이들 각각의 대응 전략은 제각기 다르면서도 때로는 통합적으로 수립되어야 할 것이다. 하지만 본 책에서는 이러한 이해 관계자들의 세부 전략보다는 큰 틀에서 방향을 잡아보고, 사례를 공유해 보고자 한다. 실제로 MICE산업의 일선에서 일하는 공급자들에게는 비즈니스이벤트를 준비하는 과정에서 전체적으로 누락된 것이 없는지를 짚어보는 것만으로도 의미가 클 것이다.

| 표 1-12 | 참가 요인에 따른 비즈니스이벤트의 공급자 대응 전략 사례

구분	참가 유도 요인	참가 저해 요인	공급자 대응 전략 사례 ※ 공급자 : 주최자, 개최지
전문 분야 개발 요인	• 전문 분야 네트워크 구축	–	• 네트워크 기회 증대 방안 및 전략
	• 새로운 지식과 기술 습득	–	• 프로그램 콘텐츠 고도화 방안
	• 글로벌 커뮤니티에의 소속감	–	• 소속감 제고를 위한 참가 혜택, 공로 시상 등
	• 경력 및 명성 제고	–	• 교육 점수 등 인증, 주요 참가자 홍보
	• 주최자(협단체)와의 연관성 정도	–	• 재참가자에 대한 혜택과 인증
	• 새로운 비즈니스 창출 혹은 유지	–	• 비즈니스 매칭 서비스, 연중 서비스 지원
컨퍼 런스 요인	• 컨퍼런스 주제와 토픽의 질 적 수준	–	• 프로그램 관리 체계 구축(프로그램 위원회 등)
	• 저명한 연자	–	• 스피커 물색 및 초청 방침 결정
	• 네트워킹 기회	–	• 프로그램 내 네트워킹 기회 확대 및 홍보
	• 컨퍼런스 주최자의 명성과 신뢰도	–	• 주최자 및 컨퍼런스 브랜드 관리, 개최지 홍 보 협조
	–	• 컨퍼런스 등록비	• 온·오프라인 등 참가자의 혜택에 부합하는 등록비 책정 • 주요 유사 행사들과의 비교
	–	• 타 컨퍼런스와의 기 간적 충돌	• 경쟁 행사의 개최 기간 파악 및 전략적 일정 확정
	–	• 개최 기간의 적정성	• 참가자의 수요 조사 등 반영
개최지 요인	• 매력적인 개최지 이미지	–	• 주제 관련 배후 환경, 문화·관광 스토리 등 발굴과 홍보
	• 안전, 안보	–	• 방역 및 치안 시스템 사전 홍보
	• 공식 언어	–	• 컨퍼런스 내외 통역 서비스 체계 안내
	• 회의, 숙박, 음식 등 인프라 수준	–	• 참가자 수준에 부합하는 인프라 소개
	–	• 접근성 및 교통비	• 관련 장단점, 해결 방안, 참가자 스토리 등 소개
	–	• 물가	• 다양한 수준의 인프라 소개 • 고가에 부합하는 가치 설득
	–	• 의료 시설 수준 및 이 용 편의성	• 개최지와 회의 개최장소 의료 시설 및 수준 소개

개인적 요인	• 사무실, 집으로부터의 탈피 • 기존 친구와의 조우 • 개최지에서의 과거 경험 • 개최지 방문 기회 • 업무 외 부가 경험	–	• 개최지의 재미와 즐거움에 대한 부각 • 배우자, 가족 등 동반자 프로그램 강화 및 홍보
	• 고용주의 경비 지원	–	• 고용주 대상 참가 혜택 마케팅(직원 참가 지원 유도)
	–	• 여행이 가능한 건강 상태	• 개최지와 회의 개최장소 의료 시설 및 수준 소개
	–	• 가족 관련 경조사와 의무	• 가족 관련 프로그램 개발 및 홍보
	–	• 업무 외 시간 확보 가능 여부	• 기간 외 체류에 대한 혜택 개발 및 홍보

　　지금까지 참가자의 참가 결정 요인과 이에 따른 주최자와 개최지의 대응 전략을 살펴보았다. 그렇다면, 코로나19 사태가 참가자들의 참가 목적과 동기 및 참가 방식에 특별하게 미친 영향은 어떠한가? 많은 전문가들은 당분간은 비즈니스이벤트 참가 등을 위한 비즈니스 여행 자체가 매우 신중해질 것으로 예측한다. 출장지의 안전 및 대응 상황 등이 출장 전에 고려해야 할 중요한 요소가 되었다. 신중한 참가자들은 '안전'이라는 기준 이외에, 출장을 통한 비즈니스 성과 창출에 대해서도 엄격하게 검토할 것이다. 여기에 전 세계적으로 급속도로 발전하고 있는 온라인 관련 미팅 테크놀로지 또한 현장 출장 방문을 축소시키는 요인이 될 수 있다. 출장이 없어도 발달된 통신과 기술 인프라를 활용해 비즈니스 거래나 연구 발표가 이뤄질 것이고, 꼭 필요한 회의는 여러 온라인 플랫폼에서도 진행이 가능하다.

　　최근 UNWTO 전문가 조사 결과 80% 이상의 국제관광 전문가들은 '2023년 이후에 회복이 가능할 것'으로 예상했다. 백신 등으로 감염병 종식이 이루어질 경우에는 관광수요가 폭발적으로 나타날 것이란 전망도 함께 내놓았지만, 비즈니스 여행 수요는 안전 문제, 온라인 기술로의 대체 가능성, 참가자의 성과 창출에 대한 신중한 기준 등과 같은 이유로 일반여행에 비해 더딘 회복 추이를 보일 것이라는 전망이다. 즉, 어느 정도의 수준일는지는 쉽게 말하기 어렵겠지만, 연간 해외 출장 혹은 비즈니스 여행

횟수는 평균적으로 줄어들 것이고, 이것이 정상화되는 것은 빨라도 2024년 이후로 수 년간의 시간이 필요할는지도 모른다.

> "포스트 코로나 시대의 '신중한 참가자(Responsible Delegate)'는 뚜렷한 목적성
> (Strong Sense of Purpose)을 가질 것이며, 단순히 정보를 습득하거나 아이디어를 나누거나
> 새로운 동기(Motivation)만을 부여받기를 원하지는 않는다.
> 무엇인가를 정말 돕거나 특별한 현안사항을 해결하거나 발전시키기 위해 참가할 것이다.
> 비즈니스 이슈일 수도, 환경적인 문제일 수도, 혹은 사회적인 문제일 수도 있다."
>
> – Martin Sirk, International Advisor, Global Association Hubs Partnership

이렇듯 포스트 코로나 시대, 신중한 참가자들에게는 비즈니스 성과 창출의 필요 성이 증대하므로, 온·오프라인 양 참가 방식에 맞게끔 이를 실현해 주기 위한 노력을 강화해 가는 것은 주최자와 개최지의 우선 과제가 되었다.

다. MZ세대들의 비즈니스이벤트 참가 가치

참가자들을 세대별로 생각해 보면, 가장 최근 사회에 진출하여 비즈니스이벤트에 수년간 참가하였거나 참가하기 시작한 Z세대와 이미 행사 참가자의 상당 부분을 차지 하고 있는 M세대들의 특성과 이에 따른 회의 참가 방식의 변화를 중요하게 짚어볼 필 요가 있다는 생각이 든다[21]. 이들은 하이브리드 비즈니스이벤트라는 개최 형식 변화에 가장 민감한 세대이기도 하다. 이들의 참가 동기와 목적에 부합하도록 대응전략을 갖 추어가는 것이 주최자와 개최지에게는 중요하다.

---

21 다소 차이가 있지만, 통상적으로 베이비부머 세대는 1946년에서 1960년생, X세대는 1961년에서 1976년, M세대 (밀레니얼 세대 혹은 Y 세대)는 1977년에서 1995년, Z세대는 1996년 이후 출생자로 본다. 세대 구분은 국가별 주 요 역사적, 문화적 사건을 계기로 조금씩 다른데, 우리나라는 베이비부머 세대를 1955년에서 1963년생, X세대를 1970년에서 1980년생, 밀레니얼(M) 세대는 1981년에서 1996년생, Z세대를 1997년 이후 출생으로 구분하는 사 례가 많다. 1960년에서 1969년까지 출생 세대를 민주화 운동과 6.10 항쟁 등의 역사적 사건을 계기로 별도로 구분 하거나 베이비부머 세대와 X세대로 65년 정도를 기준으로 구분하는 경우도 있다.

한국 경제 재건의 주역으로 조직적인 단체 문화를 중시했던 베이비부머들과 달리 X세대는 개인의 개성을 보다 중시하여 90년대 한국 대중문화의 부흥을 주도하고, 아날로그와 디지털 문화를 고르게 경험해 온 세대이다. 현재는 '영포티', '뉴노멀 중년'으로 돌아오는 세대로 표현되기도 하다. M세대는 베이비부머 세대들의 자녀들로 전 세대 중에 가장 풍요로운 경제적 풍요 속에서 성장하였으며, 가장 고학력 세대이기도 하다. 모바일 환경에 익숙하여 스마트폰 활용에 능숙하다. 하지만 외환위기 이후 글로벌 저성장 시대에 청년 실업을 겪기도 했다. Z세대는 태어날 때부터 디지털 환경에 노출된 디지털 네이티브이며, X세대의 자녀들로 개인주의와 다양성을 물려받았다. 하지만 생애주기 내에 호황기를 누리지 못하였고, 경제관념과 실용성, 현재 중심적 성향을 가진 세대로 표현된다.

M세대들은 타 세대들에 비해 경제적으로 가장 풍요로운 시대에 태어났으며, 많은 지식과 정보를 갖추고, 다양함에 보다 오픈되어 있는 세대이다. 외양적으로는 자신감 있고, 독립적이지만 치열한 경쟁을 거치면서 평등과 공정에 대한 인식이 높아졌고, 사회적 인식 또한 깊다는 특성들이 언급된다. 또한, 이들에게 삶은 재미있어야 하고, 그러므로 자신의 삶과 레저 시간에 가장 높은 우선순위를 둔다. 가장 고학력 세대로서 지속적인 교육 욕구도 높아 '평생 학습 세대(lifelong learners)'로 묘사되기도 한다. 디지털 문화의 본격적인 탄생을 지켜보면서 인터넷과 함께 성장하면서 새로운 언어를 학습한 '디지털 이주민'이 되었으며, 이에 따라 전자 제품들을 하나의 수족으로 여기는 첨단 기술에 능통한 세대이다. SNS 등을 통한 즉각적인 커뮤니케이션으로 능률적인 멀티 태스커인 반면, 첨단 기술에 지속적인 노출을 통해 어떤 시간대의 어떤 곳에서든 즉각적인 처리와 만족을 느끼지만, 전 세대에 비해 짧은 집중 시간을 가진다는 이면도 하나의 특성으로 간주된다.

M세대들의 위와 같은 특성들을 반영한 이벤트의 행사 참가 방식을 생각해 보자[22]. 우선은 즉각적이고 재미있는 홍보 메시지나 행사 콘텐츠들이 간결하고, 이미지화되어

---

22 What Does Generation Y want from Conferences and Incentive Programmes?(Rob Davidson May 2008)를 비롯한 각종 기사와 자료들을 참고하고, 전문가들의 의견을 종합하였음

전달되는 것이 효율적일 것이다. 너무 많은 정보를 담은 광고나 홍보는 지양하고, 메시지들에 그래픽과 사진 등을 담아 몰입도가 높고, 재밌게 만드는 것이 효과적일 것이다. 온라인 회의 기술들을 통해 행사 기획, 행사 홍보, 행사 운영 및 사후 관리 등 비즈니스이벤트의 전 과정에 적용하여 디지털 환경에 익숙한 이들의 장점이 반영되도록 할 필요도 있을 것이다. 기존에 크게 비중을 두지 않았더라도 이제는 투박한 디자인의 홈페이지는 보다 세련되게 수정할 필요가 있으며, 블로그, 유튜브, 페이스북, 마이 스페이스, 팟 캐스트 등 SNS, 인터넷 방송 등 관련 분야의 온라인 멀티채널을 통한 홍보와 마케팅에 비중을 높여 기획할 필요도 있다. 연자들의 강연 시간도 짧고 효과적으로 구성할 필요가 있다. 물론, 세대와는 관계없이 20분 정도가 집중력이 발휘되는 최적의 시간이긴 하지만 M세대들에게는 더욱 중요하다는 연구 결과도 있다. 강의 내용도 동기 유발이나 조직의 필요성에 의한 정보 전달 등 주최자의 필요에만 집중하여서는 몰입도가 급격히 떨어질 것이다. 내용적으로는 인터넷이나 책에서 볼 수 없는 행사의 참가를 통해서만 들을 수 있는 콘텐츠나 특별한 정보이면 더욱 좋을 것이다. 파워포인트 제작 시에도 다방면의 목록과 같은 자료보다는 글자가 적은 소수의 슬라이드 구성이 좋다. 여기에 재미가 있다면 더욱 효과적일 것이다. '인포테인먼트'라는 말은 정보와 엔터테인먼트가 결합된 M세대의 이러한 특성을 가장 간결하게 표현한 단어이다. 또한, 연자와 동료들 간의 실질적인 네트워크 시간을 더 원하는 경향이 있어 만남의 기회를 충분히 반영한 프로그램을 구성하고, 이를 홍보해야 할 것이다. 소셜 이벤트를 개최할 때도, 대형 스크린 등이 설치되어 있어 다양한 그래픽과 영상들을 접할 수 있거나, 음악이 함께하는 재밌는 '쇼'와 같은 행사가 되면 더욱 참여도와 만족도가 높아질 수 있을 것이다. 심지어 최근 개최된 한 행사에서는 강의 형태를 파괴하고, 삼삼오오 조를 맞추어 산책하면서 의견을 자유롭게 나누고, 그 결과를 공유하는 등 교육과 네트워크 기회를 결합한 혁신적인 형태의 행사들도 이미 개최되고 있다.

CVENT[23] 등 몇몇 기사들에서 밀레니얼 세대의 참여도를 높이기 위한 몇 가지 공감되는 제안들이 있어 간단히 소개한다.

---

23 www.cvent.com(2019.12.18), 5 ways to engage millenials at your next event

첫째는 모바일 폰의 활용을 적대시하지 말고, 적극적으로 도입하는 것이다. 스마트 폰이나 태블릿에서 활용 가능한 행사 전용 앱이나 QR 코드 등을 적절히 활용할 수 있을 것이다. 다만, 이제는 Wi-Fi 인프라가 잘 갖추어지지 않은 것만큼 M세대를 화나게 하는 것은 없으며, 전문 컨벤션센터에서도 기본적인 인프라로 간주되어야 할 것이다.

두 번째로 소셜 미디어의 활용을 적극 권장하는 것이다. 인스타그램을 예로 들자면 참가자들은 독특한 행사에 참여했음을 친구들에게 자랑할 수 있기를 원한다. 주최자는 이러한 과정에서 행사가 홍보되도록 할 수 있다. 행사 관련 모든 게시물에 해쉬태그를 만들어 두거나 '베스트 포토' 경진대회를 하는 것도 좋은 방법이 될 것이다.

세 번째로는 행사의 참가 방식에 있어 정보와 지식의 제공에 머물러서는 안 된다. 밀레니얼 세대는 행사의 처음부터 끝까지 능동적인 참가자로 행사의 중요한 부분이 되어 몰입되기를 원한다. 위의 간단한 경진대회도 그러한 참여를 유도하는 방법이 된다. 이들은 자신의 의견이 존중받고, 행사의 콘텐츠와 경험을 함께 창출하기를 원하는 것이다. 여러 가지 방법이 있겠지만, 행사 중에는 세션 중의 라이브 투표, 청중들 대상 질문 등의 방법과 M세대 상호 간에 서로 교류할 수 있는 참여 기회를 지속 제공하는 것도 중요할 것이다. 네트워킹을 위한 휴식 시간을 보다 자주 제공하거나 오찬에서 참가자들이 적극적으로 교류할 수 있도록 기획하거나 라운드 테이블로 회의장을 배치하여 서로 쉽게 얘기할 수 있는 분위기를 조성할 수도 있다. 프로그램 기획 설계, 연자 선정 등 행사 기획 단계부터 참여를 유도하여 행사에 대한 주인의식을 가지도록 하는 것도 좋은 방법이 될 수 있다. 조기 등록한 참가자들에게 프로그램의 개선 사항 등을 물어보고, 참여를 유도하는 등의 사소한 노력의 차이로 이들의 관여도를 높이고, 결국 비즈니스이벤트의 참가자 증대 및 만족도 제고를 높일 수도 있을 것이다.

네 번째로 최신 미팅 기술을 적용하는 것이다. 온라인 등록에서 상호작용하는 키오스크 등 밀레니얼 세대들은 모든 것들이 기술을 활용하여 정리되어 있기를 원한다. VR이나 AR 등을 포함한 재미 요소를 가미할 수도 있을 것이다. 게임을 연계하는 것도 좋다. 재밌고 가벼운 경쟁 정도의 게임이라면 M세대들의 적극적인 참여를 유도할 수 있을 것이다. 앱 게임이나 QR 코드 찾기 게임, 실물 크기의 젠가 등이 그러한 사례이다. 간단한 게임을 통해 포인트를 적립하거나 상호 간에 포인트를 교환하도록 하여 마지막에 가장 많은 포인트를 모은 사람에게 상품을 주는 행사들도 있다. 이렇듯 밀레니얼 세대를 몰입시키는 것은 상호 교류하는 기억에 남을 만한 경험을 창출하는 것이 중요하다.

Z세대들은 M세대와 구분되는 또 다른 특성들이 있다. 이들은 어렸을 때 아날로그 문화를 먼저 체험하고 이에 대한 기억을 가지고 있는 M세대와는 달리 인터넷 환경이 완전히 정착된 디지털 시대에 태어나서 성장한 '디지털 네이티브'이다. 다양한 SNS 채널을 통한 소통과 1인 방송이 완전한 일상이 되었다. 유튜브, 인스타그램, 페이스북 등은 Z세대의 절반 이상이 활용하며, 심지어 트위터도 20% 이상이 활용하는 것으로 나타나 그야말로 다양한 소셜 미디어 채널을 활용한다[24]. 이들은 유명한 연예인의 광고보다 영향력 있는 인플루언서의 유튜브 영상에 더 크게 반응하며 이들의 정보를 더 신뢰한다. Z세대에게 인플루언서는 심지어 롤 모델이기도 하고, 이들에게서 배우고 즐거움을 얻으며 신뢰관계를 형성하기도 한다. Z세대를 대상으로 한 마케팅에서 유튜브 인플루언서를 빼놓을 수 없는 이유이다.

텍스트보다는 이미지 콘텐츠를 좋아하고, 동영상, 만화, 게임 등 멀티미디어 콘텐츠 관련 앱의 이용 비중이 전 세대에 비해 월등히 높은 것으로 파악된다. Z세대들은 나의 만족과 행복이 최우선인 개인주의적 성향도 강하다. 이는 Z세대의 부모인 X세대가 베이비부머 세대의 경직됐던 사회 분위기 대신에 개인화가 일어나던 과도기적 세대들이라 이들의 가치관이 좀 더 자유롭고 자녀의 개성을 중시하는 가족 문화의 형성으로 이어지고 반영되었다는 분석이다. TV와 같이 하나의 화면을 공유하지 않아도 모바일 폰과 태블릿 등을 통해 자신만의 스크린을 이미 확보하였고, 자신이 원하는 콘텐

---

24 이 중에서도 Z세대의 95%는 유튜브를 이용하고 있으며, 50%는 '유튜브 없이 살 수 없다'고 답변할 정도이다. 한 조사에 의하면, TV나 PC보다 스마트폰을 보는 시간 비중이 70%에 달하며, 하루에 6시간 이상 스마트폰을 사용한다고 한다.

츠에 언제든 접근할 수 있어 나의 만족과 행복을 언제 어디서든 경험할 수 있다.

마케팅 전문가들은 M세대처럼 Z세대도 제품이나 서비스의 품질뿐만 아니라 브랜드를 중시하기는 하지만 자신이 믿는 가치와 신념을 더 적극적으로 구매행동과 연결시키는 차이점이 있다고 한다. 미국 컨설팅업체 퓨처캐스트의 조사에 따르면 10대 청소년 60%가 사회적 역할에 충실한 브랜드를 소비하겠다고 답했으며, 여기서의 사회적 역할이란 친환경, 고품질, 사회적 책임을 의미했다. 즉, 제품의 생산과 판매 과정에서, 환경보호와 아동구호, 공정무역 등 사회적 책임을 실천하는 브랜드를 더욱 선호하는 것이다. 우리나라에서도 특정 브랜드가 사회에 나쁜 영향을 미쳤다면 적극적인 불매운동, '참교육'을 하고, 자신의 가치에 맞는 선행을 했다면 적극적인 구매, '돈쫄'을 낸다는 용어가 있을 정도이다. 이렇듯 자신의 가치와 신념을 적극적으로 반영한 가치소비를 '미닝 아웃(meaning out)'이라고 일컫는다. 제프 프롬과 엔지 리드의 '최강소비권력 Z세대가 온다'라는 책에서, Z세대는 신중한 소비자이자 '세상을 변화시키겠다'는 신념으로 행동하는 세대로 표현한다.

이러한 Z세대들이 이제 비즈니스이벤트의 참가자로 본격 진입하고 있다. 이들을 대상으로 개최되는 행사를 광고하고 홍보하기 위해서는 어떻게 해야 할까? 유료 비디오, 음악, 게임 서비스 등의 콘텐츠에 집중하는 Z세대들은 이미 다양한 소셜 미디어 플랫폼을 활용하기에 이들 미디어가 우선적인 검토 대상이 되어야겠다. 아울러 Z세대들은 자신의 관심사와 활동에 관련된 맞춤형 광고만 보겠다는 의지를 표명하고 있기에 홍보 타깃을 어떻게 보다 집중시키느냐에 따라 성과가 달라질 것이다. 홍보 및 광고 콘텐츠는 카드 뉴스 등의 이미지나 나레이션, 카툰 등 재미 요소가 가미된 동영상 등이 기본이 되어야 할 것이다.

하지만 의외로 실재 Z세대들의 얘기를 들어보면, 전통적인 마케팅 방법 중에 뉴스레터와 지인들의 추천 등도 여전히 중요한 비중을 차지한다. 다만, 뉴스레터들이 기존의 양식보다는 재밌고, 이미지 중심의 내용들이 보완되어야 할 것이다. SNS를 기본적인 커뮤니케이션의 수단으로 활용하는 Z세대들은 많은 온라인 커뮤니티들에서 다양한 이름을 가지고 활동한다. 분야별 커뮤니티를 파악하여 이들 중에 실제로 행사에 참여해 본 경험담과 참가 가치를 진정성 있게 전달하거나 홍보를 하는 것도 효과적인 홍보 수단이 될 것이다.

디지털 네이티브들이 지속 접할 수 있도록 비즈니스이벤트 자체를 1회성 오프라인 행사가 아닌 디지털 콘텐츠로 연중 구독할 수 있도록 시도해 보는 것도 중요한 변화의 수단이 될 수 있을 것이다. 구독경제와 이들 Z세대는 잘 어울린다. MICE업계에는 새로운 비즈니스 모델이 될 수도 있을 것이다. 오프라인으로 개최되는 전시회나 컨퍼런스에만 집중하지 않고, 연중 디지털 콘텐츠를 구성하여 홍보, 구독(판매), 참여 및 현장에 방문하도록 하는 여러 시도들이 이미 자리 잡아가고 있다. 또한, 이제는 CSR(사회적 책임 경영)에 이전 세대보다 더욱 민감하므로 개최지에 보다 친환경적이고, 지속가능성에 입각한 행사 프로그램을 만드는 것도 더이상 미룰 수 없다. 비즈니스이벤트 개최 시에 지역 사회와 상호 네트워크하는 프로그램이 인기를 끌 수도 있으며, 친환경적인 행사로 홍보하고 운영함으로써 참가 가치를 증대할 수도 있겠다.

위와 같이 M과 Z세대를 구분하여 그들의 특성을 살펴보고 이에 따른 비즈니스이벤트 참가방식의 변화와 이에 대한 대처 전략을 간단히 짚어보았다. 이쯤에서 궁금한 것이 하나 생기는데, MICE업계에 진출하고 싶은 MZ세대들에게 현재의 MICE산업은 어떤 모습일까? 참가자의 입장이 아닌 함께 만들어가야 할 이들에게 비친 MICE산업의 현재 모습이 궁금했다. 얼마 전 MZ세대들이 직접 얘기하는 MICE산업에 대한 토론 영상[25]을 볼 기회가 있었는데, 관련 업계에 갓 진출하였거나 MICE산업으로의 진출을 모색 중인 대학생 등이 참가하였다. 이들을 통해 중요한 교훈을 배웠고, 이후 여러 주변의 MZ세대들을 통해 이를 확인했다.

MZ세대들이 MICE산업에 진출하여 가장 하고 싶은 일은 바로 '기획'이었다. 비즈니스이벤트에 자신 혹은 팀의 가치와 신념을 담아 구상하고 이를 구현해 간다는 '기획' 과정이 흡사 앞에서 살펴본 구매 과정의 가치 소비의 개념인 '미닝 아웃'과 유사하

---

25 한림 디스커버리, 제47편, "MZ세대가 바라본 MICE"(2021.6.4. 녹화) 등 참조

다는 생각이 들었다. MZ세대들에게 MICE를 만들어가는 '기획'이란 것은 어느 TV 교양 프로그램의 말을 인용하면, '하면 된다'는 이전 세대들의 다소 막연하고 결의에 찬 다짐보다는 '되면 한다'라는 다소 현실적이지만, 자신의 가치와 신념에 부합하여 자기만족을 느낄 수 있다면 쿨하게 전념할 수 있다는 젊고 순수한 열정을 의미했다. 하지만 이들이 실제로 짧은 기간이나마 MICE업계에 종사하거나 취업을 준비하면서 밖에서 살펴본 MICE산업은 기획을 통해 아이디어를 펼치는 실현과 기회의 장이라기보다는 행사의 대행이나 카피에 그치고, 주최자의 성향에 따를 수밖에 없는 수동적이고 침체된 모습으로 인식되고 있었다. '보수적이고, 진부하며, 지루한 MICE!', 이것이 그들이 받아들이는 현실의 MICE인 셈이다.

MZ세대들의 이러한 고민들은 사실 이전부터 이어져 온 MICE업계가 당면한 고질적인 과제이기도 하다. 오히려 MZ세대들의 솔직한 표현들을 듣고 있자면 이제는 더이상 변화를 미룰 수 없고, 앞당겨야 할 필요성을 절감하게 된다. 새로운 시도보다는 안정적 운영을 위한 대행 사업으로의 집중, 지역을 대표하는 기획 컨벤션의 부재 등의 문제를 극복하지 못한다면 유능한 기획가들과 MICE산업의 미래를 잃게 될지도 모르기 때문이다. 베이비부머나 X세대처럼 조직을 위한 희생이 지켜야 할 덕목 중의 하나였던 세대와는 달리, 자신의 가치를 중시하고, 자기표현의 욕구가 강하며, 재미 요소에 더욱 열광하는 MZ세대들이기에 이러한 변화에 대한 필요성 및 위기의식이 더 진지하게 다가온다.

지금이야말로 MZ세대가 가진 창의력이 MICE의 콘텐츠나 비즈니스 모델의 핵심 부분으로 자리매김할 수 있는 기회일는지도 모른다. 모두가 변화와 혁신에 목말라 하고 있기 때문이다. 특히, 온라인 행사는 형식보다는 콘텐츠가 중요하다. 공식 환영 만찬, 큰 무대, 현장 장소의 장식물 등이 축소되거나 아예 필요 없는 경우가 많을 것이며, 오로지 화면으로 전달되는 콘텐츠에 집중할 것이기 때문이다. MZ세대에 기회를 주고, 여러 기획 과정에 많은 참여를 유도할 수 있도록 해야 할 것이다. 한 가지 희망적인 것은 이러한 현실을 접하면서도 일부 MZ세대들은 MICE가 가진 비전과 발전의 가능성은 무궁무진하다고 생각한다는 것이다. MICE를 통해 주최자, 개최지 및 참가자 등 각자의 목적에 맞는 가치 창출을 위해, 즉, 진정한 비즈니스이벤트가 될 수 있도록 고민하는 과정 자체가 '기획'일 것이다.

MICE 창출에 있어 기획의 과정을 강화하는 노력들은 지금도 여러모로 진행 중이다. 한국관광공사의 경우, 10여 년 전부터 지역을 대표하는 특화 산업 분야의 스타컨벤션 육성을 시작으로 특화컨벤션 지원에 이어 최근에는 K-Convention에 이르기까지 지역 브랜드의 기획 컨벤션(Origin Events) 육성을 활발히 유도하고 있다. 최근의 변화는 PCO들이 직접 주관하는 국제회의 개최를 유도하고 발굴 및 지원하기 시작했다는 것이다. 매우 고무적인 변화라고 생각한다. 기획을 통한 비즈니스이벤트의 공급 및 시장 확대가 이루어질 수 있을 것이다. MZ세대들도 이러한 기획에 주최 혹은 주관으로 참가할 수 있을 것이다. 대구의 경우는 '21년도에 3건의 K-Convention이 지정되었고, 자체적으로 육성 지원하는 5건의 국제회의까지 포함하면 8건의 지역 기획 국제회의를 지원하고 있다. 특히, 아태안티에이징컨퍼런스와 국제물산업컨퍼런스 등은 컨벤션뷰로가 지역 PCO와 함께 직접 주관함으로써 주최자로서의 '기획' 역할을 확대해 가고 있다. 개최 지원을 넘어 주최자로서 기획 과정에 깊숙이 관여하여 MICE업계의 가치와 비전을 실현해 가는 것은 MICE업계에 앞으로 중요한 모멘텀이 될 것이고, 이러한 노력들이 MZ세대의 MICE업계 진출과 시장 확대에도 기여할 것이다.

이 책에서 다룰 여러 비즈니스이벤트의 사례들도 이러한 기획력이 가져온 성공 사례들이다. 창출할 수 있는 주제 분야는 무궁무진할 것이다. 특히, 온라인 미팅 기술이 가미되면서 그러한 기회는 연중 확대되고, 접근이 보다 용이해지며, 디지털 콘텐츠의 전파나 판매를 통한 구독 경제와도 연결될 수 있을 것이다. 이러한 구독 경제 분야에 비즈니스이벤트의 기회가 있을 수도 있다. MZ세대들의 아이디어와 가치를, 꿈과 희망을 실현할 수 있는 길이 더욱 가까워질 수 있다고 생각한다.

> "예산, 수익, 관행 등 한계는 분명히 있을 것이지만, 겁 없이 도전할 수 있는 선배들이 있다면
> 달라지지 않을까요. 기성세대 분들이 하고 있는 틀 안에 넣어서 기획하지 말고,
> 새로운 시각과 전략을 가지고 다르게 접근해야만 색다른 방향의 매력적인 MICE가 될 것이고,
> 새로운 세대들의 감성을 소구할 수 있다고 생각합니다."

"초과 근무나 급여 조건 등도 중요하지만 기획과 구현을 통해 자아실현이 가능한 직업이라면
자율성과 책임감을 가지고 도전해 볼 수 있지 않을까요?"

– 한림 MICE 디스커버리 인터뷰 내용 중

라. 오프라인 참가 vs 온라인 참가

여전히 오프라인 참가와 F2F(Face-to-Face) 면담의 혜택과 필요성에 대해 많은 전문가들이 얘기한다. 주최자와 개최지의 입장에서도 오프라인 참가자가 많을수록 도움이 될 것이다. 주최자도 회원들과의 네트워크를 통한 관리 효율성, 참가 만족도 제고, 수입 증대에 기여할 수 있고, 개최지의 입장에서도 온라인 참가자에 비해 소비 진작 효과 제고, 지역 관·산·학과의 실질적인 네트워킹, 개최지 홍보 및 재방문 가능성 등에 훨씬 큰 효과를 가져올 수 있기 때문이다.

참가자의 측면에서도 온라인 참가 대비 F2F 참가가 효과적인 몇 가지 대표적인 이유를 꼽을 수 있다. 현장 참가자들이 보다 강력한 네트워크를 구성할 수 있고 행사를 통한 성과 창출에도 보다 효과적이며, 주최자와 개최지의 목적을 커뮤니케이션하기도 좋다.

조금 더 구체적으로 생각해 보면, 대화 시에도 상대방의 표정, 몸짓 등 바디 랭귀지를 직접 보면서 실질적으로 말하는 것과는 다른 섬세한 메시지를 파악해 낼 수 있다. 온라인 커뮤니케이션에 비해 보다 얘기하기도 쉽고, 바로 직접적인 포인트에 접근하면서 나은 효과적인 면담 성과를 거둘 수 있다. 카메라, 마이크, 영상 송출 문제 등 기술적인 부분을 신경 쓰지 않아도 되기 때문이다. 면전에서 서로 보면서 웃고, 일상에 대해 얘기하면서 사람들과의 관계를 더욱 긴밀히 할 수 있다. 이러한 관계는 중장기적인 비즈니스 성공에도 더욱 효과적으로 기여한다. 얼굴 표정, 옷차림, 태도, 심지어 사용하는 컴퓨터와 펜 등으로도 개인의 브랜드를 표출할 수 있다. 직접 얼굴을 보면서 간단한 일상 대화에서도 많은 정보를 구할 수 있고, 몇 분 안에 사귈 수도 있고, 상대방의 기분에 맞추어 적절한 응대를 할 수도 있다. 심각한 대화도 면전에서 하면 훨씬 더

문제 해결에 접근할 수 있을 것이다. 이러한 이유로 회의 기술들은 우리의 대면에 의한 혜택들을 강화시키는 것이지 대체하기는 어려울 것이라는 의견들이 많다.

　대면 회의의 효과와 우월성에 대해서는 아래와 같은 보고서를 참고할 수도 있다. 2011년에 세계여행관광위원회(World Travel & Tourism Council, WTTC)가 발간한 "비즈니스 여행: 경제성과 창출의 촉매제(Business Travel: A Catalyst for Economic Performance)" 라는 보고서에 의하면, 비즈니스 여행은 대륙별, 국가별 산업 구조 등에 따라 일부 차이가 있지만, 전 세계 평균 1이라는 투입 대비, 9.9배의 성과 창출에 기여함을 증명했다. 2015년 미국여행협회(U.S Travel Association)의 '미국 경제 회복에 있어 비즈니스 여행의 역할(The Role of Business Travel in the U.S. Economic Recovery)' 에서는 지난 18년간 미국 14개 산업별로 비즈니스 여행에 투자된 1달러는 9.5달러의 수입을 벌어들였고, 2.9달러의 수익을 창출했다고 밝혔다. 또한, 비즈니스 여행자들은 대면 회의가 없다면 42%의 비즈니스 고객들을 잃을 것이라고 생각하며, 이들은 대면 회의를 해야만 거의 2배 정도의 고객 발굴이 가능하다고 대답했다.

　고객과의 긴밀한 관계를 유지하는 것은 성공적인 비즈니스를 위해 필수적이다. 4명 중 3명(74%)이 대면회의가 고객 유지에 매우 효과적이라고 응답했다. 비즈니스 여행자들의 42%가 대면회의가 없다면 결국 고객을 잃을

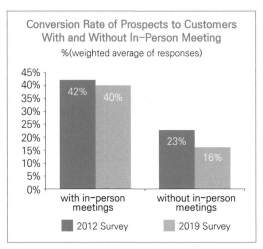

자료: Oxford Economics Survey of Frequent Business Travelers, n=300

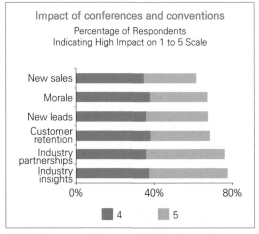

자료: Oxford Economics Survey of Frequent Business Travelers, n=300

것이라고 하였다. 컨퍼런스와 컨벤션이 고객과의 집중적인 상호 교류 기회를 주는데, 62%가 고객 면담(Seeing Customers)을 이러한 행사 참가의 혜택으로 언급했다. 또한, 새로운 비즈니스 성과 창출(Winning New Business)에 있어서도 대면 회의가 비대면 회의에 비해 거의 두 배에 가까운 효과를 거둘 수 있음을 보여줬다.

비즈니스 여행자들의 컨퍼런스나 컨벤션을 참가하는 목적은 해당 산업 관련 인사이트 습득(78%), 해당 산업 관계자들과의 관계 발전(76%)이 가장 높게 나타났으며, 고객 관계 유지, 새로운 리드 창출, 사기 진작, 새로운 세일즈 창출 등의 순이었다.

지금까지 MICE에 참가하는 목적과 동기, 이에 따른 행사의 기획, 홍보 및 운영 방식의 변화를 짚어보고, 나아가 세대별 특성과 이에 따른 참가 방식의 변화도 생각해 보았다. 포스트 코로나 시대에 신중해진 참가자들, 그럼에도 F2F 만남의 중요성으로 인해 비즈니스이벤트의 참가 중요성은 줄어들지 않을 것임도 전망해 보았다. MZ세대들이 바라보고, 기대하는 '기획'의 실현이 가능한 MICE산업으로 진화하기 위해서라도 주최자, 개최지 및 참가자 각각의 맞춤형 비즈니스 성과 창출을 위한 비즈니스이벤트의 시대가 필요하게 되었다.

제1부 2절에서는 한국 MICE산업의 현 주소를 짚어보고, 비즈니스이벤트의 등장과 개념 및 차별성을 살펴보았다. 그리고 비즈니스이벤트의 이해 관계자인 주최자, 개최지 및 참가자의 입장에서 비즈니스이벤트의 주최, 개최와 참가하는 목적과 동기를 살펴보면서 변화하는 시대 속에서 비즈니스이벤트의 성과 창출 방안을 다방면으로 생각해 보았다.

제3절 비즈니스이벤트는 MICE의 뉴노멀이다

제1부의 내용을 전체적으로 요약해 보겠다.

비즈니스이벤트는 회의, 국제회의 및 MICE라는 용어의 한계성을 넘어 산업의 범위 확대에 기여할 수 있다. 비즈니스이벤트(Business Events)는 "비즈니스 창출이라는 공통의 관심사와 직업을 가진 내국인 또는 외국인 최소 10명 이상으로 이루어지는 공공 또는 민간의 활동으로 특정장소에서 개최하는 다양한 형태의 회의(세미나·토론회 등) 또는 행사(전시회, 기업·특별이벤트 등)"로 정의된다. 비즈니스이벤트를 이야기할 때, 일상에서 광범위한 개념으로 활용할 수 있다. '레저'와는 상반되는 '일'이라는 광범위한 개념으로 활용한다. 레저 방문과 일을 위한 방문을 크게 구분하여 Visitor Economy의 양축인 셈이다. 일하러 와서 목적한 성과를 창출하는 것이 비즈니스이벤트의 개최 목적이자 참가 동기이다. 이러한 흐름은 몇몇 국가에 국한된 것이 아니고, ICCA, JMIC 등 MICE업계를 대표하는 국제기구는 물론, 호주를 필두로, 유럽의 독일, 영국, 덴마크 등과 미주의 캐나다, 아시아의 싱가포르, 일본 등을 넘어 아프리카까지도 전면적으로 활용하는 세계적인 범용 용어로 자리매김하였다. 다만, 미국을 비롯한 몇몇 나라에서는 회의 산업(Meetings Industry)이라는 용어와 혼용하면서 도시별 특성에 맞추어 다양하게 활용되고 있다.

비즈니스이벤트가 MICE산업의 확대에 기여할 수 있다는 것은 MICE업계의 대표적 국제기구인 JMIC의 공식 자료에서도 분명히 확인했다. JMIC는 비즈니스이벤트를 8가지 유형으로 구분했는데, 이 중에서 컨퍼런스, 콩그레스, 컨벤션, 기업 이벤트, 전시회, 인센티브 프로그램 등 여섯 가지 유형은 기존 MICE산업의 범주와 유사하지만 비즈니스 성과 창출이라는 기준으로 기업 회의를 기업 이벤트로 확장하고, 특별 이벤트 및 페스티벌, 하이브리드 회의 등을 포함하여 근거 있는 산업 확장에 기여한다.

기업 '회의(Corporate Meetings)' 대신 기업 '이벤트(Corporate Events)'라고 칭하여 기업이 주최하는 회의뿐만 아니라 "이벤트"라는 보다 광범위한 용어를 쓰는 것은 각종 연수, 교육, 시상식, 이사회, 신제품 론칭, 수출 상담회 등의 이벤트들까지도 포함하는 것이며, 이들은 물론 비즈니스 성과 창출이라는 공통 요소를 포함하고 있어야 한다. 새로운 유형으로 특별 이벤트 및 페스티벌(Special Events and Festivals)이 포함되어 있다. 이들도 비즈니스 성과 창출이라는 목적성은 뚜렷하되, 전통적인 회의 형식을 탈피하여 참가자 가치 증대를 위한 파티, 경진대회, 페스티벌 등의 파격적인 형태로 개최될 뿐이다. 또한, 하이브리드 회의는 코로나 사태를 거치면서 비즈니스 성과 창출을 위한 변화된 방식으로 의미가 있으며, 이를 공식적으로 범주화하는 것은 향후 국제회의의 새로운 개최 방식을 인정하는 것이다.

이렇게 확장된 MICE산업의 범주를 대상으로 정부와 지자체들의 지원책에도 변화와 검토가 필요하다. 개최지의 마케팅 활동도 산업의 범주에 맞게 확대되어야 하고, MICE업계의 확장된 시장 진출에 대해서도 지원책을 확대해야 한다.

MICE나 회의 산업(Meetings Industry) 등의 용어를 지속 활용하면서도 기업 이벤트, 특별 이벤트와 페스티벌이나 하이브리드 회의 등을 포괄할 수 있다고 이의를 제기할 수도 있지만, 이들 용어의 정의로는 포괄하기 어렵다. 용어 자체가 불명확하거나 '회의'라는 의미적인 한계성이 뚜렷하기 때문이다. '비즈니스 성과 창출'을 위한 뚜렷한 목적성을 분류의 기준으로 삼아 분명하게 MICE와 Meetings Industry에 대한 범위를 확대하고, 이해 관계자들의 인식 전환과 개최 방식, 참가 방식 및 개최지의 지원 정책의 변화를 긍정적으로 불러왔기 때문에 빠른 시간 내에 비즈니스이벤트라는 용어는 세계적인 트렌드로 자리 잡았다[26].

이러한 MICE산업 범주의 확대는 MICE업계의 핵심역량을 바탕으로 하므로 더욱 의미가 있다. 이는 여러 행사에 지원되는 MICE기업들의 공통된 비즈니스 지원 서

---

26 비즈니스이벤트의 정책과 현장 사례들은 2부에서 심도 있게 다룬다.

비스[27]를 기준으로 산업의 범주를 확장하는 결과가 된다. 기존의 MICE산업의 플레이어, 즉, 정부, DMO/CVB, PCO, 컨벤션 서비스 기업 등이 그간에 축적한 핵심 역량을 바탕으로 비즈니스 서비스를 제공할 수 있는 분야이다. MICE 관련 기관과 기업들이 잘 할 수 있는 분야이다.

나아가 비즈니스이벤트를 통한 중장기 혜택, 즉, 레거시에 대해 고민하다 보면, 지역에서 기획하여 육성하는 '특화 컨벤션' 혹은 'Origin Events' 분야의 중요성이 부각된다. 초기에 비즈니스이벤트 개발과 육성에 필요한 인력 및 비용 투자의 노력을 감수해야겠지만, 이들이 비즈니스이벤트의 핵심 가치인 중장기 파급효과를 점진적으로 쌓고, 레거시를 창출하기에 훨씬 유리하므로 이를 감내할 수 있다.

사실 현재 대륙을 순회하면서 개최되는 대다수의 국제회의들도 처음에는 지역발 회의였다. ICCA의 데이터베이스에서 과거 개최 도시 연혁을 살펴보면 초창기에 한 도시에서 수년 혹은 수십 년간 지속 개최되던 국제회의들이 향후에는 도시들을 순회하면서 개최되는 경향을 확인할 수 있다. 예를 들어, 의료 관련 국제회의들 중에 상당수는 최초 개발 당시 의료 산업의 초강국이던 독일, 그중에서도 베를린에서 여러 해 동안 개최되다가 전 세계를 순회하면서 개최되는 사례들이 많다. 향후 국제회의 유치와 더불어 지역발 이벤트 개발은 앞으로 더욱 강화되어 국제회의 유치 분야와 더불어 양축으로까지 커 나아가야 할 사업 분야로 봐야 한다.

지역발 행사의 한 종류인 K-Convention과 특화 컨벤션을 통해 MICE산업의 시장도 확대될 것이다. 만약 지역의 10개 도시에서 '매년' 각각 5건의 해외 500명 참가 이상의 중대형의 지역발 행사가 개최된다면 MICE산업의 고정적인 수요가 창출되는 것은 물론, 지역 PCO 등의 MICE산업 생태계도 더욱 굳건해질 것이다. 이들 행사들이 모두 언젠가 UIA의 인증을 받는다면 UIA 개최 건수도 연 50건은 고정적으로 늘어

---

27 JMIC는 MICE기업들의 공통된 핵심 비즈니스 서비스란 행사 주관(Events Organization), 목적지 마케팅(Destination Marketing), 개최지 운영 지원(Destination Management), 기술적 지원(Technical), 오디오와 비디오(Audio Visual), 전시회 개최 서비스(Exhibit Services), PCO(Professional Congress Organization), 음향, 조명, 장식 등을 갖춘 무대(Staging : sound, lighting, decoration), 연회 등 식음료 지원(Food and Beverage : Banquet), 커뮤니케이션과 마케팅(Communications and Marketing) 등으로 정의했다.

날 것이다.

주최자, 그중에서도 협단체 육성에 대한 필요성도 자연스럽게 증대된다. 레거시 창출을 위해서는 연중 비즈니스 서비스를 제공할 수 있는 협단체가 구심점이 되어 회원들 및 개최도시와 긴밀히 상호 작용해야만 비즈니스 성과 창출 가능성이 커지기 때문이다. 또한, 이러한 협단체가 주관하는 국내 행사일지라도 개최지의 레거시 창출에 기여한다면 국내 회의 지원에 대한 필요성도 높아질 수 있으며, 협단체 자체의 육성 지원을 통해 이러한 국내 회의들이 국제회의로 발전할 수도 있다.

협단체에 대한 육성 지원에 대한 필요성은 MCI Korea가 ASAE(미국협단체임원협회) 공식 한국 사무소를 맡고, KSAE(한국협단체전문가협회)가 2015년 설립되기 전부터 많은 검토가 이루어져 왔다. 하지만 여기에 많은 정책적 지원과 이해관계자들의 관심이 그 중요성에 비해 모아지지 않은 것은 일면 레거시 창출에 대한 기여도의 연구와 사례들이 제대로 정립되지 않은 측면도 있다.

다시 말해, 협단체가 구심점이 되어 연중 비즈니스 창출 지원을 할 때만이 비즈니스이벤트 개최를 통한 지식 확산, 국제교류, 산업 육성 등이 지속가능하게 이루어질 수 있고, 정례적인 국제회의, 즉, 비즈니스이벤트가 발전할 수 있음을 분명하게 설득하기 어려웠던 한계가 있었다고 본다.

또한, 비즈니스이벤트는 포스트 코로나 시대에 중요성을 더한다고 볼 수 있다. 많은 전문가들의 코로나 사태로 인한 사회, 문화, 경제 등 모든 분야의 변화를 "뉴노멀"로 받아들이고 있다.

앞서 설명한 대로, MICE산업 또한 행사 규모 축소, 행사 건수 감소 등을 향후 수년간의 피할 수 없는 대세로 받아들이고, 새로운 가치 창출을 통해 MICE산업의 규모 축소를 극복하기 위한 노력을 기울이고 있다. MICE산업의 일정 부분 규모 축소가 피할 수 없는 대세라면, 행사 하나하나의 개최와 참가에 있어 가치와 성과 창출에 더욱더 집중하고, 이를 위한 주최자, 참가자 및 개최지 간의 긴밀한 협력을 이끌어내야만 한다. 비즈니스이벤트라는 용어 자체가 이러한 목적성을 내포하고 있기에 이해 관계자들 간의 보다 긴밀한 협력에 대한 필요성을 자연스럽게 인식시키고, 실질적인 협력 사업들의 개발에도 기여할 수 있을 것이다. 비즈니스이벤트로의 이해 관계자들의 인식 전환이야말로 포스트 코로나 시대에 반드시 필요한 요소라 하겠다.

제 **2** 부

비즈니스이벤트
현장

비즈니스이벤트의 최신 트렌드

제2부에서는 비즈니스이벤트의 세계적 트렌드와 국가별 육성 정책 및 국내외 성공 개최 사례들을 살펴보고자 한다. 제1부의 비즈니스이벤트의 개념과 필요성에 이어 실질적인 정책과 사례들을 통해 비즈니스이벤트에 대해 보다 구체적으로 이해할 수 있을 것이다.

비즈니스이벤트의 세계적 트렌드로 먼저 살펴볼 것은 '20년 11월, ICCA에서 발표한 가오슝 프로토콜[1]이다. 코로나 사태가 MICE산업에 큰 충격을 주던 시기에 발표되어 오프라인으로의 복귀에 가치를 집중하고 있는 현재 시각과는 일부 차이가 있을 수 있다. 그럼에도, 가오슝 프로토콜은 예전부터 축적되어 왔던 국제회의 산업의 여러 변화와 도전을 코로나 사태를 계기로 거시적, 미시적 관점에서 체계적으로 제시하고, 세부 전략까지도 심도 있게 짚었기에 시대를 막론하고 지금도 매우 가치 있는 고민들이다. 따라서, 여기서는 발표 당시의 가오슝 프로토콜을 충실하게 소개함과 동시에 포스트 코로나 시대인 현 시대에 이러한 전략들이 어떻게 반영되고 있는지 짚어보고자 한다.

ICCA 역사상 최초로 하이브리드 형태로 개최된 '20년도 ICCA 총회의 개최지는 대만의 가오슝이었다. 개최지의 입장에서는 참가자들의 가오슝 방문과 이들을 통한 소비효과 진작이 어려워짐으로써 역대 ICCA 총회 개최지 중 가장 불운하다는 생각을 지울 수 없었다. 하지만 다행히도 도시 명이 명기된 '가오슝 프로토콜'이 전 세계에 발

---

1 가오슝 프로토콜에는 "Strategic Recovery Framework for the Global Events Industry"라는 부제가 붙어 있다. 또한, 전체 내용에서 MICE, Convention, Meetings라는 용어 대신 'Business Events'라는 용어를 공식적으로 채택했으며, Meetings and Events Industry로 혼용하여 산업 전체를 표현하는 경우도 찾아볼 수 있다.

표되었으므로 향후 코로나 사태를 관통하면서 혁신을 주도한 도시로 지속적으로 회자될 수 있어 도시 브랜드 제고 차원에서는 또 다른 의미의 레거시 창출로 위안을 삼게 되었다.

가오슝 프로토콜은 주최자 및 컨벤션 전문가 그룹과의 수개월간의 협업으로 2020년 11월 가오슝 총회에서 공식 발표되었으며 비즈니스이벤트 산업 회복을 위한 전략보고서이자 선언서이다. 이 보고서에는 MICE산업 플레이어들의 의견이 체계적으로 반영되어 있다. 또한, 주최자들의 검증을 통해 현장감 있고, 실질적인 세계적 변화 트렌드와 대응 전략들을 제시했다.

이 중 세계의 경제, 사회, 문화 등에 영향을 미치는 거시적인 추세 30가지와 비즈니스이벤트 산업 및 보다 직접적인 관계가 있는 43개의 미시적 트렌드를 의역하여 소개하겠다. 그리고 4대 분야별로 실용적인 세부 대응 전략들까지 함께 살펴보겠다.

우선, 가오슝 프로토콜에서는 주최자들에게 향후 비즈니스이벤트의 성공을 가늠하는 핵심 성과 지표(Key Performance Indicators)에 대한 질문을 던졌는데, 조사 당시 전 세계의 주최자 중 70%는 성공적인 행사 개최를 가늠하는 성과 지표가 향후에는 바뀔 것으로 전망하였다. 주최자들에게 가장 중요한 핵심 성과 지표 3가지를 꼽도록 했을 때, 아래와 같이 답변하였다.

74% 참가자 만족도(Attendee Satisfaction)

66% 참가자 참여도(Attendee Engagement)

61% 행사 참가자 수(Events Attendance)

54% 행사 목표 달성률(Business/Events Objectives Realized)

50% 이해관계자의 참여도(Stakeholder Engagement)

28% 위기 완화(Risk Mitigation)

25% 지역 사회의 레거시(Legacy Impact in Local Community)

23% 개최 도시와 파트너들의 지원(Destination/Partner Support)

14% 순 추천 고객지수[2] (Net Promoter Score, NPS)

무엇보다 참가자들 만족도와 참여도가 행사의 참가자 수보다 더욱 중요한 요소로 꼽은 것이 주목할 만하다. 참가자들의 참가 경험 가치를 높여 만족도를 높이고, 변화된 온·오프라인 참가 방식에 부합하여 참여도를 높이는 것이 행사 성공에 가장 중요한 요소가 되었고, 이러한 과정에 따른 결과인 참가자 수나 규모는 그 뒤를 잇고 있다. 또한, 행사의 목표 실현과 이해관계자의 참여도가 그 뒤를 잇는 것은 참가자 및 개최지 등 이해 관계자들의 긴밀한 협업으로 공동 목표 수립과 성과 창출의 중요성을 얘기하는 것으로 해석된다.

이외에도 행사 개최 시의 각종 위기관리를 통한 위기 완화는 코로나 사태가 진행 중이었던 당시의 위기감이 반영되어 있다. 또한, 주최자들은 변화된 회의 방식에 맞는 개최지의 레거시 창출 효과에도 관심을 가져야 함을 인식하기 시작한 것으로 보인다. 개최지와 파트너들의 후원이나 지원 또한 그 방식은 바뀔 수 있으나 시대와는 상관없이 여전히 중요한 것으로 파악된다. 앞서 제1부 2절 '왜 주최하는가'에 대한 질문에 주최자의 입장에서 회원들의 만족도 제고와 수익 창출을 위해 개최지와 스폰서십의 중요성을 이미 짚어보았다. 참가자들의 재방문 혹은 행사 참가 권유 추천 지수인 순 추천 고객지수도 여전히 성과지표에 포함되었다.

이러한 주최자들의 답변을 바탕으로 가오슝 프로토콜에서는 4대 체계(frameworks)로 세계적 트렌드를 정리했다. 4대 체계를 본격적으로 살펴보기 전에 먼저 주최자와 비즈니스이벤트 플레이어들이 꼽은 30가지의 거시적(Macro) 추세[3]들을 살펴보자. 이들은 국제회의 산업에 간접적인 영향을 미치는 전 세계의 경제, 사회, 문화 등 거시적 측면에서의 변화 추세들이다.

---

2 제품이나 참가 경험 등에 대한 고객 만족도나 충성도를 측정하는 지표임
3 번역에 있어 이해를 돕기 위해 의역하였다.

1. 디지털 경제의 가속화

2. 백신 보급 및 유통 관련 지속적 도전

3. 글로벌 불경기 지속

4. 원거리 근무자와 재택근무자의 급속한 증대

5. 개별적 미팅 기술 활용 증가(예를 들어, 줌 미팅)

6. 다양성, 공정성 및 참여도에 대한 인식 증대

7. 물리적 거리두기의 지속적 채택

8. 기후변화로 인한 폐해에 대한 인식 증대

9. 전자상거래(E-Commerce) 가속화

10. 건강과 안전에 대한 지속적 관심

11. 정신적, 육체적 건강에 대한 관심 증대

12. 사적, 업무적 일상에서의 AI 영향력 증대

13. 산업 간의 융·복합 추세 증대

14. 글로벌 공급 체인의 급격한 붕괴

15. 아시아 태평양 지역의 성장 가속화

16. 중소기업 폐업 급증

17. ESG 관련 투자 증대

18. 직원의 숙련도 향상 노력 증대

19. 도심 집중 시설의 와해(예를 들어, 사무실, 호텔, 레스토랑)

20. 이업종 간 융합 증대

21. 글로벌 기구 및 리더십에 대한 신뢰도 약화

22. 클린테크에 대한 정부 투자 증대

23. 스마트 시티, 자율 자동차 등의 장점에 대한 인식 증대

24. 주주(shareholder) 경제에서 이해관계자(stakeholder) 경제로의 전환

25. 국가 우선주의의 전 세계적 강화

26. 민·관 협력 증대

27. 순환/재생 경제주의 채택 증가

28. 글로벌화의 퇴보

29. 지방 정부 차원의 리더십 증대

30. 브랜드 차별화에 대한 인식 증대

다음은 43가지의 미시적(Micro) 트렌드를 짚어보겠다. 비즈니스이벤트 산업과 직접적인 관련성을 가지고 영향을 미치는 세부적인 추세들이다.

1. 하이브리드 행사 증대

2. 유연한 계약 용어 활용 필요

3. 행사 비즈니스 모델 변화

4. 대규모 행사의 정상 복귀 지연

5. 혁신적인 생각의 필요성에 대한 공감대 증대

6. 디지털 전환 관련 사업 기회 증대

7. 위기 완화에 대한 필요성 증대

8. 디지털 행사 시 후원 스폰서들의 가치 변화

9. 여행 금지 조치 완화

10. 기업의 출장 횟수 지속 감소

11. 컨벤션 평균 참가 규모 축소

12. 대면 참가자 수 회복의 어려움

13. 행사 개최 비용 증대

14. 행사 디자인과 참가 가치의 중요성 증대

15. 행사 기획가 역할의 다양화

16. 행사 통제·관리 환경 중요

17. 호텔 폐업 증가

18. DMO/CVB의 예산 확보의 어려움

19. 소규모 행사(마이크로 이벤트)의 증가

20. 대면 행사는 많은 커뮤니케이션 채널 중 하나일 뿐이라는 인식 증대

21. 항공 수요의 중장기적 감소와 이에 따른 피해

22. 고객의 수요 반영이 행사의 최우선 과제

23. 회의 산업 이해관계자의 결집에 대한 필요성

24. 학·협회의 통합 및 해산의 증가

25. 참가자들의 실시간, 1:1 참가 방식 증대

26. 맞춤형 타깃 미디어 전략과 성과 지표에 대한 수요 증대

27. 대형 행사의 중소규모 도시 개최 사례 감소

28. 측정 가능한 결과 도출로 행사 가치 제고 필요

29. 개최지의 신뢰도에 대한 중요성 증대

30. 행사 전략과 경제 발전의 연계 강화

31. 측정 가능한 데이터 수집 증대

32. 행사 개최 장소(venues)의 폐업 증가

33. 단기 임차 예약 증대

34. 국제회의 유치 보조금 확보 경쟁 과열

35. 서비스 업체 활용도 저하

36. 전 행사 분야에 젊은 리더십 증가

37. 차등화된 회원 등급과 유료 등록 모델 증가

38. DMO/CVB, 경제기구 및 상공회의소 등의 긴밀한 협력 중요성 증대

39. '22년도의 행사 개최 장소 수요 증가

40. DMC들의 폐업 장기화

41. 행사를 통한 중장기적 레거시 파급 효과에 대한 관심 저하

42. 대규모 야외 장소 증가

43. 직원과 서비스 업체들의 지속적 부족

언급된 43개의 미시적 변화들을 일일이 설명할 수는 없겠지만, 아래의 4대 체계를 보면 전체적인 트렌드를 정리해 볼 수 있을 것이다.

| 표 2-1 | **가오슝 프로토콜, 전략적 회복을 위한 4대 체계(Frameworks)**

구분	내용
1. 참여도 및 참가 가치 증대 (Enhanced Engagement & Value)	– 비즈니스이벤트 산업의 정북(正北) 방향은 최종 소비자인 참가자들의 변화된 수요에 부합하도록 참여도를 증대하고, 연중 이에 부합하는 참가 가치를 전달하는 것임
2. 디지털 재편 및 하이브리드 이벤트 (Digital Restructure & Hybrid Events)	– 디지털, 옴니채널 문화를 전 세계의 기구들에 전파 – 이러한 디지털 가치 사슬이 네트워크를 강화하고, 청중에 대한 도달률을 높이고, 보다 나은 비즈니스 정보를 제공토록 함
3. 위기관리의 공유 (Shared Risk Management)	– 위기관리가 모든 산업 분야의 플레이어들과 이해 관계자들에게 공유되도록 새로운 내용의 계약서와 보험 제품들이 개발되어야 함
4. 혁신적 비즈니스 모델 (Innovative Business Models)	– 비즈니스이벤트 시장을 다양화하고, 새로운 수익 창출의 흐름을 공정하고 지속가능하게 발전시키기 위해서는 새로운 플랫폼 비즈니스 모델과 확장된 파트너십이 필요함

자료: 가오슝 프로토콜, ICCA, 2020.11

4대 체계에 대한 세부적이고, 실용적인 대응 전략들도 제시하고 있는데, 이를 각 트렌드별로 살펴보자.

1 참여도 및 참가 가치 증대(Enhanced Engagement and Value)

ICCA는 회의 산업이 과거 기록적인 성장을 거듭해 왔지만, 지난 십여 년간은 산업 자체의 존재 목적에 대해 방향을 잃은 듯하다고 얘기한다. 즉, 뚜렷한 목적성을 가지고 성과 창출을 위해 노력하는 것이 아니라 주최자, 개최지 등 공급자에 초점을 맞춘 생태계로 나왔고, 수요자인 참가자들이 배우고 습득하고자 하는 지식 공유와 세대 간 변화에 대한 대처에는 매우 소홀했다는 것이다. 이를 극복하기 위한 세부전략들을 다음과 같이 제시한다.

세부 전략

① 회원, 참가자 및 이해관계자들의 수요에 대한 우선순위 파악

② 수요에 대한 데이터 취합 방식 개발

③ 옴니채널 문화 배양(F2F 행사는 그중 하나의 채널일 뿐)

④ 분야별, 지역별 네트워크 확장

⑤ 365일 연중 참여 전략 정의

⑥ 현장 및 디지털 참가별 세부 성과 정의

⑦ 정형화된 성공 지표 정의

⑧ 맞춤형 온·오프라인 콘텐츠와 참가 경험 가치 증대

⑨ 지방 정부, 지역 사회의 우선순위에 부합하는 행사 전략 마련

⑩ 참가자들의 다양한 참여도 제고 정책 개발

⑪ 장기적 관계 유지를 위한 젊은 리더들과의 네트워크 강화

⑫ 현장 혹은 디지털 참가를 위한 세대별 선호도 정의

참여도 및 참가 가치를 증대하기 위해서는 회원들과 참가자들의 다양한 수요들을 파악하고, 이 중에서도 우선순위를 정하는 것이 출발점일 것이다. 수요 파악은 과학적 데이터 취합 과정이 필요하다. 이를 통해 참가자들의 수요를 보다 종합적으로 이해하는 것이 중요하다. 미팅 테크놀로지는 그러한 수요와 관련된 데이터를 파악하는 과정에서 활용할 수도 있고, 대면 행사이든 버추얼 행사이든 개최 형태에 맞추어 제공하기 위한 수단으로 존재하는 것이다.

또한, Face-to-Face, 즉, 대면 이벤트는 중요하지만 여러 회의 개최 방식 중 하나의 채널일 뿐이다. 향후의 회의는 온라인이나 오프라인 등 옴니채널(Omnichannel)을 활용한 다양한 형태로 사람들이 모여서 집단 지성과 경험을 만들어 가는 모든 형태를 일컫는 것으로 인식을 바꿔야 한다. 이러한 다양한 형태의 회의를 통해 관련 분야별, 지

역별 네트워크의 확장이 이루어져야 한다. 그것도 365일 연중 상호 보완적으로 참가자들에게 확산되고 비즈니스 기회를 창출하도록 구현해야 하는 것이다.

마지막으로 ICCA는 젊은 세대들에 대해 신경을 써야하는 세 가지 분야로 다양성, 지속가능성, 그리고 커뮤니티를 꼽고 있다. 나아가 회의 개최 시에 세대 간의 차이를 반영하거나 변화에 대한 대응 노력이 부족하다고 지적한다. 회의 기술은 이러한 젊은 세대들과 세대 간의 특성들에 맞춤형으로 정보를 전달하기 위한 매개체이자 상호 간의 대화에 참여하기 위한 중요한 수단이다.

이와 같이 참여도 및 참가가치 증대를 위해서 중요한 전략은 청중들의 우선순위, 개최 도시 정부의 우선순위, 경제적 우선순위, 커뮤니티 우선순위 등을 잘 조율하고 정렬하는 것이다.

2 디지털 재편 및 하이브리드 이벤트(Digital Restructure & Hybrid Events)

대면 행사들이 버추얼 행사들보다 지식 전달과 네트워크 경험 축적을 위해 더 높은 효과가 있음은 이미 알고 있다. 하지만 ICCA는 회의 기술이 진화함에 따라 바이어들과 셀러들, 지식의 전달자와 수용자, 네트워크 공급자와 수요자들이 코로나 사태가 극복된 이후에도 온라인으로 상당 기간 동안 옮겨갈 것으로 전망했다. 글로벌 비즈니스이벤트 산업의 미래는 옴니채널이다. 대면 행사들과 버추얼 세션들이 여전히 잘 융화되지 않는 경우들도 많긴 하지만 현재 우리는 이미 일상생활에 있어 물리적 혹은 디지털 세상들을 쉼 없이 오가고 있다.

세부 전략

① 글로벌 참가자, 파트너에게 도달 가능한 디지털 플랫폼 개발
② 글로벌 지식 공유 허브로서의 물리적 장소와 공간의 재구상

③ 디지털 비전 채택을 위한 내부 문화 조성

④ 디지털 기술 관련 인프라 조성과 운영의 표준화

⑤ 자체 디지털 스튜디오 조성과 디지털 팀 구축

⑥ 디지털 역량 강화를 위한 인력 교육 및 고용 정책 정립

⑦ 하이브리드 경험 가속화와 실현을 위한 e-스포츠/게임화 전략

⑧ 현장 및 버추얼 참가자 간의 상호작용 증대 전략 수립

⑨ 온라인으로 구현할 수 없는 대면 행사만의 차별화 가치 정립

⑩ 하이브리드 행사 성공 사례 개발

⑪ 행사 기술 공급자들의 통합적 생태계 구축

해외 출장을 통한 현장 참가까지의 과정에는 여러 저해 요소들이 많아 포기하는 경우가 많을 수밖에 없다. 이들을 간편한 온라인 참가자로 전환할 수 있는 디지털 플랫폼을 구축하여 효율적으로 참가하도록 하고, 오프라인 참가자들과 상호 작용할 수 있도록 행사를 기획한다면 시공간을 초월한 회의 참가자 확대, 지식 확산 및 등록비 수입 증대에도 기여할 수 있다.

다만 포스트 코로나 시대로 본격 진입한 현재, 대면 행사로의 회귀에 대한 열망은 주최자, 개최지 및 참가자 모두에게 공통적으로 강렬한 듯하다. 기구축된 온라인 스튜디오, 디지털 플랫폼 등의 활용도가 예상보다 대폭 감소하고 있고, 이에 따른 디지털 관련 인력의 수요도 줄고 있는 것이 사실이다. 그럼에도 그동안 구축된 첨단 회의 기술 관련 인프라와 노하우를 어떻게 오프라인 행사와 접목함으로써 다양한 참가자와 참가 기업의 수요에 부합하고, 그들의 경험 가치를 높이고, 나아가 감소된 현장 참가자를 증대할 수 있도록 연중 홍보에 활용할 수 있는가는 매우 중요한 과제이다.

3 위기관리의 공유(Shared Risk Management)

코로나 시대를 겪으면서 우리는 불확실성의 시대가 언젠가 다시 닥칠 수 있으며, 행사 관련 위기를 최소화하기 위해 평상시에도 노력할 필요가 있다는 교훈을 얻었다. ICCA에서는 행사 보험의 경우, 관련 보험사들과 함께 전 비즈니스이벤트 산업 영역에 걸쳐 협업을 통해 개발해야 하는 중요한 사항으로 간주하고 있다. 세 번째 중요 트렌드로 위기관리와 이에 대한 공유를 꼽은 것을 보면, 코로나 사태로 인한 MICE산업의 변화된 방식과 당시의 위기감을 반증하는 것이기도 하다.

세부 전략

① 위기관리 공유 등 더욱더 긴밀한 협업
② 새로운 상황들(감원, 최저 임금 등)을 반영하는 계약 용어 재정립
③ 바이어, 공급자, 서비스 업체 등 플레이어들과의 위기관리 공유
④ 외부 위기 요소들을 감안한 유연한 계약 체결
⑤ 비즈니스이벤트 레거시 분야의 연구 및 발전 도모
⑥ 급여 조건의 재정립
⑦ 공공 분야 지원과 협업 방법 모색
⑧ 현장에서의 위기관리 계획 보완
⑨ 건강, 안전 및 보안 등 통합적 프로토콜의 개발
⑩ 제공 가치에 부합하는 합리적인 참가비 책정

ICCA는 여러 위기 상황들은 비즈니스이벤트와 관련된 모든 이해관계자들과 적절하게 공유되어야만 하며, 이러한 위험 요소들을 극복하기 위한 창의적인 방법을 협업하여 찾아낼 필요가 있다고 제안했다. 모든 이해관계자들의 수요에 부합하는 합리적이고 현실적인 해결책을 찾아내기 위해서는 투명하고 유연한 협상이 필요할 것이다. 행사들이 다시 재개되고, 여러 방식으로 진화함에 따라 각종 계약 내용들도 변화

된 현실과 기대, 그리고 약속 사항들을 반영할 필요가 있다. 관련 단체의 임원진들과 리더들은 위기 완화를 이전과는 다르게 최우선 순위로 삼아야 한다. 개최지들과 개최 장소 그리고 공급자들도 이를 이해하고 대처해야만 비즈니스이벤트 시장 회복에 유리할 것이다.

4 혁신적 비즈니스 모델(Innovative Business Model)

코로나19 사태는 비즈니스이벤트 산업의 취약점을 드러냈다. 전통적인 협단체 모델로 디지털 문화에 익숙해진 회원들에게 지속적인 성과를 제공할 수 있을 것인가? 개최지와 개최 장소들이 보다 디지털화되고, 지속가능성에 집중하는 비즈니스이벤트 산업에서 생존할 수 있을 것인가?

실제로 기존 MICE업계의 비즈니스 모델은 뚜렷한 변화를 겪어 왔다. 업종 간 협업, 기존 인력의 감원 및 이탈, 필수 디지털 기술 부문의 창업 등이 그러한 예이다. 지금은 비즈니스이벤트 업계의 간담회에 ICT 분야의 새로운 인물들이 대거 참가하고 있다. 협단체들도 이러한 변화에 동참하고 있다. 회원들에 대한 연중 서비스 제공 방식 개발, 컨퍼런스나 총회 등 1년에 1회에 집중되었던 회원 서비스들을 연중 강화하는 방식을 개발하고 있다. 이로 인한 회비나 행사 참가비 등에 대한 가격 정책도 변화된 가치에 맞게끔 재편되고 있다.

세부 전략

① 다양한 참가 방식 활용과 참가비 책정 등 비즈니스 모델의 전환

② 네트워크 확대를 위한 디지털 장점 활용

③ 국내회의, 서비스 제공 미흡 분야 등으로의 시장 확대

④ 콘텐츠와 제품의 전자상거래 활용도 개선

⑤ 개최지와 개최 장소의 네트워크 확대 능력 프로모션

⑥ 스포츠, 사교 행사 등 새로운 시장 세분화를 통한 개최장소 재정의

⑦ 호텔, 항공 등 행사를 통한 부가 가치 제고 모델 보완

⑧ 레거시 결과물 창출을 위한 공공 분야와의 협업 강화

⑨ 본 행사 및 부대 행사 개최 예산의 재정립

⑩ 단순 서비스 제공자로부터 전략적 컨설턴트로의 진화

⑪ 스폰서와 참가 기업과의 관계에 대한 재정의

⑫ 지속가능성 관련 기구들과의 협업 확대

개별 협단체와 행사 이해관계자들은 이전보다 다양하고 세분화된 파트너들과 참가자들에게 콘텐츠와 교육 정보를 맞춤형으로 전달할 수 있어야 한다. 이것은 차별화된 참가비 책정 및 유료 참가 유도, 유연한 가격 인센티브 정책, 개별화된 맞춤형 프로그래밍 등을 통해 가능하다. 시장을 다각화하고, 보완적인 수입 창출 구조를 창출하여 연중 수입을 증대해야만 한다. 호텔, 항공사, 카드사, e-스포츠, 그리고 더 많은 연관 산업들과의 파트너십을 활용해 이미 확보된 고객들에게 추가적인 제품과 서비스를 판매하려는 창의적인 노력들이 더욱 중요해졌다. 개별 소비자의 선호도를 깊이 이해하고 이에 근거하여 맞춤형의 통합 상품 제안이 가능하도록 해야 한다.

직접 소비효과 혹은 관광 혜택을 넘어 지역의 중·장기적인 레거시 혜택이 증명될수록 공공 분야의 지원이 확대될 수 있을 것이다. 지역 사회와 경제의 발전 및 비즈니스이벤트 개최가 맥락을 같이하는 것이 공공 분야와 지역사회의 지원을 받기 위한 핵심 요소가 되고 있다.

지금까지 ICCA가 발간한 가오슝 프로토콜의 내용을 전체적으로 짚어보았다. 또 하나의 중요한 성명서를 살펴보고자 한다. JMIC(Joint Meeting Industry Council)는 2020년 7월에 'JMIC Global Manifesto'를 발간하였는데, 이 성명서의 부제는 "포스트 팬데믹 시대에 경제 회복과 재생을 위한 촉매제로서의 비즈니스이벤트의 활용을 위한 산업 논리(An Industry Rationale for the Use of Business Events as Primary Agents for Post-Pandemic Economic Recovery and Renewal)"이다. 전 세계의 정부들이 코로나19 사태로 피해를 입은 경제를 새롭게 회복시키기 위해서 가장 효과적인 수단과 방법으로 비즈니스 이벤트를 추천하고 꼽는다.

회의 산업의 주요한 가치는 직업, 산업, 학술 및 사회 발전 분야에 있어 핵심적인 교류를 촉진하고 지원하는 것이다. 경제적인 발전뿐만 아니라 사회 전반의 발전에 핵심적인 촉매제인 것이다. 이 성명서는 회복, 전환 및 재생을 위한 전략적 수단으로 비즈니스이벤트 산업을 제안한다. 특히, 지역이나 도시들의 정부가 처한 상황에 맞추어 비즈니스이벤트를 경제 촉진의 동력으로 활용하기를 바라고 있다.

이 성명서에는 왜 비즈니스이벤트가 경제 회복과 재생에 전략적인 수단이 될 수 있는지 비즈니스이벤트의 15가지 장점을 정리하여 제시한다.

① 혁신과 재구성(Innovation & Reinvention)

② 복합적 영향력(Multi-Sector Impacts)

③ 관계 구축 및 신뢰도 형성(Relationships & Trust)

④ 다양화 및 자급자족(Diversification & Self-sufficiency)

⑤ 전환과 재생(Transition and Renewal)

⑥ 인재 육성 및 투자(Talent & Investment)

⑦ 지속가능한 발전 방안(Path to Sustainable Development)

⑧ 통제된 환경(Controlled Environment)

⑨ 지역 사회의 레거시(Community Legacy)

⑩ 기투자된 인프라의 활용(Uses Existing Investment)

⑪ 디지털화 선도(Digitization)

⑫ 공공 정책의 실험실(Laboratories for Public Policy)

⑬ 방문자 경제 강화(Support for the Visitor Economy)

⑭ 이미지 및 명성 제고(Image and Reputation)

⑮ 측정 가능한 ROI(Measurable ROI)

이러한 비즈니스이벤트의 15가지 장점들을 보다 세부적으로 살펴보도록 하자.

① 혁신과 재구성(Innovation & Reinvention)

비즈니스이벤트는 사회의 상거래, 혁신, 재구성, 지식 전달, 그리고 전환을 이끌고 유도한다. 이 모든 것이 사회와 경제 회복의 필수 요소이다. 비즈니스이벤트의 궁극적인 목적은 커뮤니케이션, 정보 공유 및 통합적 참여를 통해 전 사회 분야의 발전을 가속화하는 것이다. 비즈니스이벤트는 사회의 혁신과 재구성을 가능하게 하고, 경제와 전문 분야의 진보를 위한 동력이다. 특히, 포스트 팬데믹 시대의 "새로운" 경제 환경과 이러한 변화된 환경으로 인한 수요와 기대에 부합하기 위해 특히나 중요하다.

② 복합적 영향력(Multi-Sector Impacts)

비즈니스이벤트는 광범위한 여러 분야의 진보를 동시에 이끌 수 있다. 비즈니스이벤트는 경제, 학술 및 비즈니스 분야 등 폭넓은 복합적 분야의 회복과 진보를 지원하는 효과적인 수단이다. 비즈니스이벤트는 개별적인 특정 분야에 한정된 대응이라기보다는 광범위한 여러 분야의 실행, 재생 및 참여를 유도할 수 있다. 특정 전문 분야에서 스스로 해결할 수 있는 문제에 국한되지 않고, 타 분야의 참여와 실행을 유도할 수 있다.

③ 관계 구축 및 신뢰도 형성(Relationships & Trust)

비즈니스이벤트는 관계를 재구축하고, 신뢰도를 형성한다. 비즈니스이벤트는 집단 역학 및 사고라는 공동의 힘을 효과적으로 활용할 수 있도록 한다. 이를 통해 수준 높은 통합을 이루어낼 수 있다. 이는 팬데믹 기간 동안 미루어 두었거나 추진되지 않았던 정책들로 인한 "단절"을 회복하는 데 직접적인 영향을 미친다. 비즈니스이벤트는 국경 폐쇄, 교통 단절, 고립 정책 등과 같은 글로벌 긴장 상태에 직면했을 때 특히나 중요하고 건설적인 네트워크를 창조하고 유지하기 위한 것이다.

④ 다양화 및 자급자족(Diversification & Self-sufficiency)

비즈니스이벤트는 경제적으로 다양한 대처를 할 수 있도록 하고, 자급자족적인 경제를 앞당긴다. 코로나19의 경험은 공급 생태계를 와해시켰고, 경제적 자급자족 능력의 중요성을 일깨웠다. 많은 지역 사회들은 보다 자금 능력이 있고, 다양한 지역 경제 체계를 갖추어야만 성장 동력과 회복력을 가지게 됨을 인식하게 되었다. 비즈니스이벤트는 국가 혹은 지역 경제의 다양성을 불러올 수 있는 새로운 경제 네트워크 구축, 투자 유치 그리고 비전통적인 비즈니스 활동들을 용이하게 하여 다양한 종류의 교류들을 지원함으로써 이러한 회복 과정들을 가속화할 수 있다. 특정 분야에 국한된 전문 분야들에 대해 통합적인 접근을 통해 새로운 관심을 불러일으킬 수 있도록 하고, 이를 위한 신규 행사들의 개발까지도 가능토록 한다.

⑤ 전환과 재생(Transition and Renewal)

비즈니스이벤트는 "신" 경제 시대의 사회 변화와 전환을 주도하기 위한 핵심 기반이다. 팬데믹으로 야기된 불황에 대처하여 여러 사회적, 경제적 조건들을 변화 및 발전시킨다는 것은 새로운 경제 체계가 기존의 오래된 경제 모델들을 대체함으로써 또 다른 경제 체계로 변신할 것임을 의미한다. 비즈니스이벤트는 사회 경제의 전환과 재생의 필수적인 매개체가 될 것이다. 이를 통해 경제 활동이 보다 확실하게 진보적인 형태가 되도록 하고, 보다 안정적이고, 따라서, 회복 탄력성이 있는 경제 체계가 되도록 보장할 것이다. 이는 전 세계 모든 정부들의 목표이기도 하다.

⑥ 인재 육성 및 투자(Talent & Investment)

비즈니스이벤트는 경제적 다양성을 갖추게 하고, 우선순위가 높은 정부 정책에 집중하도록 하여 관련 인재와 투자의 유치를 끌어들인다. 비즈니스이벤트, 특히, 국제 행사는 뛰어난 인재들과 투자 유치를 위한 자원들을 유도하는 자석과도 같은 역할을 한다. 이들은 핵심적인 사회 발전 동력이며, 특정 전문 분야를 집중 선도하여 발전시킨다. 결과적으로, 비즈니스이벤트는 최우선순위 분야의 경제와 사회 발전에 선택적으로 집중할 수 있으므로 지역이나 개최 도시가 활용할 수 있는 중요한 전략적 수단이 될 수 있다. 정부는 주요 특정 분야의 발전을 위해 정책상의 우선순위가 있기 마련인데, 이러한 특정 분야의 경제, 사회 및 교육 발전을 유도하고자 한다면, 관련 분야의 비즈니스이벤트 유치 혹은 개발에 집중하면 될 것이다.

⑦ 지속가능한 발전 방안(Path to Sustainable Development)

비즈니스이벤트는 재개된 경제를 지속가능한 방향으로 이끈다. 환경, 교육, 사회적 공정성과 같은 다양하고도 새로운 아젠다들로 인해 대부분의 정부들은 집중과 선택을 통해 지속가능성에 매진하는 것을 우선순위로 둘 것이다. 물론, 이 또한 비즈니스이벤트를 통한 구체적인 상호 작용들이 있어야만 성공할 수 있다. 지속가능성의 핵심 요소들은 UN 지속가능 발전 목표(UNSDGs)에 잘 나타나 있다. 애초에도 이 목표들은 관련된 비즈니스이벤트 산업 내의 여러 연구들과 교류를 통해 검토되어 왔으며, 회의, 컨벤션 및 전시회가 실질적으로 UNSDGs를 가장 광범위하고도 집중적으로 다루고 있다.

⑧ 통제된 환경(Controlled Environment)

비즈니스이벤트는 철저한 보건 및 안전 수칙에 따르고, 경우에 따라 자세한 위치 추적 정보 제공까지도 가능하기에 매우 통제된 환경에서 개최된다고 볼 수 있다. 다른 형태의 공공 집회들과는 다르게 비즈니스이벤트 개최와 개최 시설 자체의 성격상 매우 체계적인 운영 구조를 따르기 때문에 훨씬 더 안전한 모임 형태로 봐야 한다. 대부분의 경우에, 참가자들은 사전에 등록이 되어 있고, 주최자들은 참가자들과 여러 커뮤니케이션 수단을 통해 사전, 행사 중, 사후에 소통하는 구조이다. 나아가 개최 시설들의 정책도 다른 일반적인 공공 집회나 콘서트 또는 스포츠 행사들과는 다르게 매우 엄격한 기준을 정하고, 보건 및 안전 수칙을 준수한다[4].

---

4 현재는 거의 모든 사회적 거리두기 규정과 제한이 없어졌지만, '20년 발표 당시 참가 환경이 통제되지 않는 여러 이벤트들과 구분하여 안전한 행사 개최가 비즈니스이벤트의 장점임을 제안했다.

⑨ 지역 사회의 레거시(Community Legacy)

비즈니스이벤트는 가치 있고, 지역과 직접적으로 연관된 레거시들을 지역 사회에 유산으로 남긴다. 주요 비즈니스 및 전문 분야의 이벤트들은 개최지의 명성 제고, 지식과 기술의 전파, 새로운 네트워크와 이미지 증대 등 비즈니스이벤트 개최지에 주요 레거시들을 창출한다. 개최지는 주최자들과의 사전 협업 및 상호 목표 수립을 통해 지역 사회의 우선순위 분야들에 부합하는 레거시를 기획하고 만들어낼 수 있다.

⑩ 기투자된 인프라의 활용(Uses Existing Investment)

비즈니스이벤트는 자체적으로 자금 조달 체계를 갖추고 있다. 비즈니스이벤트의 속성상 총 예산의 상당 부분이 '소비자 지불(user—pay)' 체계이다. 이에 비즈니스이벤트는 다른 산업 분야들에 비해 대규모 후원을 필요로 하지 않으면서도 원하는 결과를 창출할 수 있다. 또한, 비즈니스이벤트는 이미 정부가 투자한 기존의 회의 시설, 교통 시스템과 인프라 등을 활용하기 때문에 대규모 시설 투자 없이도 비즈니스 성과를 조속히 창출할 수 있다.

⑪ 디지털화 선도(Digitization)

비즈니스이벤트는 중요성이 증대되고 있는 디지털화로의 변화에 이미 대응하고 있으며, 버추얼 혹은 대면으로 각종 콘텐츠와 결과물들을 전달할 수 있다. 세계가 팬데믹으로 인한 단절을 극복하기 위해 분투하고 있던 상황 속에서도 하나의 장점이 부각되었다. 그것은 대부분의 비즈니스이벤트들이 글로벌 홍보에 더 유리한 "버추얼" 시스템을 활용하여 동반 개최되고 있다는 것이며, 이러한 디지털 시스템은 점점 더 기술적으로 진화하고 있다는 것이다. 이는 비즈니스이벤트의 잠재적인 혜택이 전 세계의 청중들에게까지 확대될 수 있으며, 지역 사회에 보다 큰 이미지 제고와 혜택을 가져올 수 있다는 것을 의미한다.

⑫ 공공 정책의 실험실(Laboratories for Public Policy)

비즈니스이벤트는 경제 회복 전략과 비즈니스 개발 전략 관련 정부 정책들을 실험할 수 있는 "실험실"로 활용될 수 있다. 우리는 경제 회복 과정에서 또다시 봉쇄로의 회귀, 이에 따른 새로운 경제 회복 전략 시행 등과 같은 중대한 도전에 직면할 수 있다. 이러한 측면에서, 비즈니스이벤트는 정부 정책들이 본격적으로 시행되기 전에 안전하고, 잘 통제된 환경에서 새로운 접근 방식들을 테스트할 수 있는 중요한 수단이다.

⑬ 방문자 경제 강화(Support for the Visitor Economy)

비즈니스이벤트는 방문자 경제를 강화할 수 있다. 비즈니스 여행이 가능한 적절한 시기에 출장을 가기 위한 논리와 동기를 제공함으로써 여행을 억제하는 요소들을 극복하도록 도와주는 의무적인 동기를 제공할 수 있다. 이를 통해 여행 및 환대 산업 관련 수입 증대가 가장 필요한 시기에 개최지로의 여행을 최종 결정할 수 있도록 유도할 수 있다. 비즈니스이벤트는 새로운 개최지로의 출장을 원하는 많은 참가자들에게 2, 3차 순위의 목적지들이 두각을 나타낼 수 있는 기회를 제공할 수도 있다.

⑭ 이미지 및 명성 제고(Image and Reputation)

시그니처 비즈니스이벤트는 개최지가 관련 비즈니스의 중심지가 되도록 명성을 쌓거나 추락한 명성을 회복할 수 있도록 한다. 전 세계적으로 널리 알려진 비즈니스이벤트는 개최지의 명성을 전 세계에 가시적으로 보여줄 수 있다. 코로나19 경험으로부터 생겨난 변화된 세상에서는 이미 명성이 높은 개최지도 변화된 상황들 속에서 자신들의 리더십 지위를 공고히 할 필요가 있다. 반면에 상대적으로 유명하지 않은 개최지들에게도 새로운 매력적인 비즈니스이벤트 목적지로 명성을 높일 수 있는 기회가 되기도 한다. 만약에 이들이 포스트 코로나 시대에 수준 높은 비즈니스이벤트 개최 환경과 참가자들의 안전을 추가적인 혜택으로 제공할 수 있다면 말이다.

⑮ 측정 가능한 ROI(Measurable ROI)

비즈니스이벤트의 성과들은 측정 가능하며, 그러하기에 ROI까지도 확실하게 증명할 수 있다. 비즈니스이벤트의 가치 측정은 참가자의 소비 효과와 같은 관광 측면과 경제 및 전문 분야 발전의 결과까지 양 측면을 포함하는 것이다. 세밀한 경제파급효과 모델 등 신뢰성 있는 측정 방법들이 개발되어 있다. 비즈니스이벤트 파견단과 참가자들은 "우연한" 방문자들이 아니다. 그들의 여행 목적과 소비 행태는 정확히 측정 가능하며, 명확하게 보고될 수 있다.

마지막으로 JMIC는 위 15가지의 장점과 중요성을 다섯 가지로 함축하고 요약하면서 마무리한다. 첫째, 비즈니스이벤트는 통제된 모임으로 일반적인 공공 모임이라기보다 고도로 관리된 회의로서 통상적인 집회와는 다르다. 둘째, 비즈니스이벤트는 관광효과를 증대함으로써 환대 경제를 뒷받침하지만 고유의 특성상 관광 효과를 넘어 무역, 경제 발전, 사회적 정책과 투자 정책의 맥락에서 해석되어야 한다. 셋째, 비즈니스이벤트는 개최지의 정책적 우선순위와 보조를 맞출 수 있고, 우선순위 분야의 비즈니스이벤트를 집중 유치하고 개최함으로써 가능하다. 넷째, 등록비, 스폰서십 등 자체적인 펀딩 시스템이 갖추어져 있고, 기구축된 시설 인프라를 활용할 수 있어 개최 시에 부담이 덜하다. 다섯 번째, 비즈니스이벤트는 미래 '비전' 정립을 위한 핵심 창구이다.

지금까지 비즈니스이벤트 산업의 세계적 추세에 대해 글로벌 컨벤션 관련 국제기구인 ICCA와 JMIC가 발표한 두 가지 보고서를 중심으로 살펴보았다. 코로나 사태의 한 중심에서 발표되었던 정책들이라 불과 몇 년밖에 지나지 않았음에도 현재 상황과는 다소 부합되지 않는 면도 발견된다. 하지만 본질적인 비즈니스이벤트의 미래와 방향을 짚어보고, 변화된 국제회의 개최 방식과 트렌드에 부합하기 위한 유효한 전략을 제시하는 등 비즈니스이벤트 산업의 중요성을 본질적으로 고민하였기에 충실하게 짚어보는 것도 가치가 있다.

제2절에서는 국가별로 어떻게 비즈니스이벤트 산업을 육성하고 있으며, 또한, 비즈니스이벤트를 경제 부흥의 기회로 활용하고 있는지 살펴보겠다.

주요 육성정책 사례

세계적으로 비즈니스이벤트 육성 정책은 그 필요성을 먼저 인식한 MICE산업의 선진국과 선진도시들이 주도하고 있다. 비즈니스이벤트 산업을 선도해 온 대표적인 국가로는 호주를 선두로 미국, 캐나다, 영국, 독일, 남아공 등을 들 수 있고, 중동의 U.A.E, 아시아의 싱가포르, 태국, 일본 등을 꼽을 수 있다. 이들은 숙박, 식음, 쇼핑 등을 통한 직접적 파급효과(Direct Impact) 제고, 즉, 관광 산업 차원의 일차원적 접근 방식에 한계를 느끼고, 개최 도시와 국가에 대한 지식 공유, 관련 산업 발전, 잠재 투자자 발굴 등 비즈니스이벤트의 레거시 창출에 진정한 가치를 두었다. 즉 기존 MICE 산업에 대한 시각의 변화를 요구한다.

1 호주

이 중에서도 호주의 경우는 2005년의 "국가 비즈니스이벤트 스터디(National Business Events Study, NBES)"와 2008년 "호주 비즈니스이벤트 전략 2020"의 발간을 출발점으로 2010년 시드니의 "비즈니스이벤트 종합연구 : 관광 효과를 넘어" 등의 보고를 통해 일찍이 비즈니스이벤트의 중요성을 인식했다. 이 중에서도 시드니의 경우는, 2010년에 도시 마케팅 기구인 시드니컨벤션뷰로의 명칭을 비즈니스이벤트 시드니(Business Events Sydney, BE Sydney)로 변경할 정도로 선진적인 움직임을 주도해 왔다.

'호주 비즈니스이벤트 전략 2020'은 국가중장기관광전략 내에 비즈니스이벤트 육성 정책을 심도 있게 반영하고, 호주비즈니스이벤트위원회(BECA)가 구상한 관련 정책의 실현과 이를 위한 예산 확보를 목적으로 한 정책보고서이다. 여기에는 52개의 실행 전략과 제안 사항이 포함되어 있다.

| 표 2-2 | 호주 비즈니스이벤트 전략 2020 개요

구분	내용
발간일	2008년 10월
발행처	비즈니스이벤트산업전략그룹(Business Events Industry Strategy Group)
후원 (제출처)	호주 관광에너지자원부
참여기관	호주비즈니스이벤트위원회(BECA), 관광교통포럼(TTF), 호주호텔협회(AHA), 호주관광수출위원회(ATEC), 호주관광청(TA) BE실, 호주관광연구원(TRA) 등
목적	- BE 산업에서 호주의 반등 방안 마련[5] - 산업과 정부의 효율적인 협력을 위한 실행 프로그램 제안 - 이를 통한 호주의 경쟁력 있고, 지속가능한 BE 산업 육성
주요 내용	① 2020년까지의 호주의 BE 산업 비전 ② BE 산업의 경제 기여도 ③ BE 산업의 성과, 미래 잠재력과 경쟁 현황 ④ 시장 세분화 : 학·협회 컨벤션, 전시회, 인센티브, 기업회의, 정부회의 등 ⑤ BE 산업의 이해관계자 분류 ⑥ 수요자 측면의 주요 현안, 전략 및 제안 ⑦ 공급자 측면의 주요 현안, 전략 및 제안 ⑧ 미래 전망 및 타깃 시장 ⑨ 실행 전략 및 요약

이후 비즈니스이벤트시드니(BE Sydney)와 시드니기술대학(University of Technology Sydney, UTS)은 2007년에서 2010년에 개최된 주요 국제회의 5건을 조사하여 관광의 효과를 넘어선 혁신, 교육, 네트워킹, 무역 및 개최 국제회의의 주제 관련 분야의 연구 및 활용 등에 대한 파급효과를 결과물(outcomes)로 제시했다. 이후 2017년에는 '컨퍼런스의 중요성(The Power of Conferences)'이라는 책까지 편찬하여 10건의 국제회의를 대상

---

5 2007년 당시 호주는 ICCA 국제회의 개최 건수 순위에서 13위를 기록하여 최초로 10위권 밖으로 밀려났다. 시드니, 멜버른 등 호주의 주요 도시들은 UIA 통계보다는 ICCA 기준의 국제회의 유치에 집중한다.

으로 비즈니스이벤트의 레거시를 주최자들과의 인터뷰를 통해 담았다.

자료: The Power of Conferences(2017)

　　2020년 10월, BE Sydney의 루이스 스미스 국장은 대면 행사의 하이브리드화에 따른 비즈니스이벤트의 위상을 유지하기 위해서는 온라인 혹은 오프라인 등 행사의 개최 방식과는 상관없이 레거시 창출에 집중해야 함을 역설했다. 국제회의 유치 경쟁에 있어서도 기존에는 행사 개최에 용이한 환경과 인프라를 갖춘 도시가 경쟁 우위를 점했지만, 향후에는 도시가 유치하고자 하는 관련 산업 분야의 인프라를 반영한 다양한 콘텐츠와 전문가(인플루언서 등)를 통한 연중 도시 마케팅이 가능한 도시가 유리할 것으로 전망했다.

　　2020년 3월, BECA(호주비즈니스이벤트위원회)는 '호주의 비즈니스이벤트 가치(The Value of Business Events in Australia)'라는 보고서를 발표했다. 이 보고서에 의하면, 2019년 기준, 호주의 비즈니스이벤트 산업은 2014년 대비 30% 성장하였으며, 350.7억 호주 달러(약 31.6조 원)의 직접 파급효과를 거두었다. 호주 전역에서 개최된 48만여 건의 비즈니스이벤트에 약 44백만 명이 참가했다. 이를 통해 22만 9천 명의 고용 효과와 111억 호주 달러(약 10조 원)를 직접적인 비즈니스이벤트 종사자들의 급여로 지출했다고 분석했다.

2 미국

미국의 경우는 "Meetings Mean Business(MMB)"라는 70여 개의 회원기관 및 기업이 참가하는 전국적인 비즈니스이벤트 관련 산·학·관 협의체를 결성하여 회의 산업의 위상을 강화해 왔다. MMB는 지역 DMO들의 적극적인 참여를 유도하고, 비즈니스이벤트를 통해 지역 경제에 미치는 종합적인 파급효과의 중요성을 높이기 위해 "차세대 목적지(Destination Next)"라는 프로젝트를 단계별로 추진하고 있다.

MMB는 회의 산업은 지역 경제 발전 촉매제라는 본연의 가치를 지닐 뿐만 아니라, 개최 회의 관련 주제 분야 전문가들의 도시 방문을 촉진하고, 나아가 도시의 거주자 유형도 특정 분야로 유도함으로써 도시의 성격도 극적으로 변화시킬 수 있다고 주장한다. 한 지역에 어떤 특정 산업들이 운집할 수 있도록 하고, 장기적인 투자 기회의 성사 혹은 실패에까지 회의 산업은 지대한 영향을 끼칠 수 있다고 얘기한다.

다만 미국의 경우는 비즈니스이벤트라는 용어보다는 회의 산업(Meetings Industry)이나 컨벤션이라는 용어를 전시회, 인센티브 관광까지 포함하는 포괄적 용어로 활용하지만 '비즈니스' 성과 창출이라는 기본적인 맥락은 비즈니스이벤트의 레거시 개념과 동일하다. 2017년 MMB와 SKIFT사가 발간한 "도시 혁신과 경제 촉진자로서의 컨벤션의 정의(Defining Conventions as Urban Innovation and Economic Accelerators)"는 회의 산업을 통한 경제 발전 사례를 주요 도시별로 소개하고 있다.

수도인 워싱턴 D.C.는 첨단 기술(Tech) 분야의 국제회의를 집중적으로 유치하고 개최한다. 도시가 가진 강점 기술(Tech) 분야의 정부 정책 홍보, 투자 유치, 창업 활성화 등을 위해 분야별 관련 회의를 유치하고 개발하며, 이를 통해 미국 내에서 첨단 기술 분야 '포괄적 혁신' 도시로 자리매김하고자 한다. 주요 사업으로는 대학, 병원, 스타트업 기업 등 관련 경제기구들과 Destination D.C.(컨벤션뷰로)와의 공동 협력으로 'Tech Connect World Innovation Conference & EXPO'를 개최하며, 부대 행사로 나

노기술컨퍼런스(Nanotech Conference), SBIR/STTR[6] 혁신 컨퍼런스(SBIR/STTR Spring Innovation Conference)를 동시 개최한다. 본 대회와 부대 행사들을 통해 기술(Tech) 분야 관련 미팅과 중장기 투자 유치를 지속 추진한다. 행사의 성공적 개최를 위해 해외 스피커 확보, 참가자 모집, 후원 모집 등 전략적인 지원 정책을 마련해 두고 있다.

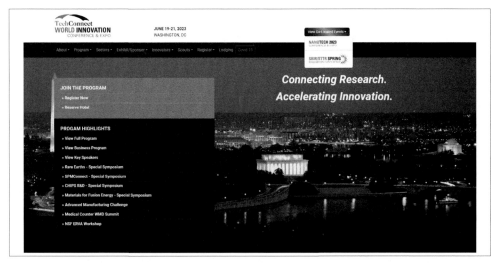

자료: www.techconnectworld.com

　　라스베이거스는 기술 혁신의 허브 도시로 새롭게 포지셔닝함으로써 도시의 브랜드 제고에 컨벤션 개최를 활용한다. 도시 중심지를 라스베이거스 혁신지구로 재단장하여 고부가가치 산업을 육성하기에 적합한 지역으로 탈바꿈하는 데 컨벤션이 선도적인 역할을 한다. 유명한 CES를 비롯하여 아마존, HP 등 첨단 기업들의 회의를 개최하고, 의료 분야의 국제회의 유치와 개최에도 노력을 기울이고 있다. 라스베이거스컨벤션청(LVCVA), 라스베이거스 글로벌경제연합(LVGEA), 지역의 대학교, 민간 개발 기업 등이 긴밀한 협력 체계를 갖추고 있다. 이러한 협력 체계를 통해 라스베이거스의 주력 산업인 교통 인프라, 스마트시티, 의료 분야 등 관련 분야의 전문가 및 기업들과 지역

6　The Small Business Innovation Research(SBIR) and Small Business Technology Transfer(STTR) 프로그램은 중소기업의 초창기 사업을 지원하고, 고위험의 부담을 가진 분야의 R&D를 지원하는 미국에서 가장 큰 규모의 프로그램이다.

파트너십을 구축하기 위한 전략 및 전술을 이행한다.

예를 들자면, 자율주행차, 드론 정책과 관련된 CES 참가 기업들을 분석하고, 선별하여 시정부와 MOU 등을 체결한 후 자율주행 셔틀 운영 등의 프로젝트를 개발하고 시행하는 것이다. 의료 및 웰니스 관광 산업 육성을 위해 회의 기획가들과 사전에 협력하여 컨벤션에 참가하는 단체, 기업과 참가자 프로파일을 사전에 조사하고, 지역의 의료진들과 연결하거나 지속적인 교육 기회를 제공하기도 한다. 우리가 흔히 알고 있는 관광과 도박의 도시 이면에 이러한 도시 산업과 경제 발전을 위한 노력을 컨벤션이 선도하고 있다.

자료: facebook.com/ces

그림 2-1 CES 개최 전경

샌디에이고도 도시의 특성에 맞는 바이오, 클린 테크 등 기술 산업 분야의 도시 브랜드를 구축하고자 컨벤션을 적극 활용하고 있다. 지리적 위치상 L.A.와 샌프란시스코라는 일류 국제회의 목적지와 경쟁하면서, 레저 도시라는 이미지는 가급적 탈피하고, 바이오 테크, 클린 테크 등 미래 주력 산업에 맞는 도시 브랜드 구축 전략을 구축했다. 이 중에서도 타깃 산업 분야의 컨벤션을 집중 유치하고 관련 기업과 전문가들이 최대한 샌디에이고를 방문하도록 유도한다. 또한, 샌디에이고로 이미 이주한 기업들을 출연시켜 "They came here."라는 다큐멘터리를 제작하고, 홍보함으로써 기업의 본부를 샌디에이고로 유치하고자 하는 노력을 겸하고 있다. 행사 개최 전에도 도시 시찰 프로그램을 시행하고, 개최 현장에서도 산업 시찰, 비즈니스 미팅 등을 연계하여 집중 운영한다.

샌프란시스코는 컨벤션뷰로와 경제기구와의 협력을 통해 지역의 자원을 집결하여 비즈니스 창출 및 경제 발전에 기여하기 위하여 컨벤션을 활용한다. 시장실의 경제일자리부와 직접 연결하여 경제 정책의 장기적 실행 수단으로서 비즈니스이벤트를 매개체로 활용하는 것이다. 샌프란시스코시 정부의 지식, 경험, 인적자원 및 인프라 등 4대 중점 분야 중 컨벤션은 지식(knowledge)과 경험(experience) 분야로 분류한다. 애플, 오라클, 세일즈포스 등이 주관하는 기업회의를 적극 지원하고, China SF, Latina SF, SF Asia 등 샌프란시스코에 투자 유치를 위한 시리즈 형식의 국제회의(Continuum SF)를 컨벤션뷰로와 경제기구가 협력하여 개최한다. 17만 명이 참가하여 1년에 3,000억 원의 파급효과를 올리는 세일즈포스의 기업 이벤트는 앞서 소개했다. '샌프란시스코 시리즈(Continnum SF)'는 투자 유치, 크라우드 펀딩, 의료 혁신, 부동산 개발 등의 성공 사례 및 트렌드를 공유하는데, 2015년도에는 China SF를 통해 22개 중국 기업의 4억 5천만 달러(약 5,000억 원)를 투자 유치하였으며, Latina SF 등의 시리즈 형태로 연속적으로 발전시킴으로써 성공적인 비즈니스이벤트 모델을 만들어냈다.

세인트루이스는 미국 내에서 가장 건실한 창업 생태계를 가진 도시로 컨벤션뷰로와 혁신지구의 협력으로 컨벤션 참가자와 혁신지구 인큐베이팅 시설들 간의 비즈니스 기회를 매칭해 준다. 또한, 도시에 새로운 이야깃거리가 될 수 있는 혁신 컨퍼런스를 개최한다. 세인트루이스는 혁신지구가 빌딩이라는 공간의 개념을 넘어 프로그램, 사람 그리고 상호작용을 통해서만 발전할 수 있고, 혁신의 문화가 조성될 수 있다고 본다. 이를 위해 컨벤션뷰로와 혁신지구는 서로 협력하여 컨벤션을 공동 개발 및 개최한다. 행사 기간 중에는 지역 기업들과 컨벤션 참가자들의 협력 사업 발굴을 위해 브레이크 아웃 세션을 Cortex 혁신지구[7] 내의 카페 등에서 연계 개최한다. 또한, 인근의 특색 있는 공간과 기술을 활용한 이벤트를 개최하기도 한다.

자료: www.cortexstl.org

그림 2-2 세인트루이스 CORTEX 혁신지구 전경

앨버커키도 우주 및 과학 분야를 선도하는 도시 브랜드 제고와 아이디어 사업화를 위해 신규 혁신지구를 설립했다. 혁신지구 내 지역 및 지역 외 방문 과학자, 기업인

---

7 세인트루이스 다운타운의 200 에이커 지구로 지역 대학과 연구실이 운집해 있으며, 바이오 기술 및 생명 과학 분야의 스타트업 기업 유치와 지원을 목적으로 지구 조성을 시작했다. CORTEX 내 60~65%의 종사자가 밀레니얼 세대(미국 전체의 밀레니얼 세대 평균 인구 비중은 30%임)이며, 경제기구와 민간 분야의 협력이 가장 긴밀한 공간이다.

등이 만나 각종 업무를 교류할 수 있는 회의를 유치하고 공간을 제공한다. 다수의 컨벤션 유치를 통해 앨버커키를 기업 및 비즈니스 개발 측면의 대표적인 도시로 포지셔닝하고, 앨버커키 혁신지구와 뉴멕시코 대학교(University of New Mexico, UNM)를 연결하여 혁신 공간으로 조성했다. 혁신지구 내 과학 및 우주 연구 센터와 기업들이 모이고, 도시로의 스타트업들의 이전이 증가하며, 대학의 연구 랩들과 선진 산업에 종사하는 컨벤션 참가자들의 집결 공간이 되도록 차별화하였다. 이러한 과정은 "의료, 과학 및 공학 등 다른 분야의 창조적인 사람들이 모여 각종 아이디어의 사업화 및 일자리 창출에 기여"하도록 하는 것이라고 앨버커키의 시장은 말한다. 컨벤션을 통한 지역 혁신 및 이를 위한 컨벤션뷰로와 경제기구와의 지속적인 협력을 추진하는 또 다른 사례이다.

위와 같은 여러 사례들을 통해 미국이 Meetings Mean Business(MMB) 위원회와 비즈니스 창출을 위한 활동으로 비즈니스이벤트의 개념을 어떻게 도시의 산업과 경제 발전에 적용해 왔고, 중시하고 있는지를 알 수 있을 것이다. 이렇듯 회의 산업이나 컨벤션 등 사용하는 용어는 다르지만, 근간에는 국제회의를 비즈니스 성과 창출을 위한 창구로 보고, 레거시를 창출하려는 비즈니스 개념이 이미 깊이 자리 잡았다. 나아가 이러한 사례들은 모두 시 정부의 주도로 컨벤션뷰로와 경제기구들의 협력을 통해 이루어졌다. 우리나라의 MICE산업이 나아갈 방향에 시사점을 제시한다.

3 캐나다

캐나다의 경우, 회의, 인센티브, 컨퍼런스 및 전시회 육성을 위한 비즈니스이벤트 캐나다(Business Events Canada)를 도시 마케팅 기구인 데스티네이션 캐나다(Destination Canada) 내의 본부 형태로 운영하면서 주력 산업 분야 전문화 전략을 선도하여 수행하고 있다. BE Canada는 우선 산업 및 학계의 리더들을 항공 · 우주 기술, 농업 및 농식품 제조, 클린기술, 첨단 제조, 생명 과학, 정보통신 기술(ICT) 및 자연 자원 분야 등 7개의 주요 분야별로 집결했다. 이후 이들을 통해 하나 혹은 그 이상의 전문 산업들을 캐나다 내의 주요 개별 도시들과 매칭하고, 국제회의 유치에 활용할 주요 산업별 마케팅 자료를 심층 제작함으로써 국제회의를 개최하는 잠재 고객과 개별 도시를 연결하는 선봉대 역할을 주도하고 있다.

이러한 BE Canada의 비즈니스이벤트를 통한 경제 육성전략은 2019년에 발간한 회의 산업 전략 보고서에 요약되어 있다.

| 표 2-3 | How Canada's National Meetings Strategy is Driving Regional Economic Growth

구분	내용
발간연도	2019년
발행처	비즈니스이벤트캐나다(BE Canada), SKIFT
개요	주력 산업 분야 특화 전략을 캐나다의 10여 개 도시들과 협업하여 DMO들이 세계 무대로 진출할 수 있도록 지원하기 위한 전략 보고서
참가 기관	오타와관광기구, 토론토관광기구, 몬트리올관광기구, 퀘벡비즈니스데스티네이션, 워털루지역관광마케팅, 사스카툰관광기구, 캘거리미팅컨벤션, 익스플로어에드먼턴, 킬로나관광기구, 비즈니스이벤트빅토리아, 유콘컨벤션뷰로, 위니펙경제개발기구 등
목적	- 정부의 MICE 분야 투자 확대 - Made in Canada 회의 성공 사례 발굴 및 공유, 세계 MICE 시장 점유율 확대 - 캐나다 7대 주력 산업 분야 도시와 중소 도시들(킬로나, 워털루 등) 포함, 산업별 특화 및 세계 진출 전략 수행 유도 - 주요 분야별로 도시별 레거시(Legacy Impact) 창출 유도 - BE 산업의 위상과 중요성을 지역 지도자들과 공유 및 인식 제고
BE Canada 주요 역할 및 사업	- 경제섹터특화육성전략(Sector Expertise Strategy) 수립 - 도시별 협력 사업 전개(Innovate Canada 도시별 순회 개최, 공동 마케팅 등)

2017년도 캐나다의 MICE산업은 130만 명의 참가자와 10억 캐나다 달러(약 1조 원)의 직접 소비효과를 창출한 것으로 나타났다. 지난 10년간 비즈니스이벤트 산업은 세계적으로 각 분야 혁신 사례의 전파를 위한 창구로 진화해 왔으며, 첨단 산업과 하이테크 분야 창업 세계적인 성장과 더불어 보다 많은 DMMO들이 단순히 환대 산업

과 관광 인프라 성장 중계자의 역할을 넘어 사회 혁신을 선도하는 기관으로 포지셔닝하고 있다고 분석했다. 이는 캐나다의 STEM 산업(과학, 기술, 공학, 수학)과 주요 산업 클러스터들의 경쟁력을 보다 전략적으로 활용함으로써 특화 산업 분야별로 보다 많은 국제회의를 유치하고자 하는 전략에서 드러난다. 캐나다는 이러한 비즈니스이벤트의 세계적인 트렌드를 반영하여 비즈니스이벤트 육성 정책을 '비즈니스 섹터 전략(Business Sector Strategy)' 혹은 '경제섹터 특화 육성 전략(Sector Expertise Strategy)'으로 요약했다.

| 표 2-4 | **경제섹터 특화 육성 전략(Sector Expertise Strategy)**

구분	내용
목적	– 캐나다의 학문적, 산업적 전문성과 강점이 있는 분야에 보다 많은 국제회의와 이벤트를 특정 강점을 보유한 도시로 유치 – 이를 통해 캐나다의 지식 산업 국제화, 산업 발전에 기여하기 위해 기존의 마케팅 방식을 탈피하여 새로운 경제적 가치 창조
내용	– BE 캐나다 주도로 국가 산업 정책의 우선순위와 보조를 맞춘 전략 수립 – 7대 섹터 : 정보통신 기술(ICT), 생명 과학, 클린테크, 자연 자원, 첨단 제조, 항공·우주 기술, 농업 및 농식품 제조 분야 **Economic Sector Strategy** Business Events Canada has aligned its strategy with Canada's global trade priorities. ICT Information & Communication Tech　　Life Sciences　　Clean Tech　　Natural Resources　　Advanced Manufacturing　　Aerospace Technologies　　Natural Resources – 7대 전략적 분야에 보다 많은 국제회의와 이벤트를 유치
주요 사업	– 조사 단계 : 전국 특화 산업 클러스터 조사(국가 산업 맵) 및 도시별 협의 – 마케팅 단계 : 7대 분야 세일즈 및 마케팅 자료 제작(관련 기업 조사 등) – 관계 형성 단계 : 분야별 세계적 리더들과의 관계 형성 및 캐나다 방문 유도 　• 세부 사업 : 전문 전시회, 산업별 팸투어 + C-Suite Experiences 　• 주요 대상 : 각 분야 세계적 선도 기업가, 석학, 과학자, 기술자 등 – 국제기구와의 공조 체계 구축 　• IEEE, CESSE 등 저명 국제기구와 파트너십 체결 　• 전 세계 전문가들에게 캐나다와 주요 도시의 인지도 향상 – 전국적으로 분야별 전문 컨퍼런스 유치에 있어 다양한 선택 기회 제공

아래의 사진을 보면 경제섹터 특화 육성 전략을 보다 구체적으로 이해할 수 있다. 캐나다의 항공우주 분야 전문가들이 모여 동 분야의 조사와 분석을 통해 경제와 산업 분야에 집중하여 국제회의 유치 타당성을 논리적으로 제안할 수 있는 기초 자료가 탄생했다. 이러한 경제와 산업 기반의 자료들은 타 국가들과의 유치 경쟁 우위 확보에 기여할 수 있고, 산업 발전의 촉매제로서의 비즈니스이벤트의 목적과 가치를 분명히 하는 자료이기도 하다. BE Canada의 비즈니스 본부장 Virginie De Visscher는 한 인터 뷰에서 경제섹터 특화 육성 전략을 통해 "국제회의 유치 경쟁력 제고에 있어 주최 기 관(혹은 회의 기획가)의 목표와 비전에 부합하는 새로운 관점과 가치 부여가 가능하다" 고 얘기했다. 또한, 이를 통해 결과적으로는 국제회의 유치 성공률을 제고할 수 있으 며, 유치 건수 증대에도 기여한다고 밝혔다.

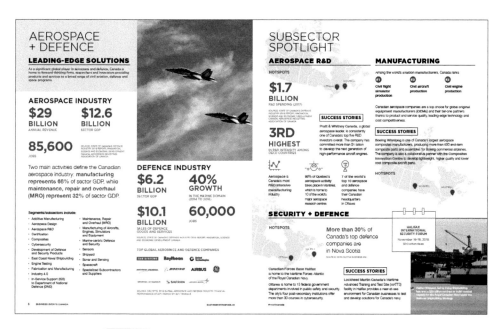

그림 2-3) 캐나다의 항공우주 산업 분야 경제섹터 마케팅 자료 사례

이러한 경제 섹터 육성 전략은 중앙 정부의 입장에서는 켈로나(Kelona), 워털루 (Waterloo)와 같은 소도시에서 토론토, 몬트리올 같은 글로벌 도시에까지 산업별 강점을 활용한 광범위한 국가 마케팅도 가능하게 만들었다.

데스티네이션 캐나다의 정책에 부합하여, 지역별 DMMO들은 국제회의 주최자들과 관련 분야의 정부, 대학, 연구소, 스타트업, 관련 기업 및 각종 경제기구의 리더들을 연결시키는 역할을 담당한다. 이를 통해, DMMO들은 지역 경제 성장에 촉매제 역할을 함으로써 지역 사회에 대한 관여도를 높일 뿐만 아니라, 주최자들에게는 전문 분야의 참가자와 잠재 회원 증대, 스폰서십 유치 및 비즈니스 창출 파트너십 구축 기회를 확대하여 제공할 수 있게 된다. 즉, 지역의 DMMO들은 고객인 주최자들에게 보다 효과적으로 기여할 수 있으며, 비용이나 인프라 지원 외에 지식에 기반하여 맞춤형의 증대된 가치를 부여할 수 있다.

퀘벡시비즈니스데스티네이션(Quebec City Business Destination)은 세계에서 가장 아름다운 도시들 중 하나이나 미팅 및 이벤트 기획가들에게 보다 많은 가치를 제안하기 위해 퀘벡국제경제개발(Quebec International Economic Development)과 긴밀한 협력 체계를 구축했다. 이를 통해 첨단 전자, 광학, 바이오/기능성 화장품 분야 등 지역 특화 산업 분야의 육성에 상호 공조한다. 세일즈 이사 캐롤라인 랑젤리어는 "어느 정도까지 국제회의 유치 건수를 증대할 수 있을는지는 확실하지 않지만, 동 산업 분야에서 퀘벡시의 위상을 강화할 수 있을 것이며, 동 분야의 여러 전문가들을 결집하여 각종 프로젝트를 수행하며 퀘벡시를 새로운 방식으로 학·협회 주최자들에게 포지셔닝을 하고 있다"고 말했다. 퀘벡시는 독일컨벤션뷰로(GCB)의 "Germany by Expertise Strategy"와 Visit Britain, Visit Holland, 호주 시드니 및 멜버른, 미국 시애틀 및 워싱턴 D.C. 등의 비즈니스이벤트 산업 육성 전략을 벤치마킹하였다고 밝혔다. 전 세계적인 비즈니스이벤트의 트렌드를 읽을 수 있는 대목이다. 퀘벡은 MICE 참가자 수 증대, 회원 확대, 비즈니스 육성 파트너십 구축, 스폰서, 연자, 전시 참가자 및 관련 소비자 참여 확대 등을 통해 비즈니스이벤트의 성공적 개최를 집중 지원하고 있다.

BE Canada는 2018년 5월, 제1회 Innovate Canada 대회를 "C2 몬트리올 컨퍼런스"의 부대 행사로 개최하면서 몬트리올에 강점이 있는 ICT 분야를 집중적으로 다루었다. 2019년 토론토에서 개최된 제2회 대회에서는 토론토가 강점을 가진 생명과학 분야에 집중하여 BE Toronto(Business Events Toronto)와 공동 협력으로 개최하였다.

| 표 2-5 | 2019 Innovate Canada 개요

구분	내용
개요	- 행사명 : Innovate Canada 2019 - 기간 : 2019.5.21(화)~2019.5.24(금), 4일간 - 주제 : 캐나다의 생명과학 기술 - 개최 주기 : 매년 - 장소 : 토론토(매년 개최 도시 순환, '18년도 몬트리올 개최) - 주최 : Destination Canada - 주관 : Business Events Canada - 규모 : 25명의 생명과학 분야 기업, 기관 등 전 세계 C-Suite(임원진)

세부 내용	- 목 적 • 캐나다의 지적 자산과 산업 강점을 활용한 차별화된 전략으로 세계적인 생명과학 분야(의료기술 및 의약) 컨퍼런스 유치 및 산업 발전에 기여 • 생명과학과 의학기술, 의약산업 분야에 중점을 둔 투자 유치와 국제적인 비즈니스이벤트 개최지로서의 토론토 소개 • 각 산업 분야의 C-Level Executives(임원진)들의 정보공유 및 네트워킹 - 주요 사업 • 생명과학 분야 세계적인 기업가, 석학 등 C-Suite 그룹 20여 명을 초청하여 4일간 산업 시찰 프로그램 운영 • 행사 베뉴 소개, 산업 전문가들과의 비즈니스 교류 • 캐나다의 생명과학 혁신 주도 토론토 연구소 및 기업 방문 • 북미 최대 기술 컨퍼런스인 Collision Conference와 연계 개최(제약산업에서의 AI 활용 등 헬스케어 산업의 미래를 재정의) - 지원 사항 : 왕복 항공료, 숙박(지역 관광 체류기간까지 지원) ※ 참가 자격 인증 필요

BE Canada는 또한, 투자 기관인 Invest in Canada와 긴밀히 협력하여 국제사회에서의 캐나다의 전면적인 홍보에 보다 직접적으로 관여하고 있으며, 주요 도시들의 컨벤션뷰로들과도 긴밀히 협력하여 비즈니스이벤트 산업을 주도하고 있다. 토론토 관광기구(Tourism Toronto)와는 북미에서 가장 빠르게 성장하는 기술 관련 컨퍼런스인 'Collision'을 가장 적합한 도시적 성격을 갖춘 토론토로 2019년에 공동 유치하여 3년간 9만 명의 참가자를 토론토로 유치하고, 이를 통한 1.47억 불(약 1,600억 원)의 경제적 파급효과를 창출했다. Collision 컨퍼런스는 기술, 생명과학, 재정 서비스 분야 등 특정 산업분야의 "혁신"이 일어나는 곳으로 토론토를 포지셔닝하고 있다.

또한, 토론토 관광기구는 2018 세계폐암콩그레스의 유치 및 개최 시에 토론토 의료 산업의 장점을 활용하여 대회 역사상 최대 규모인 7,500명이 참가할 수 있도록 지원하였다. The Leader's Circle(토론토의 국제회의 앰배서더 프로그램)을 통해서는 국제회의 유치 네트워크의 확대와 지역 사회와의 연결 등 국제회의 발굴, 유치 및 개최 등 전 단계에 협력이 가능하도록 지원하고 있다. 주요 국제회의 유치에 성공한 핵심 인사에게는 유치 및 개최 등의 분야에 기여에 대한 보상 차원도 고려하여 장기적인 레거시 개발을 위해 연구 보조금을 50,000달러까지 지원 가능하도록 하는 의미 있는 정책도 수립했다.

자료: www.collisionconf.com

그림 2-4 2023 Collision 컨퍼런스 홈페이지

BE Canada는 몬트리올관광기구(Tourism Montreal)와 World Summit AI Events Americas를 4년간('19~'22, 6,000명) 공동 개최키로 확정했다. 이러한 결과는 캐나다 주재 런던 상무부(Trade Commissioners)가 런던 테크 위크 기간 중에 주최 기관인 Inspired Minds와의 미팅 시에 BE Canada에서 AI 관련 캐나다의 산업적, 학문적 강점과 클러스터를 집중 소개하는 기회를 만들면서 이루어졌다. 캐나다의 여러 DMMO와 상의하여 산업적 여건이 탁월한 몬트리올에서 최종 Inspired Minds의 대표를 초청하여 개최지 시찰을 실시했다. 주목할 점은 이러한 시찰이 호텔 등의 인프라 시찰보다는, 15개의 AI 관련 후원 관련 기관 및 기업 등의 현장 방문으로 이루어졌다는 것이다. 비즈니스이벤트의 성공적인 유치와 개최에 집중하면, 주최자들의 우선순위도 관광 인프라가 아니라, 비즈니스 성과 창출을 위한 경제 및 산업 기반에 더욱 초점을 두게 된다.

빅토리아주 마케팅기구(Destination Greater Victoria)와 BE Canada는 경제섹터 특화 전략에 따라, 비즈니스 개발을 위한 팸투어를 2019년 최초로 개최했다. 클린테크 산업 분야의 여러 자원들에 대한 팸투어는 빅토리아 대학의 해양-기후 콤플렉스 시찰, 빅토리아 대학이 주도하는 지역 내 대학들과의 공동 연구소 시찰, 쉬나이더일렉트릭, 인벤티즈 등 클린테크 관련 기업 면담 등으로 구성되었다. "빅토리아마케팅기구와 버

너비[8] 관광기구는 관광 관련 기업들이 아닌 전문 기업 등 새로운 업무 파트너들이 처음에는 다소 불편했을지 모르지만, 이러한 시도들을 통해 지역 사회에서 그들의 위상을 강화하고, 산업 분야별로 잠재적인 파트너 발굴에 기여했다.”고 자평했다.

위니펙[9] 시에는 관광, 비즈니스이벤트 및 경제개발기구들이 한 건물 내에 모여 있으며, 위니펙경제개발기구라는 통합 조직 내에서 상호 협력 체제를 구축하고 있다. 관광팀이 특정 경제 분야에 대해 궁금할 경우에 앉은 자리에서 의자의 방향만 돌리면 바로 산업에 대한 자문을 구할 수 있고, 위니펙시의 경제적 장점 및 주요 산업별 경쟁력에 대한 자료 확보가 가능하다. 특정 경제 분야의 전문가들에 대한 접근성이 높아져 제안서 제출 시 콘텐츠 강화에 유리하다. 이때 콘텐츠라고 하면 비즈니스, 투자, 연구·개발 분야의 자원과 특정 산업분야의 전문가 정보 등을 포함한다. 2018 세계영양유전·영양게놈콩그레스를 등 산업 분야의 강점을 바탕으로 성공적으로 유치하는 등 BE Canada의 섹터 전략에 따라 몬트리올, 토론토, 밴쿠버 등의 일류 도시에 비해 방문의 필요성이 적은 위니펙과 같은 중소도시에도 특정 강점 산업 분야에 방문 명분과 비즈니스이벤트 개최의 기회가 확대되는 결과를 가져왔다.

비즈니스이벤트 캐나다의 특화 산업 분야별 주요 클러스터 기반 홍보 및 비즈니스이벤트 유치 전략은 세계적인 추세와 부합하나, 특히, 캐나다의 경우 대도시는 물론, 중소 도시와의 공조 노력을 더하여 훨씬 더 전략적으로 임하고 있다. 이러한 노력들을 통해 전국적으로 국제회의 관련 세계적인 결정권자들을 연중 유치하고 있으며, 국제회의 이해 관계자들에 대한 혜택 제공, 참가자 증대, 스폰서십 강화 및 높은 ROI 등을 위해 집중 노력하고 있다. 특화산업분야 육성 전략에 부합하여 각 지역의 DMMO들은 각각의 지역 경제기구와의 긴밀하고 전략적인 공조 노력을 기울이고 있으며, 이러한 노력들은 환대 및 관광 산업의 영역을 넘어선 경제 파급효과를 가져오는 비즈니스이벤트 산업에 대한 지역 정부의 이해와 지지를 통해 효율적으로 달성 가능하다. 캐나다의 사례들을 살펴보면, 이제는 보다 장기적이고 무형적인 비즈니스이벤

---

8 캐나다 서부 브리티시컬럼비아주에 있는 인구 약 22만 명의 밴쿠버의 위성도시이다.
9 캐나다 중부 매니토바주의 주도로, 주 인구의 절반 이상인 약 76만 명이 거주하는 주 내 최대 규모의 도시이다.

트 산업을 통한 지역의 유산(Legacy) 창출에 집중할 필요가 있다는 필요성을 절감할 수 있다.

4　영국

2014년 영국 문화미디어스포츠부가 발간한 '비즈니스 방문 및 이벤트 전략(Business Visits and Events Strategy)'에 따르면, 비즈니스이벤트 산업은 2013년 한 해 동안 391 억 파운드(약 59조 원)의 직접 소비효과와 중소기업 위주로 50만 명의 고용효과를 거두고 있다고 파악했다. 동 보고서는 문화미디어스포츠부가 정부의 성장 목표를 달성하기 위한 핵심 동력으로 비즈니스이벤트 산업을 인식하도록 만들고, 당시 영국의 국제회의 개최 건수 세계 5위 수준을 유지하기 위한 강화책이었다. 또한, 당시 영국에서는 각 정부 부처에서 개별적으로 비즈니스이벤트를 지원해 왔기 때문에 범정부적 접근을 강화하고자 하는 노력도 담고 있다.

주목할 점은 대회 규모에만 국한하지 않고 비즈니스이벤트를 중요도에 따라 3단계로 나누어 지원체계를 맞춤형으로 체계화하려는 노력이다. 중요도를 판단하는 기준은 행사에 대한 잠재 투자 가치, 개최 국가의 브랜드 홍보에 대한 가치, 지역 경제와 인식 제고에 대한 기여도 등이다.

| 표 2-6 | 비즈니스이벤트 단계별 분류

구분	내용
1단계 (Tier 1)	- 영국의 정부 부처 간 인지 및 협력이 필요한 국제 행사, 중앙 정부 보고 시 주요 행사로 보고가 필요한 행사 - 세계적으로 혹은 특정 분야에서 지명도가 있어 영국을 홍보할 수 있는 행사 - 참가자 수를 비롯한, 다른 여러 고려 요소들의 감안 시에 행사 중 혹은 사후에 잠재 투자 가치가 있는 행사 - 사례 : G7, World Expos, 기타 각 분야별 세계적 콩그레스(예: 35,000명 참가 유럽심장학회 등), 전시회 및 과학 이벤트 - 지원 사항 : 정부차원의 유치 과정 및 개최 지원 시의 밀착 지원, 단, 영국 내 도시 간 경쟁 상황 고려

2단계 (Tier 2)	– 다수의 비즈니스 방문과 이벤트를 수반하는 행사로 영국에 많은 투자를 가져올 수 있는 행사 – 1단계(Tier 1) 행사에 비해 유치 절차 등이 간소하고, 대회 규모도 적은 행사 – 지원 : 지지서신, 참가자 모집 등 행사 건별로 검토
3단계 (Tier 3)	– 국내 위주 혹은 소규모 행사 – 하지만 중요도가 낮지는 않으며, 미래에 1, 2단계로 성장 가능성이 있는 행사 – 지원 : 지방정부의 지원 및 관련 분야와 네트워크 연결 유도(지역 경제에 대한 혜택과 지역 　내 인식 제고 등 성공 사례 중요)

영국은 행사의 중요도에 따른 단계별 접근 방식을 효율적으로 운영하기 위해서 새로운 개념의 통합 위원회를 설립하여 정부와 정부 간 필요한 업무를 규정하고, 전략적으로 중요성이 높은 행사의 유치 성공을 위해 공동 노력하도록 하였다. 위원회의 구성원을 비즈니스 방문과 이벤트 산업 분야의 대표들, 관련 정부 부처, Visit Britain, UKTI(UK Trade and Investment), Visit Scotland, Visit Wales, Tourism Northern Ireland and Visit England 등으로 구성했다. 이렇게 구성된 정부의 'GREAT 프로그램 위원회(GREAT Program Council)'에 보고를 한 후, 개별 유치 경쟁에 대한 직접 지원, 장관 지지서한, 실사단 혹은 유치 관계자 등의 정부 차원의 초청, 유적지 등 정부 관리 건물의 행사장 활용 허가 등을 지원한다.

또 주목할 점은 특정 산업 분야의 행사들 중에 향후 5~10년 내에 해외 도시들과의 경쟁이 필요한 유치 대상 행사들을 선별하고 리스트를 만드는 것이다. 이러한 과정에는 UKTI, 비즈니스, 혁신 및 기술 부처와 관련 위원회들이 참가하여 정부의 미래 성장 산업 분야에 부합하는지를 기준으로 반영하여 결정하며, GREAT 프로그램 위원회에 정기적으로 보고 및 심의한다. 또한, 각 분야별로 영국의 강점과 전문성을 활용해 홍보할 수 있는 맞춤형 국제행사의 "기획 · 개발" 내용까지 담고 있다.

이러한 기조는 2019년 6월에 영국 디지털문화미디어스포츠부가 발간한 '영국 정부의 국제 비즈니스이벤트 실행 계획(The UK Government's International Business Events Action Plan, 2019~2025)'에서 계승된다. 동 보고서에서 진보한 점은 비즈니스이벤트의 유치(attracting) 외에 기존 행사의 육성(growing)과 신규 개발(creating)을 강조하고 있다는 것이다. 이 중에서도 영국은 국내에서 개최되는 행사들 중 선별하여 국제 비즈니스를 창출하고, 해외 참가자를 증대할 수 있는 행사를 선별하여 "육성(growing)"하는 전략에 가장 큰 무게를 둔다.

지원 대상 비즈니스이벤트 선정에 대한 공통적인 기준은 영국 내에서 개최되는 행사와 대치되지 않고, 부가적인 이벤트 창출 여지가 있으며, 특정 산업의 육성 전략과 부합되고, 영국과 개최 도시에 미래의 투자 유치 가능성이 있어야 한다는 것이다. 영국 정부의 국제 비즈니스이벤트 실행 계획의 세부내용은 아래와 같다.

| 표 2-7 | UK 정부의 국제비즈니스이벤트 실행계획(2019~2025)

구분	내용
목 적	– 치열해지는 경쟁에서 영국을 전 세계의 BE 목적지로 지속 유지 – 신규 BE 유치, 기존 행사의 기능 강화 및 경쟁력 있는 개최 환경(서비스) 제공 – 이를 위한 업계, 관련 정부 부처, Visit Britain, 타 국가 정부, 개최 도시, 관련 기구 등의 협력 도모
소관 부처	영국디지털문화미디어스포츠부(자문기구 : Events Industry Board)
수립 근거	2015 Business Visits and Events Strategy
관련 프로그램	GREAT Business Events Growth Programme ※ Visit Britain이 각 도시별로 BE 유치와 참가자 증대를 지원하는 프로그램

주요 내용	– 4대 사업 : BE 창출(create), 유치(attract), 육성(grow) 및 유지(retain)
	– 주최자 대상 수요 조사, EIB(유럽투자은행)의 자문 및 영국 정부의 제안 사항 반영
	– 정부 지원을 받기 위한 기준 확립(참가자 수, 해외 참가자 비율 등)
	– 지원 사항
	  • 지원 패키지(장관 지지서신, 실사단 답사 지원, 유니크 베뉴 등)
	  • 재정적 지원(Visit Britain의 특화 분야 집중 BE 육성 프로그램)
	  • 입국 및 환영(참가자 입국 절차 지원) 등

지원 대상	① 유치 분야(Attracting events to the U.K.) – 지역 및 국가의 각종 파트너 기구와 협력이 가능한 행사 – 영국의 학문적 명성 제고, 지식 공유 장려를 위한 분야별 오피니언 리더 유치 ② 기존 행사 육성 지원(Growing existing events) – 대상 기준 : 300명 이상, 해외 50% 이상, 그 외에 국내 행사지만 국제적 성장 가능성이 있는 행사 등 – 먼저 기준에 부합하는 행사를 발굴하고 주최자 협의 및 지원 ③ 신규 행사 개발(Creating new events) – 정부의 전략적 산업 분야 발전에 기여하는 신규 행사 개발 – International Business Festival이나 Global Disability Summit과 같이 정부가 후원하거나 주최하는 행사 등 정부 간 협력, 민관 협조 등을 유도 – 비즈니스 성과 창출 규모 및 대규모 투자 명분 등 필요

BE 산업 현황	– 2017년 592건 국제회의에 880만 명 방문, 동반자 지출 77억 파운드(약 12.6조), 전시회 와 BE를 통한 무역 거래는 1,500억 파운드(약 235조)로 보수적 추산 – 2018년 영국 방문객 중 BE 방문자는 1/4 수준, 45억 파운드(약 7조 원)의 소비지출 효과 – 약 1/2은 레저 방문자 형태로 영국 재방문(가족과 친구 동반 많음)

위와 같은 여러 선진 도시들과 국가의 해외 사례들에서 볼 수 있듯이, 이미 비즈니스이벤트는 MICE산업의 주된 흐름으로 자리매김하고 있다. 이에 대한 적극적인 대처와 우리나라 MICE산업의 방향 전환을 고민해 봐야 할 중요한 시점이다. 우리나라의 경우는 최근 관광과 컨벤션 산업을 통합하여 관광 산업 중심의 공사 및 재단으로 발족하여 운영하는 것이 큰 흐름이다. 하지만 이와는 대비적으로 컨벤션센터 기능과 통합하거나 독자적인 기구로 존치하면서 컨벤션 자체의 본질에 보다 집중하는 일부 도시들도 남아 있다. 어떠한 기능과 통합하더라도 MICE산업을 선도하는 도시들은 비즈니스이벤트 산업의 중요성과 육성 필요성을 인식해야 할 것이다. 도시의 특성에 맞는 국제회의 전담 기구가 필요하겠지만, 사업과 기능적으로는 비즈니스이벤트에 보다 많은 투자와 집중을 하여야만 여러 도시들이 강점 산업 분야에 있어 세계 경제와 국제 교류를 지속 주도할 수 있고, 가치 있는 비즈니스이벤트들이 더 많이 창출될 것이다.

제3절 해외 비즈니스이벤트 사례

제3절에서는 행사 개최를 통해 참가자 직접 소비효과 제고, 관련 산업의 발전, 개최지에 대한 인지도 제고 등으로 개최지의 포괄적인 파급효과를 가져오는 대표적인 비즈니스이벤트 사례들을 살펴보고자 한다.

1 런던 테크 위크

2011년 영국의 데이비드 카메론(David Cameron) 정부는 런던 동부에 테크 클러스터를 육성할 목적으로 테크 시티(Tech City)를 설립하였다. 런던 동부의 낙후지역이던 쇼디치(Shoreditch)와 올드 스트리트(Old Street) 지역에 위치한 테크 시티는 2015년 10월 기준, 설립 5년 만에 약 1,470개의 글로벌 IT기업 및 스타트업들이 입주하면서 유럽 최대의 테크 허브로서 성공을 거둔 것으로 평가되고 있다. 테크시티에 입점한 대표적 IT기업들로는 구글, 인텔, 페이스북 등이 있으며, 실리콘밸리은행(Silicon Valley Bank) 등 벤처금융을 취급하는 은행들도 입주하면서 새로운 IT단지 생태계를 조성하고 있다. 스타트업 게놈(Startup Genome)이 발간한 2019 글로벌 스타트업 생태계 리포트에 따르면, 런던은 2019년 글로별 도시 스타트업 생태계 평가에서 핀테크 부문에서 2위, 펀딩 부문에서 4위를 차지하는 등 종합적인 평가에서는 실리콘밸리, 뉴욕에 이어 세계 3위를 기록했다.

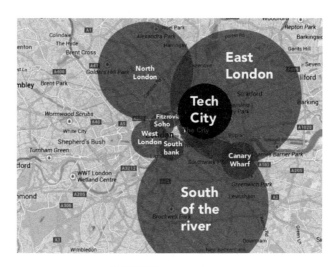

그림 2-5 테크 시티 위치

런던 테크놀로지 위크(London Technology Week, LTW)는 신생 스타트업을 육성하고 다양한 지원을 통해 신생 기업의 안정적인 시장 진입을 돕는 것을 목표로 한 행사로, 2014년 시작되어 매년 6월 둘째 주에 개최되고 있다. 2019년 6월 10일부터 11일까지 양일간 개최된 LTW에는 20,000명 이상이 참관했다. 다만, 2020년, 2021년의 행사는 모두 9월로 연기되어 개최되었으며, 2022년이 되어서는 6월 13일에서 17일까지로 다시 복귀하였다. 2023년 6월 12일에서 16일까지 개최되는 10회 대회는 지난 3년간의 버추얼 행사 이후 처음으로 오프라인으로 개최될 예정이다.

런던이 테크 허브 도시로 부상하면서 런던에서 개최되는 스타트업 관련 행사에 세계 각국의 주요 투자가들이 대거 참석하고 있고, 2019년 행사 기준 참관객의 45%가 의사 결정권자였다. 2019년 테크 위크에는 당시 영국 총리였던 테레사 메이(Theresa May)가 참석해 세계의 다른 스타트업 창업 단지와는 구별되는 테크네이션을 만들겠다는 의지를 직접 밝히는 등 정부의 적극적인 지원이 이루어졌다.

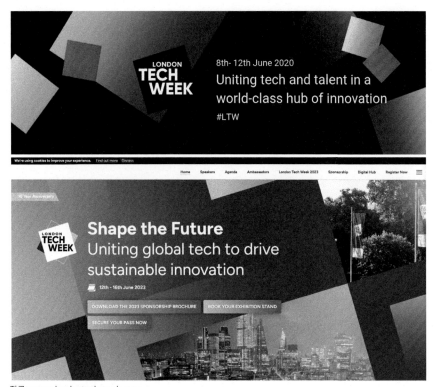

자료: www.londontechweek.com

그림 2-5 **2020, 2023 런던 테크 위크 홈페이지**

또한, 핀테크가 런던 테크 시티의 대표적인 사업인 만큼, 매년 테크 위크에는 핀테크와 관련된 다양한 프로그램이 열리고 있고, 테크 위크 외에도 런던 및 주변 지역을 중심으로 핀테크 관련 다양한 행사가 다음 표와 같이 개최되고 있다.

| 표 2-8 | 2020년 핀테크 관련 주요 행사 일정

행사명	기간	웹사이트	장소
핀테크 월드 포럼 2020 (FinTech World Forum 2020)	5.21~22	fintechconferences.com	런던
블록체인 엑스포 글로벌 2020 (Blockchain Expo Global 2020)	3.17~18	blockchain-expo.com/global	런던
런던 핀테크 위크 2020 (London Fintech Week 2020)	7.8~9	www.fintechweek.com	런던

| 핀테크 커넥트 2020
(Fintech Connect 2020) | 12.2~3 | www.fintechconnect.com | 런던 |
| 핀테크 노스 인베스트먼트 포럼
(FinTech North Investment Forum) | 1.31 | www.fintechnorth.uk/event | 리즈
(Leeds) |

이뿐만 아니라 런던은 스타트업들이 투자자를 직접 만나고 정보를 교류할 수 있는 다양한 스타트업 관련 행사를 다음 표처럼 개최하면서 런던 시내는 연중 내내 다양한 기술관련 비즈니스이벤트를 통해 테크네이션을 구축해 나가고 있다.

| 표 2-9 | 스타트업 관련 주요 행사 일정

행사명	기간	웹사이트
Q콘 런던 (QCon London)	2021.3.	qconlondon.com
IoT 테크 엑스포 글로벌 (IoT Tech Expo Global)	2021.3.17~18	www.iottechexpo.com/global
UK 투자자 쇼 (UK Investor Show)	2020.9.26	www.ukinvestorshow.com
에드테크X유럽 (EdTechXEurope)	2020.5.12~13	edtechxeurope.com
테크놀로지 포 마케팅 (Technology For Marketing)	2020.9.30~10.1	www.ecommerceexpo.co.uk/tfm
애드:테크 (ad:tech)	2020.9.30~10.1	www.ecommerceexpo.co.uk/adtech
테크데이 런던 (TechDay London)	2020.10.30	techdayhq.com/london

주: COVID-19로 인해 행사 일정 조정되었을 수 있음

이러한 행사 개최 노력과 영국 정부의 다양한 지원 결과, 2019년 런던의 스타트업 개수는 2.4% 증가해 221,373개가 되었다. 금융서비스 강국인 영국에는 8만 9,000개의 금융 및 보험 회사가 존재하는데, 이 중에서 핀테크 기업은 1,600개 이상이며, 이 숫자는 2030년까지 두 배로 늘어날 것으로 전망되고 있다. 2019년 상반기 런던의

핀테크 투자 유치 규모는 21억 달러(약 2조 5천 82억 원)로, 19억 달러(약 2조 2천690억 원)인 뉴욕의 투자 유치 규모를 넘는 수치이다. 테크 시티의 성공이 테크네이션(Tech Nation)으로 발전하였고, 테크 시티가 축적한 프로그램, 이벤트, 투자 노하우의 적용 범위를 확대하여 영국 전역에 디지털 거점을 만드는 것을 비전으로 한 기관 '테크네이션(Tech Nation)'을 출범시키고 영국 북부지역의 디지털 경제 확산을 위한 전문기관 '테크노스(Tech North)'도 조성하였다.

2 CES

매년 1월 초면 미국 라스베이거스에서 세계 최대 가전 전시회(Consumer Electronic Show, CES)가 소비자기술협회(Consumer Technology Association, CTA) 주최로 개최된다. CES는 1967년 미국 뉴욕에서 시작되었고, 2017년에 개장 50년을 기념하였다. 개최 규모는 10배 이상 성장하여 현재는 매년 155개국에서 4,500개 이상의 기업이 참여하고, 바이어만 18만 명 이상이 등록하는 초대형 전시회로 성장했다. 주요 참가 품목은 가전 및 전기, 전자 관련 IT제품으로 국내에서는 삼성전자와 LG전자가 대표적인 참여 기업이다. CES는 미국이라는 세계 최대 가전 소비사장에서 개최되고, CTA 자체가 전 세계 전기, 전자 제품의 글로벌 표준을 선도하는 기관이므로 참가업체 관점에서 제품을 팔기 위해서도, 산업의 최신 정보를 얻기 위해서도 반드시 참가해야 하는 전시회로 인식되고 있다. 특히 라스베이거스라는 엔터테인먼트가 충분한 도시에서 개최되므로 당분간 인기는 지속될 것으로 전망된다.

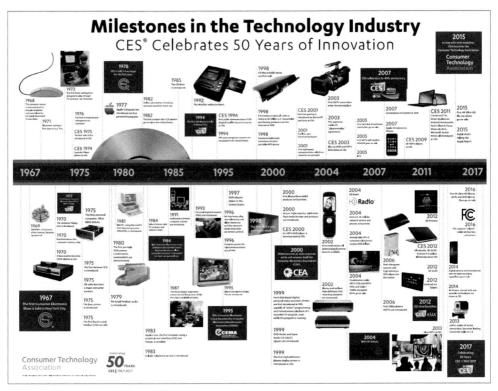

자료: https://www.ces.tech/About-CES.aspx

그림 2-7 IT 산업 발전 추세와 CES 50년

현재 CES는 29만 평방미터의 면적을 활용하고 있는데, 이는 라스베이거스 컨벤션센터 전관은 물론이고 주변 호텔 연회장, Sands Expo도 함께 활용하면서 규모가 지속적으로 확대되고 있다. CES 개최 기간에는 라스베이거스 다운타운에 숙소를 예약하는 것 자체가 힘들 정도로 참가업체와 참관객, 바이어로 북적인다. CES는 단순히 전시회만 개최되는 것이 아니라 IT 분야 최신 트렌드를 중심으로 하는 컨퍼런스도 같이 개최되고 매해 1,000명 이상의 참가자가 유료로 참석하고 있다. 컨퍼런스의 경우 그해의 화두가 될 수 있는 주제를 선정하여 기술 트렌드를 예측하고, 글로벌 대기업 CEO를 중심으로 기조연설을 제공하고 있다.

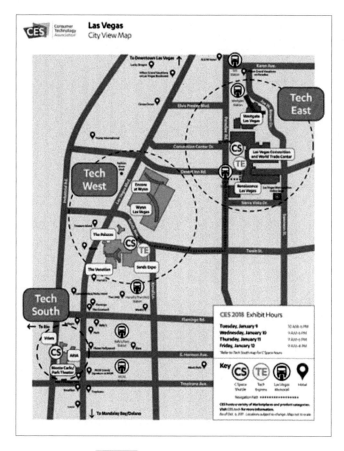

그림 2-8 CES 개최 평면도(2019)

이러한 CES를 이제는 단순히 전시회라고 칭할 수 없고, IT 분야 대표적인 비즈니스이벤트로 분류할 수 있다. 전시회, 컨퍼런스 및 참가자와 참가업체를 위한 다양한 이벤트까지 개최함으로써 참가 만족도를 향상시킬 뿐만 아니라 라스베이거스에 대한 글로벌 인지도 상승과 지역에 거대한 경제적 파급효과를 산출하고 있다. CES의 성장 비결은 앞서도 이야기한 것처럼 CTA의 업계 선도력이 중요한 역할을 하고 있고, CES에서 신기술, 신제품, 규격 등을 발표함으로써 세계가 주목하는 전시회로 성장하였다. 또한 CES 전용 미디어채널을 통해 상시 관련 산업의 주요 이슈를 다루고, 특히 전시 기간에 전시장 소식, 주요 프로그램, 산업 관련 내용을 다루어 참가사의 홍보효과를 극대화해 줌으로써 참가업체 만족도가 높게 나타나고 있다. 현대와 같이 온라인 SNS

홍보가 중요한 시대에 CES 개최기간 동안 2019년 기준 SNS 개별 답글은 90만 건 이상, 1시간 동안 트윗은 5,000건 이상, 인스타그램 뷰수는 120만 건 이상에 달하는데 이는 더욱 증가하고 있다.

최근에는 비즈니스 네트워킹을 강화할 수 있도록 C Space 프로그램을 신규로 운영하고 있는데, 마케팅, 엔터테인먼트, 미디어 및 콘텐츠 트렌드에 대한 내용을 중심으로 프로그램을 구성하고 있고 이는 융복합 시대의 트렌드에 맞춰 새로운 사업 아이디어를 찾는 참가기업과 참가자들에게 영감을 주기 위한 세션으로 운영된다. 몰입형 경험을 할 수 있도록 공간을 구성하고, 콘텐츠 제작자, 메이저 스튜디오 및 최고의 광고 회사가 파트너십을 형성하고 거래하고 영감을 얻기 위해 C Space를 방문하고 있다.

자료: https://www.ces.tech/videos/2019/c-space-storyteller-facebook.aspx

그림 2-9 CES 2019 C Space

유레카 파크는 스타트업 피칭을 위한 공간으로 조성된 곳으로, 투자자들은 다음 유니콘을 찾기 위해 유레카 파크를 찾고, 글로벌 미디어를 통해 다양한 스토리를 발견하고 있다. 기업은 파트너십과 인수를 위해 유레카 파크를 방문하여 다양한 정보를 얻고 있고, '출시 1년 이내의 신기술을 보유한 기업'만이 참가할 수 있다는 특별한 조건을 가진 신기술·스타트업 위주의 전시 공간으로 구성된다. 이러한 이유로 유레카 파크는 여러 스타트업 기업들이 시장에 없던 혁신적인 기술이나 제품을 처음 선보이는 자리로 많이 활용되고 있으며, 매스컴이나 참관객들의 집중을 한눈에 받는 장소로 유명하다.

그림 2-10 **유레카 파크**

IT 산업의 글로벌 결정체인 CES는 종사자뿐만 아니라 기업 간의 네트워킹, 최신 정보 교류, 비즈니스 계약 성사, 개발 아이디어 수집 등 다양한 기능을 산업에 제공해주고 있다. 비즈니스이벤트의 가치(value)를 명확하게 제공해 주는 대표적인 사례이다.

3 스마트시티 엑스포 월드 콩그레스

2011년도부터 스페인 바르셀로나에서 매년 개최되는 스마트시티 엑스포 월드 콩그레스(Smart City Expo World Congress)는 기술 발달로 인해 도시 자체가 기술을 활용하여 더 많은 편리성을 제공할 수 있도록 하는 주제를 다루는 행사이다. 바르셀로나에서는 모바일 월드 콩그레스(Mobile World Congress, MWC) 등 세계적으로 유명한 다양한 행사들이 개최되고 있다.

가우디의 도시라 불리는 도시의 이색적 풍경과 매력요소로 인해 바르셀로나에서 개최되는 행사는 참가자가 유독 많이 몰리기도 한다. 행사명에서도 짐작할 수 있듯이 엑스포 형태의 전시와 콩그레스의 국제회의가 동시에 개최되는 행사로 1,000개 이상의 참가업체와 25,000명 정도가 참가하고 있다. 바르셀로나시는 이 행사를 유치하여 개최함으로써 스마트시티 도시로도 상위 순위에 랭킹하게 되었고, 실제로 도시 전역 무료 와이파이를 제공하고 있다. 이를 통해 관광객의 행태에 관한 빅데이터를 수집하고 있다.

바르셀로나시는 민주적, 개방적, 순환적인, 그리고 공평한 도시를 조성하고자 스마트시티 콩그레스를 주최하고 있다고 얘기한다. 공공 디지털 서비스를 조성하여 공평하고, 사회적·경제적으로 불평등이 줄어든 도시를 조성하고, 기술 및 데이터의 주권을 보장하는 도시를 만들고자 하는 바르셀로나시 전략의 일환인 셈이다. 나아가 시민들의 생활수준을 향상하고, 새로운 일자리를 창출하며 더욱 지속가능하고 협력적인 도시를 형성하는 데 기술을 활용하는 것이 궁극적인 목적이다. 행사 기획은 유럽의 무역 및 산업 전시회를 주도하고 있는 무역 전시 기관인 피라 바르셀로나(Fira Barcelona)가 맡아서 진행하고 있다.

스마트 시티는 전 세계적으로도 각광받고 있는 분야로 많은 도시에서 다양한 형태로 유사 행사가 진행되고 있는데, SCEWC는 관련 분야 유럽 최대 행사이고, 세계 각국의 주요 인사들이 발표자로 참여하는 콩그레스 세션과 대기업부터 스타트업까지 다양한 하드웨어·소프트웨어 업체들이 참여하는 엑스포의 투 트랙으로 구성되어 있다. 또한 언급한 바와 같이 바르셀로나시의 스마트시티 사업과 궤를 같이하고 있어 바르셀로나 구도심 재생사업 및 부가가치가 큰 미래 산업을 육성하기 위해 3개의 클러스터를 구축하고, 이를 스마트시티로 홍보하는 데 같이 활용되고 있다. 22@Barcelona에는 총 12개 분야 24개 스마트시티 솔루션을 구현하고 있으며, 글로벌 기업이 파트너로 참여하고 있다. 바르셀로나는 시에서 수집한 각종 데이터를 개방하여(오픈데이터) 민간 부문이 다양한 서비스를 개발하도록 장려하고 있으며, 2015년에는 도시운영을 위한 플랫폼(Barcelona City OS) 개발을 시작하여 운영하고 있다.

글로벌 플랫폼 기업인 CISCO는 사물인터넷(IoT) 기술을 활용하여 쓰레기 적치량을 자동 감지하는 '스마트 쓰레기통', 스마트 미터링(smart metering) 및 원격제어 기능을 탑재한 '스마트 가로등', 주차장 현황을 센서와 CCTV로 확인하여 주차장 정보를 제공하고 비용결재를 지원하는 '스마트 커넥티드 파킹' 서비스를 바르셀로나에서 구현하고 있다. CISCO는 2011년 존 챔버스 회장이 바르셀로나 주요 인사를 본부로 초대해 스마트시티 파일럿 프로젝트를 설명하고 3년간 40만 유로 규모의 스마트시티 플랫폼 관련 프로젝트 계약을 체결한 바도 있다.

바르셀로나는 ICT 기술의 혜택이 시민들의 삶의 질을 향상시키는 데 주안점을 두고 다양한 프로그램을 추진하고 있는데, 스마트 조명, 스마트 에너지, 스마트 워터, 스마트 교통, 오픈 정부 등을 실시하고 있고, 이러한 스마트 시티 조성을 함에 SCEWC 행사를 적극적으로 활용하고 있다. 도시로 해외 투자를 유치하는 효과뿐만 아니라 스페인 스마트 시티 기술을 널리 홍보하고, 알리는 기능도 SCEWC가 수행하고 있는 것이다. 지자체에서 직접 행사 주제를 발굴하여 기획하고, 민간 기업까지 끌어들인 성공적인 사례라고 할 수 있다.

그림 2-11 스마트 시티 엑스포월드 콩그레스 관련 이미지

본 행사는 스마트 시티 마켓 관계자들의 비즈니스 기회 창출 및 네트워킹이 가능한 전시회, 디지털 트랜스포메이션, 도시환경, 모빌리티, 거버넌스 & 금융, 포용성 및 공유도시 등의 주제를 다루는 콩그레스, 그리고 City Possible Plaza로 구성되는데, 마지막 프로그램은 지역 및 국가 정부 관계자, 도시 이해관계자, 산업 파트너 및 학계 인사를 패널로 초청하여 이야기를 나누는 테크톡(Tech Talks), 도시 카페(Urban Cafe), 오픈 네트워킹 리셉션(Open Networking Reception), 현장 대회(On-site Competition) 등의 이벤트로 참가자들의 경험을 향상시켜 준다. 그리고 월드 스마트 시티 어워즈를 진행하여 새로운 도시 개발 계획, 그중에서도 특히 국가 차원에서 진행되는 스마트 프로젝트를 공인하는 기능을 함으로써 전 세계 도시의 참가의지를 높이고 있다.

4 웹 서밋

웹 서밋(Web Summit)은 아일랜드 더블린에 본사를 둔 Ci이라는 민간 주최사가 포르투갈의 리스본에서 개최하는 비즈니스이벤트이다. 웹 서밋의 창립자인 패디 코스그레이브(Paddy Cosgrave)가 설립한 회사인 Ci는 웹 서밋을 비롯한 파운더스(Founders), 홍콩의 라이즈 컨퍼런스(RISE Conference), 토론토의 콜리전(Collision), 방갈로르의 서지(SURGE) 및 더블린의 머니콘프(MoneyConf)의 운영을 맡고 있다.

| 표 2-10 | 웹 서밋 행사 개요

구분	내용
주최사	Ci(영국 더블린)
최초개최	2009년(연 1회 개최)
개최기간	2019.11.4(월)~7(목)
개최베뉴	포르투갈 리스본 알티스 아레나(Altice Arena)
입장료	€ 675~€ 995

개최규모 (2019)	참관객: 70,000명(160개국), 투자업체 수: 1,221개
행사영역	인터넷 테크놀로지, 신기술, 벤처 자본주의
프로그램	컨퍼런스, 전시회, Women in tech, ALPHA 스타트업 프로그램 등
홈페이지	websummit.com

그림 2-12 웹 서밋 행사 전경

웹 서밋(Web Summit)은 아일랜드 더블린에서 2009년부터 개최하였지만, 현재의 웹 서밋은 2012년부터 본격 개최되었다고 볼 수 있다. 2016년 이래 포르투갈의 리스본에서 개최되고 있다. 주요 연혁은 아래와 같다.

| 표 2-11 | 웹 서밋 행사 주요 연혁

연도	내용
2009	- 아일랜드 더블린 외곽의 한 호텔에서 시작 - 블로거, 언론인 및 기술자가 대부분의 참석자를 이룸
2011	- 이벤트 규모가 3배 확대 - 개최 장소를 로얄 더블린 소사이어티(Royal Dublin Society)로 옮김
2012	- 현재의 웹 서밋 형태의 공식적인 웹 서밋 개최
2013	- 나이트 서밋(Night Summit), 푸드 서밋(Food Summit) 등 부대 행사 추가 - 행사의 규모 확대
2014	- 행사 첫째 날, 베뉴 와이파이 네트워크 문제 발생(창립자 청중에게 공식 사과), 이는 훗날 리스본으로 개최지를 옮기는 결정적 계기로 작용 - 라스베이거스에서 첫 콜리전(Collision) 이벤트 개최
2015	- 홍콩에서 첫 라이즈(RISE) 이벤트 개최

| 2016 | – 리스본의 알티스 아레나(Altice Arena)로 개최지를 옮겨서 개최
– 이후 2018년까지 3년간 리스본에서 개최 발표 |

웹 서밋은 CEO, 분야별 전문가, 셀러브러티, 정치인을 비롯한 다양한 사람들이 연사로 참여하는 컨퍼런스와 인터넷 테크놀로지, 신기술, 벤처 자본주의 관련 전시회, 기술 업계의 포용성 및 다양성을 높이기 위해 이벤트 내 성별 비율을 맞추고 전 세계 여성들의 참여를 장려하고자 기획된 'Women in Tech', 초기 단계의 스타트업들이 발전해 갈 수 있는 기회를 부여하기 위해 투자자 미팅, 멘토 아워, 스타트업 대학교, 스타트업 워크숍 등으로 구성된 'ALPHA startup programme'으로 이루어져 있다. 또한, 스타트업 전시업체들이 참여하여 우승하면 3백만 유로의 자금을 확보할 수 있는 스타트업 경연대회인 'PITCH'와 하드웨어 & IoT, AI & 머신러닝, 게이밍, AR 및 VR 업계의 스타트업이 제작한 제품을 쇼케이스할 수 있는 'Machine Demo', 행사 이후 길거리 및 네트워킹을 위한 공간에서 이루어지는 네트워킹 시간인 'Night Summit' 등이 부대행사로 개최된다.

웹 서밋은 스타트업 대회 핏치(PITCH) 및 머신데모(Machine Demo)를 비롯한 프로그램 및 워크숍, 멘토 아워, 투자자 미팅 등 스타트업을 위한 다양한 행사가 풍부하게 기획되어 있으며, 참가자의 46.3%가 여성이고, '우먼인테크(Women in Tech)' 프로그램을 운영하는 등 성 평등 이슈에 많은 관심을 보이는 특성이 있다. 2019년도 통계에 따르면 참가자가 7만 명을 넘어서는 초대형 비즈니스이벤트로 성장했다.

| 표 2-12 | 2019 웹 서밋 통계

구분	참가자	연자	미디어	투자자	참가국	스타트업 수
주요 통계	70,469명	1,206명	2,526개사	1,221개사	163개국	2,150개

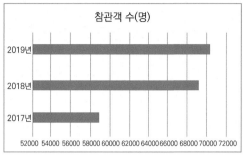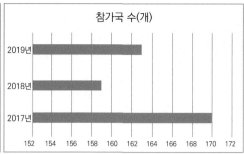

참관객 수(명) / 참가국 수(개)

그림 2-13 **참관객 및 참가국 수**

이렇듯 더블린의 외곽에서 시작하여 전 세계에서 가장 큰 규모의 테크놀로지 컨퍼런스로 성장한 웹 서밋은 개최 도시를 더블린에서 리스본으로 성공적으로 이동하면서 도시의 지자체 및 공급체인 업체와 협력하여 인프라를 잘 갖추려는 노력이 돋보이는 행사이다. 홍콩의 라이즈 컨퍼런스(RISE Conference), 토론토의 콜리전(Collision), 방갈로르의 서지(SURGE)를 비롯한 행사와 같이 웹 서밋의 포트폴리오를 전 세계로 확장하고 있다.

5 SXSW(South by Southwest)

콘텐츠가 대세인 시대가 되었다. 미디어 콘텐츠 관련된 세계 최대 행사인 South By Southwest는 매해 미국 텍사스주 오스틴에서 10일 이상 장기간 개최되고 있다. 오스틴시 전역이 개최기간 동안 미디어, 음악, 인터랙티브 콘텐츠의 전시장 및 공연장으로 활용된다. 비싼 등록비임에도 불구하고 매해 50여 개국에서 30만 명 이상의 참가자가 찾아오고 있고, 650개 이상의 미디어 관련 기업과 2천여 뮤지션이 참가한다. 비즈니스이벤트 중에서도 축제의 성격이 강하게 포지셔닝된 행사라고 할 수 있다.

SXSW는 컨퍼런스, 무역 박람회, 축제 및 기타 이벤트를 주관하는 SXSW, LLC

에서 운영하고 있다. 세 개의 주요 South by Southwest 축제 외에도 오스틴에서 개최된 교육혁신회의인 SXSW EDU가 있고, 독일 프랑크푸르트와 스웨덴 스톡홀름에서 Mercedes-Benz와 공동으로 개최하는 me Convention(2017년 시작)을 개최하고 있다. 이 중 가장 크고 유명한 행사가 SXSW로 미디어 분야 대표행사라 할 수 있다.

단순한 복합 문화행사가 아닌 창의적인 경험을 원하는 사람들이 만나 새로운 가치를 창출할 수 있는 장소를 마련해 주는 행사로 SXSW는 면대면으로 직접 사람들이 만나는 장을 마련한다는 것에 큰 의의를 두고 있다. 음악, 영화/TV, IT기술, 스타트업, 디자인, 우주, 정치, 광고, 게임, 헬스케어, 저널리즘, 스포츠까지 기조연설을 포함한 총 25개의 다양한 컨퍼런스와 관련된 전시회, 공연 등으로 구성되고 있다.

1987년에 오스틴시의 뮤지션들이 직면하는 전형적인 문제, 즉 텍사스주에 위치해 세계 음악계에서 고립되어 있는 문제를 해결하기 위해 오스틴시를 비롯한 다양한 이해관계자들이 협력해 지역 내 뮤지션들이 외부 진출과 음악 관련 산업의 활성화를 도모하기 위해 기획된 소규모 음악 축제로 시작됐다. 매년 규모가 커져 현재는 일련의 1)음악, 2)영화, 3)인터랙티브 미디어 페스티벌 및 컨퍼런스로서 자리 잡았다. 오스틴시는 장소를 제공하고 축제가 열리는 동안 관광, 숙박 등으로 수익을 창출하며 SXSW LCC로부터 운영 수익에 대한 세금을 받고 있다. 2019년에 약 3억 6천만 달러의 경제효과를 가져왔으며 오스틴의 경제를 위해 가장 높은 수익을 산출하는 행사가 되었다. 최근에는 대한민국 뮤지션도 지속적으로 참여하고 있고, 2013년부터는 SXSW에서 케이팝 나이트 아웃(K-pop Night Out)이 개최되어, 한국의 인디 뮤지션들과 케이팝 뮤지션을 알리는 기회를 제공하고 있다.

단시간에 성공한 행사가 아닌 30년이라는 긴 시간에 걸쳐 발전한 행사로 최근 들어 행사의 규모와 깊이가 커졌다고 주최 측은 밝히고 있고, 변화에 발맞추어 기존의 음악 중심 행사에 그치지 않고 다양한 분야를 다루어 행사 자체가 살아 있는 유기체와 같이 매년 발전하는 모습을 보여주고 있다. 행사의 자율적인 기획과 운영을 위해 오스틴이나 텍사스 시정부로부터 일체 지원받지 않았지만 기획자가 추구하는 창조적인 행사로 발전하여 산업기반이 뚜렷하지 않던 오스틴시에 긍정적인 영향을 주고 있다.

그림 2-14 SXSW 관련 이미지

6 C2 몬트리올

C2란 '상거래(Commerce)'와 '창의성(Creativity)'이란 두 단어의 조합이다. 2019년 5월 22일(수)에서 24일(금) 3일간 몬트리올 Grandé Studios에서 개최된 C2 Montreal에는 60여 개국에서 7,500여 명의 창작자, 기업가, 업계 리더 및 선구자, 전문가들이 모였다. 34개 이상의 산업 분야에서 CEO 참가자가 33%에 이르고, 임원급이 57%를 차지할 정도로 기업 임원들의 창의적인 비즈니스를 위한 자리이다. 심지어 셰프, 래퍼, 음악가, 영화감독, 작가 등이 각 분야의 전문가로 참가하고 있다. C2 몬트리올은 비즈니스이벤트를 페스티발화한 현시대에 가장 독창적인 비즈니스이벤트로 꼽힌다.

C2 몬트리올은 '컨퍼런스 경험에 대한 재창조'에 대한 시도를 위해 2011년 '태양의 서커스(Cirque du Soleil)'와 마케팅 에이전시인 'Sid Lee' 소속의 25명이 24시간 브레인스토밍을 통해 참가자들에게 창의적인 영감을 극대화할 수 있는 방안으로 'C2'를 고안해낸 것으로부터 출발했다. Commerce와 Creativity의 교차점에서 도전에 대한 혁신적이고 실행 가능한 솔루션을 발견할 수 있다고 판단한 것이다. 일례로 어색한 대화가 이뤄지는 커피 브레이크나 뷔페가 아닌, 컨퍼런스와 관련 없어 보이는 의미 있는 놀이와 상호작용을 통한 미술작품 설치와 같은 독특한 경험들이 참가자들을 연결할 것으로 보았다. 즉, 참가자를 관객에서 배우로 변화시키는 데 중점을 두고자 하였다[10].

C2 몬트리올은 일반적인 회의 경험과 참석자들 간의 네트워킹에 대한 전체 경험을 다시 설계하였다. 컨퍼런스는 매년 점차적으로 진화해 왔으며, 2020년 기준 프로그램은 'Inspiring Talks', 'Signature Experiences', 'Masterclasses', 'Hands-on Workshops', 'Curated one-on-one', 'Artistic Performances', 'Montreal-style festivities'로 구성되어 있다.

① Inspiring Talks

비즈니스 혁신가, 사회 변혁가(social game changer), 세계적 수준의 전문가, 차세대 전문가 등의 조합으로 이루어진 'C2 Speakers'는 제기된 주제에 대한 심층 탐구와 자신들의 경험에 대한 이야기를 통해 영감을 전달한다.

② Signature Experiences

의미 있는 상호작용과 협업을 독려하고 공동 학습을 촉진하기 위해 계획된 경험들로 각각의 몰입형 시그니처 경험은 '학습(Learn)', '연결(Connect)' 그리고 '경험(Experience)'의 세 가지 유형에 중점을 둔다.

---

10 한국관광공사 MICE 인텔리전스의 'C2 몬트리올'에서 일부 인용하였다.

③ Masterclasses

전문가와 참가자 간의 상호작용을 통한 대화형 모임으로 특정 주제에 대해 보다 깊게 탐색할 수 있도록 예술적 방식, 공연, 협업 등의 독특한 포맷으로 참가자 경험을 설계한다.

④ Hands-on Workshops

도전적이고 실험적인 협업 세션으로 참가자의 창의적 본능을 자극하고 아이디어의 실현을 도우며 그 과정 가운데 동료 참석자와 네트워크를 형성할 수 있는 기회를 제공한다. 예를 들어 VR 등산, 거대한 케이크 굽기 등 참가자들이 '놀이'를 통해 보다 창조적으로 사고할 수 있도록 한다.

⑤ Curated one-on-ones

참가자들에게 미래 비즈니스 파트너 등 적합한 사람과의 의미 있는 연결 기회를 제공하는 경험으로, C2 Connect 플랫폼인 스마트 배지를 통해 네트워킹을 수월하게 제공한다. 이전 컨퍼런스에서는 'Braindates'라는 프로그램에서 'e180'라는 앱을 사용하여 특정 주제에 대해 이야기할 수 있는 적합한 사람을 매칭시켜 어색하지 않은 네트워킹 분위기를 제공하였다.

⑥ Artistic Performances

뮤지컬, 서커스, 댄스 등 다양한 예술적 공연을 제공함으로써 참가자들의 두뇌를 자극할 뿐 아니라 즐거움을 주며 생각을 자극하는 경험을 제공한다.

⑦ Art and Technology Exhibits

글로벌 최첨단 혁신가들이 선별한 작품들로 채워진 전시 공간은 산업, 기술, 그리고 예술 간의 창조적 연결을 선보인다.

2019년 주제는 'Tomorrow'로 정하고, 미래의 기후 변화, 노동의 다각화 및 새로운 비즈니스 모델의 변화(AI Forum, Digital Creativity Summit 등)를 집중적으로 다루었다. 또한, C2 Aquarium[11]을 통한 온라인 생중계 및 이벤트 진행, 17세 이하의 CEO, 혁신가, 작가 등 7명의 글로벌 리더와 진행하는 '7 under 17' 등 끊임없는 변화와 창조의 플랫폼을 제공하였다.

이러한 독특하고 창의적인 경험은 색다른 행사 장소 안에서 실현 가능하다. 매년 C2 참석자가 모이는 산업 예술 전시회 공간인 아스날은 새로운 예술 설치, 새로운 대화형 실험실 및 YouTube 경험을 공유하는 새로운 어항 스타일 스튜디오로 도전적이며 이색적인 장소를 선보인다. 특히 야외 공간인 The C2 village[12]는 풍성한 볼거리를 제공할 뿐만 아니라, 휴식과 자연스러운 대화를 이어갈 수 있도록 설계되었으며, 미래 비즈니스 파트너와 보트 타기, 트렌디한 음식을 제공하는 현지 푸드 트럭, 라이브 공연 등 아이디어 발상에 적합한 완벽한 놀이터를 창출하기 위해 매년 많은 노력을 기울인다.

유명 스피커가 무대를 차지하는 서커스 텐트인 'Big Top 360°'는 1,400석 규모의 360도 좌석과 청중 위로 영상이 투사될 수 있도록 천장 스크린이 설치된 최첨단 성능의 플랫폼이다. 청중은 장소가 주는 분위기만으로 완전히 새로운 경험을 할 수 있으며, 스피커와 패널에게 몰입할 수 있도록 설계된 공간으로 인해 대화와 이야기에 대해 보다 깊은 영감을 느낄 수 있다.

공중 의자에 앉아 네트워킹을 할 수 있는 'Sky Lab', 사면이 거울로 채워진 공간에서의 스피커와의 대화를 진행하는 'Transparent Lab', 축제 분위기로 초대하는 'Primal Lab' 등 C2 몬트리올은 매년 새로운 실험실(Lab) 경험을 소개한다. 이 같은 경험들은 참가자들의 감각을 서로 연결할 수 있도록 하며, 향후 업무에서 어떻게 활용될 수 있

---

11 라이브 브로드캐스팅 공간, 페이스북을 통해 C2 LIVE 진행(C2 Morning Show, C2 Live at Lunch, C2 L'After)

12 C2 Montréal 참가자들의 놀이 공간(페이스북 커뮤니티 Garden, BMW speed coaching, Food truck, Challenging Artistic Installations, Agora, etc.)

는지에 대한 영감을 준다.

　C2 몬트리올이 제기한 "의미 있고 창의적으로 연결하기 위해 컨퍼런스에서 무엇을 할 수 있을까?"라는 의문은 행사 자체가 아닌 경험 창출에 초점을 둔다는 것을 알수 있다. 이들에게 경험이란 새로운 렌즈로서 이를 통해 새로운 세상을 볼 수 있게 하며 함께 새로운 영역과 기반을 구축할 수 있도록 돕는다. 단순히 재미와 신기성을 제공하는 경험이 아닌 새롭게 사고할 수 있는 자극제가 될 수 있는 그런 경험을 설계하는 것이 행사를 성공으로 이끌 수 있다.

자료: www.c2montreal.com

그림 2-15 2023 C2 Montreal 홈페이지

제 **4** 절 국내 비즈니스이벤트 사례

1 Better Together Challenge

아직 익숙하지 않은 분들도 많을 텐데, 꼭 소개시켜 드리고 싶은 행사는 한국에 세계본부를 갖고 있는 세계문화오픈(world culture open)이 개최하는 Better Together Challenge이다.

조직을 먼저 소개하면, 세계문화오픈은 21세기를 맞이하면서 문화의 시대가 도래한다는 믿음으로 1999년부터 활동가들을 중심으로 조직을 만들어 2004년 문화 중심지인 미국 워싱턴 D.C.에서 World Culture Open Day 행사를 통해 국제적 네트워크를 통한 공식적 행사를 시작했다. 세계문화오픈의 조직위원회는 세계적인 지도자, 4개 전문위원회, 6대륙 대표 중앙위원회, 집행위원회, 운영위원회로 이루어져 있고, 세계인의 평화와 친선, 화합과 축제의 장 마련, 신문화 창출, 나눔과 배움의 기회 마련, 건강하고 아름다운 세상을 만드는 글로벌 네트워크 구축, 생명운동과 상생운동 전개 등을 목적으로 하는 세계적인 문화행사를 개최한다. 세계문화오픈은 문화체육관광부와 2016년도에 업무협약을 체결하였다.

세계문화오픈은 다양한 캠페인과 컨퍼런스를 상시 개최할 뿐만 아니라 더 좋은 세상을 만드는 아이디어, 실천을 주제로 전 세계 혁신가와 창의적인 변화를 주도하는 사람들이 모여 각 지역에서 진행해 왔던 문화 혁신 관련 프로그램에 대한 올림픽 방식의 혁신 경연대회이다. 즉 일 년 동안 지역별 혁신가들이 진행해 온 내용을 선발하여 최종 결선을 Better Together Challenge에서 개최하는 형태이다.

국내에서는 세계대회인 Better Together Challenge가 지속 개최되기 시작한 것은 2017년도부터로 청주에서 진행되었고, 2018년도부터는 대한민국지역혁신활동가 대회가 함께 개최되고 있다.

가. 청주 Better Together Challenge

2017년 행사는 충북 청주 원도심에 있는 한때 10억 개비의 담배를 생산하던 폐공장 시설을 행사장으로 활용하여 공익활동가들이 직접 운영한 150개 워크숍이 진행되었다. 2017년도는 세계문화대회로 개최되었고, 전 세계 50개국, 500여 명의 컬처 디자이너들이 모여 문화의 꽃을 피우고 평화와 공감의 열린 목소리를 내며 3일간 행사를 진행하였다.

그림 2-16 청주 Better Together Challenge 행사 진행 장면

나. 대전 Better Together Challenge

2018년도에는 국가균형발전위와 세계문화오픈이 협력관계를 구축하여 공동으로 대한민국지역혁신활동가 대회를 개최하였다. 이는 행사를 통한 민관협력의 새로운 시도로 국가균형발전위원회에서 매해 개최하였던 균형발전박람회와 공동으로 행사를 개최하는 형태였다. 2018년 9월 6일부터 8일까지 대전컨벤션센터에서 3일 동안 개최된 행사에서는 지역혁신활동가대회의 본선과 결선 및 글로벌 토크가 진행되었고, 전국에서 남녀노소를 불문하고 수백 명이 참여하였다.

그림 2-17 대전 Better Together Challenge 행사 진행 장면

다. 평창 Better Together Challenge

2019년도부터는 강원도 평창군 동계올림픽 올림픽 플라자에서 행사를 개최하고 있다. 기존 행사의 정체성 확립 및 지역 커뮤니티와의 상생을 위하여 올림픽 플라자에 투명 돔구조의 구조물을 건립하여 운영하고 있다. 전 세계 5,300여 개 혁신가 팀의 지원 중 심사를 통해 85개 팀의 프로젝트가 선별되었고, 이들 중에는 여성의 사회 진출을 이끌어내는 '미쓰 택시 가나(Miss Taxi Ghana)'(가나), 쓰레기를 건강보험이나 학비로 교환해 쓰레기와 빈곤 문제를 동시에 해결하는 '이트래시투캐시(eTrash2Cash)'(나이지리아), 미래세대 다큐멘터리 감독들을 키우는 어린이 영화감독 교육 '씨네아스타 퓨츄로(Cineastas del Futuro)'(아르헨티나), 난민들에게 인공지능 기술을 교육해 희망과 자생력을 불어넣는 '휴먼즈인더루프(Humans in the Loop)'(불가리아) 등이 있었다. 참가자들은 5분의 발표 시간 동안 주제와 관련한 자신의 프로젝트나 활동을 소개하고, 현장에서 청중 평가단이 이들의 발표를 듣고 투표를 진행하며, 글로벌 결선에서는 최다 공감투표를 얻은 팀에게 우승상금 5,000달러(한화 약 600만 원)가 수여되었고, 차 순위 팀들에게도 상금이 수여되었다.

행사 기간 동안에는 세계 곳곳에서 자신만의 재능과 방법으로 더불어 행복한 사회를 디자인하고 있는 혁신가들이 네 가지의 주제[평화로운 지구촌 만들기/지속 가능한 지구와 환경/모두가 함께 행복한 포용적 사회/평창: 지속가능한 국제평화도시 만들기(아이디어 챌린지)]에 대한 다양한 실천사례와 아이디어를 발표하거나 공개 토론하였다. 2019년도 대회의 개최를 계기로 동계올림픽의 평화 올림픽 정신이 계승되어 향후에도 평창에서 지속 개최를 계획하게 되었다.

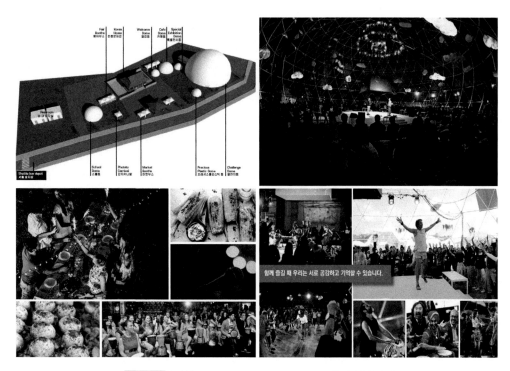

그림 2-18 평창 Better Together Challenge 행사 진행 장면

2 아태안티에이징컨퍼런스, APAAC

안티에이징컨퍼런스는 좀 더 개발 과정을 자세히 다루어 향후 비즈니스이벤트를 개발하려는 컨벤션뷰로, PCO 및 주최자들에게 도움이 되었으면 한다. 여전히 육성 진행 중인 행사로 성공 사례로 보기보다는, 컨벤션뷰로와 MICE업계가 주도하는 의미 있는 과정을 공유하고, 피드백을 받고자 한다.

대구의 경우는 '22년 기준, 11건의 지역 특화컨벤션을 발굴, 기획 및 육성하고 있다. 대구는 도시의 역사와 특성상 산업 기반이 풍부한 도시로서 지역의 강점 산업을

'미래 산업'으로 정하고, 각 산업별로 특화된 컨벤션이 자리 잡고, 이를 통해 지식 확산, 산업 혁신 및 지역민의 복지가 향상될 수 있는 플랫폼 역할을 할 수 있도록 노력하고 있다. 이 중에서 의료 혹은 헬스케어 산업 분야를 세계적으로 주도하고, 육성하기 위한 '아태안티에이징컨퍼런스'는 현재 K-Convention의 '유망' 단계로 지정되어 한국관광공사로부터 지원을 받고 있다.

2017년 여름, 세계적으로 안티에이징 분야에 가장 성공적인 행사로 인정받고 있는 IMCAS Congress(International Master Course on Aging Science Congress)의 회장과 회의 기획가가 함께 대구를 방문하였다. 당시에는 IMCAS Asia라는 대회를 대구로 유치하기 위한 사전 실사 성격의 방문이었지만, 결국 한국의 의료 체계[13]와는 맞지 않는 동 대회를 대구나 한국으로 유치할 수 없다는 결론이 났다.

하지만 의료 수도를 지향하는 대구로서는 메디컬 컨퍼런스를 직접 '기획·개발'하는 것으로 방향을 선회했다. 국가 첨단의료 복합단지가 소재해 있고, 국가의료기술시험연수원의 설립이 확정된 상태였으므로, 의료 분야의 전문화된 컨퍼런스와 전시회를 매년 개최할 수 있다면 전 세계의 의사들을 정기적으로 대구로 방문 유도할 수 있을 것이며, 이들을 통한 의료 산업의 국제 교류와 해외 진출을 위한 플랫폼이 생겨날 수 있다는 생각이었다.

우선 IMCAS 등의 유사 행사들을 벤치마킹하고, 그간의 여러 국제회의 개최 경험을 바탕으로 대회의 기본 구상안을 3개월에 걸쳐 기획했다. 초기에는 2페이지 정도의 기본 개념 정도에서 출발했지만, 지역의 저명 의료진과 대구시 등 관계자들을 개별 방문하면서 의견을 반영하고, 지속적으로 구체화하였다. 대구시에서도 발 빠르게 대처하여 지역의 저명 의료진을 모아 비공식적인 간담회를 개최하고, 여기에서 '안티에이징'을 키워드로 확정하는 것으로 정하였다. 또한, 참여 전공도 대구와 한국이 강점이 있는 피부과, 성형외과, 모발이식, 치과 등 4대 전공으로 우선 지정했다.

이후 2017년 11월경, 아태안티에이징코스[14] 기본 구상안을 대구시의 의료산업 담

---

13 한국은 전문의와 일반의 제도가 엄격히 구분되어 있으나, IMCAS는 융합되어 운영된다.
14 최초 구상 단계에서는 컨퍼런스가 아니라 전문 연수프로그램인 '코스'라는 용어를 채택했는데, 이는 의료진들의 전

당과에 보고하고, 2018년도 예산으로 시비를 확보하게 되면서 본격적인 행사 개최 준비에 돌입하였다. '18년에는 당시 지역 특화컨벤션 선정을 위해 한국관광공사의 공모 제도에 응모하여 개최에 필요한 필수 예산을 먼저 확보하였다.

기본 구상안을 넘어 본격적인 기본 계획 수립 시에는 대회의 목적과 목표를 구체적으로 담기 위해 각계각층의 다양한 의견들을 확대 반영해 갔다. 많은 공감을 얻었던 것은 단순한 컨퍼런스 개최를 넘어 전 세계 의료진의 네트워크를 통해 지역 및 한국의 병원 간 교류, 기업과 제품의 해외 수출, 나아가 의료관광객 유치에까지 기여하겠다는 대회 개최의 비즈니스적 목적과 목표였다. 비즈니스이벤트의 개념을 적극적으로 도입했다.

최초의 기획 단계에서부터 운영 조직 구성에도 많은 시간과 노력을 투자하여, 대구시가 주최하고, 대구컨벤션뷰로와 아태안티에이징학회가 주관하는 형태로 조직위원회를 구성하여 50여 명의 의료진이 참가했다. 학회를 신규로 설립한 것은 안티에이징이라는 폭넓은 분야의 융합적인 학회이기에 기존의 학회로 대처하는 것이 쉽지 않았고, 컨벤션뷰로만으로는 해외 학회와의 교류가 쉽지 않으며, 대회 성공의 핵심인 의사들의 자발적인 참가를 보장할 수 있는 창구가 필요하겠다는 판단이었다. 이렇게 설립된 아태안티에이징학회(Asia-Pacific Anti-Aging Society)는 현재, 제2기 임원진을 구성하여 조직의 안정화와 멤버십 마케팅, 국제 교류에 집중하고 있다.

컨벤션뷰로가 직접 주관을 하다 보니, 장단점이 있긴 하다. 우선 의료 산업 분야의 전문가가 아니다 보니, 초창기에는 관련 지식 부족과 국내외 관련 네트워크 부족으로 인해 여러 어려운 점이 발생했다. 반면에, 의료 전문 기관이나 병원들과의 네트워크가 구축되어 갈수록 의료 산업과는 다른 제3자의 입장에서 여러 의료 관련 관계자들의 이해관계에 얽매이지 않고, 객관적으로 지원할 수 있는 여력이 생겼다. 또한, 국제회의 전담기구로서 그동안의 노하우와 네트워크를 통해 글로벌 행사로 육성하기

문 연수 프로그램에 중점을 두었기 때문이다. 하지만 전시회, 환영 만찬 등 네트워크 행사를 포괄하고, 다양한 학술 교류 차원으로 확대되면서 '컨퍼런스'로 개명하였다.

그림 2-19 APAAC 조직위원회 조직도

위한 집중적인 노력과 추가적인 투자가 가능해지면서 시너지 효과들이 생겨나게 되었다. 지역의 MICE업계에도 긍정적인 파급효과가 생겨났는데, 지역 PCO와 함께 대회를 진행하면서 PCO에게는 일반적인 대행 업무를 넘어 기획과 운영에 보다 적극적으로 참여할 기회가 되면서 주최자로서의 역량 강화에도 도움이 되었고, AMC 역할을 공동으로 수행하면서 신규 사업 모델도 개발할 수 있는 기반이 갖추어져 갔다.

2018년도 제1회 대회를 통해 하나의 행사를 탄생시키는 것이 얼마나 고된 작업인지를 절실히 체험했다. 가장 기본적인 해외 참가자 모집[15]과 기업 스폰서십 모집에 대회 직전까지 올인할 수밖에 없었다. 심지어 행사 개최 2~3일 전까지 해외 참가자 비자 발급을 챙길 수밖에 없는 상황에 직면하여 단 한 명이라도 의미 있는 참가자를 늘리기 위해서 노력했다. 현장의 대회 운영에 대해서는 지역의 PCO의 도움이 없었다면 불가능했을 것이다. 50%의 예산은 보조금 외에 민자 수입으로 확보를 해야 하는데, 참가자 등록비와 기업 참가비로 충당하지 못하면 적자가 발생하므로 대회 개최 1개월 전까지도 이러한 예산 마련이 큰 고민이 되었다.

---

15 안티에이징컨퍼런스는 국내보다는 해외 의료진을 타깃으로 하여 네트워크를 구축하고, 이를 통해 기업과 병원이 해외 진출을 할 수 있도록 하는 것을 목표로 삼고 있다.

그림 2-20 2018년도 제1회 아태안티에이징컨퍼런스

제2회 대회 준비는 행사 개최가 종료된 시점에서 곧바로 시작했다. 제1회 대회의 부족했던 면들에 대한 보완이 필수적이었고, 대회 자체의 지속가능성을 위해서는 2, 3회 대회에서 성과를 내야만 한다는 압박도 있었다. 결과보고회를 행사 직후에 개최하여 운영위원들의 의견을 듣고, 차기 대회 프로그램 기획에 반영하면서 준비에 돌입했다. 참가 기업들의 비즈니스 서비스를 위한 전략도 운영위원회의 산업위원장과 협의하면서 새로이 개편하고, PCO도 서둘러 연초에 지정하고, 빠르게 호흡을 맞추어 갔다. 결과적으로 해외 참가자도 1회 대회 103명에서 318명(의사 188명 포함)으로 급증하였고, 기업들의 스폰서십도 2.5배 이상이 증대되었다. 대구시와 학회를 중심으로 해외 유관기관들과의 MOU 체결도 6건 이상을 기록하면서 향후 협업 사업들을 기대할 수 있게 되었다. 총 참가자 700명을 돌파하면서 해외 에이전시들과의 신뢰 관계도 더욱 공고해졌다.

그림 2-21 2019년도 제2회 아태안티에이징컨퍼런스

3회 대회에 대한 기대를 높이고, '20년도 대회를 본격 준비하던 즈음에 코로나 사태가 대구를 덮쳤다. 2월에서 5월까지 무기력한 3개월 이후, 5월 말에 개최된 운영위원회에서 여러 가지 위기 요소들이 있지만, 아직도 초창기인 대회의 네트워크와 브랜

드를 이어가고 비대면 행사로 전환되더라도 노하우 축적을 위해서 대회 개최를 강행하는 것으로 확정되었다. 대회 개최 자체에 대한 확정 자체가 늦춰지고, 지금까지 경험하지 못했던 대회 준비와 개최 방식의 변화에 적응하기 위해 시행착오가 불가피했던 한 해였다. 하지만 '20년도 3회 대회를 개최하지 못했다면 4, 5회 대회도 불투명했을 것이다.

'20~'21년도 제3, 4회 대회는 그 당시에 모델이 될 수 있는 다양한 시도들이 이루어졌다. 대회 현장에는 5대 전공별로 온라인 스튜디오가 구성되어 20개국에 생중계되었다. 해외 595명 내외의 의료진과 관계자가 접속되었고, 특히, 중국은 산동성, 허난성 등 현지 5개 성에서 각 50~100명이 모여서 멀티 사이트 컨퍼런스 형태로 개최되는 새로운 형태의 개최 모델들을 경험했다. '21년도에는 '20년도의 경험을 바탕으로 보다 세련된 형태로 대회가 개최되었으며, 444명의 14개국 해외 참가자들이 생방송으로 참가했으며, 강사진도 93명에 달했다.

| 강 의 | 강의(치과) | 가상 전시관 시연 | 멀티사이트컨퍼런스 (중국 위해시) |

그림 2-22 2020~2021년도 제3, 4회 아태안티에이징컨퍼런스

5회 대회는 하이브리드 형태로 개최되면서 해외 참가자의 경우, 101명의 현장 참가가 이루어졌다. 온라인 위주의 2회 대회 이후에, 여러 미팅 기술들을 활용해 최대한의 성과를 낼 수 있도록 노력을 기울였다. 카데바 워크숍, 강의, 라이브 서저리 등 콘텐츠 강화를 통해 참가자들의 경험 가치 극대화와 만족도 제고에 노력을 기울였다.

| 카데바 워크숍 | 런천 세미나 | 산업전 | 개회식 및 환영만찬 |

그림 2-23 2022년도 제5회 아태안티에이징컨퍼런스

제6회 대회는 3년간의 코로나 시대를 뒤로 하고 질적인 성장과 진정한 비즈니스 이벤트로의 기틀을 다진 해였다. 대회의 목표를 참가자 수와 전시 규모를 넘어 참가자 만족도, 참가 기업 재참가 의향, 수출 성과, 비즈니스 네트워크 확대, MOU 체결 및 ESG 도입 등을 지표로 삼아 최대한 정량적으로 수립하고, 대회 기간 중에 컨벤션뷰로 인턴들과 함께 집중적으로 설문 조사를 하였다. 결과는 해외 288명 등 총 893명이 참가했고, 참가자들은 90% 이상이 재참가 의사를 피력하였으며, 참가 기업도 80.7%가 재참가하겠다고 답하여 작년의 60%를 크게 웃돌았다.

최근에도 APAAC 참가 기업, 파트너사가 바이어와 15억 원 수출 계약을 체결하는 등 비즈니스는 연중 이루어지도록 시스템을 구축하고 있다. 대회 기간 중 13건의 학계 간 교류, 기관 간 협력 및 수출 MOU도 체결하였다. 단, 해외 참가자 모집 목표인 400명은 달성하지 못했는데, 이는 아직은 해외 비즈니스 출장에 필요한 비자 서류, 불완전한 정치관계 혹은 참가자의 심리적 부담감 등이 완전히 회복되지 않았던 탓도 있었다. 6회 대회를 추진하면서 또 하나 고무적인 것은 APAAC 참가 기업들이 자사의 기업회의를 연계 개최하려는 시도들이 있고, 컨벤션뷰로의 경우에는 시의 의료산업 관련 프로젝트의 사무국을 수행하기로 하는 등 다방면의 파급효과들이 생겨나고 있다는 것이다.

앞으로 수년간의 데이터들이 쌓이고, 연중 비즈니스 성과 창출을 위해 지속 노력한다면 MICE업계가 주도하는 성공적인 비즈니스이벤트와 레거시 창출 모델로 손색이 없을 것이라 생각한다.

| 베트남 세미나 | 코모델링 서저리 | 스폰서 세션 | 전시회 |

그림 2-24 2023년도 제6회 아태안티에이징컨퍼런스

의료 행사는 전시회가 중요하다. 실질적으로 기업들과 병원들의 비즈니스 성과가 중요하기 때문이다. 또한, 행사 수입의 상당 부분이 기업 참가비로 충당되므로 행사의 수입원과 직결된다. 안티에이징 컨퍼런스는 산업전과 동시에 진행을 하는데, 해를 거듭하면서 참가 기업들의 실질적인 판매 계약과 수출 성과 제고를 어떻게 창출할 것인가가 안정적인 스폰서십 확보에 핵심 기반임을 깨닫고, B2B, B2C 성과 창출 전략을 연중 수행하고 있다.

안티에이징컨퍼런스는 참가자들에게 잊지 못할 한국의 기억도 선사하기 위해 노력하고 있다. 제1회 대회부터 킬러 콘텐츠로 환영 만찬 시에 한복패션쇼를 개최해 왔다. 2019년 환영 만찬에 참가했던 400여 명의 국내외 참가자들에게 한복 패션쇼와 전통 공연들은 그들의 뇌리에 분명히 각인되었을 것이다. 둘째 날의 네트워킹 데이도 타 대회와는 다르게 큰 심혈을 기울이고 있다. 금년부터는 대구가 육성하는 BE(Business Events)-Planner 대학생들이 기획에 참여하여 전 세계 참가자들 간의 긴밀한 네트워크 구축을 세심하게 지원할 것이다.

간혹 컨벤션뷰로의 역할이 이렇게까지 비즈니스이벤트 기획·개발에 초점을 두는 것이 맞는지에 대해 질문을 받곤 한다. 도시 마케팅 기구로서의 컨벤션뷰로의 역할이나 마이스 생태계 육성을 위한 기능들이 약화될 수 있다는 우려에서이다. 하지만 약 25년간의 MICE업계에서의 경험과 비즈니스이벤트 관련 세계적인 추세 등을 고려해 볼 때, 가장 중요한 것은 컨벤션 관련 핵심역량을 확대하는 것이 지역 컨벤션뷰로들의 우선적인 순위의 업무가 되어야 한다는 것이다. 즉, 의미 있는 레거시를 지역에 창출할 수 있는 양질의 국제회의 개발을 통한 개최 수요 증대가 그러한 핵심역량의 하나라고 생각한다. 컨벤션뷰로와 지역의 PCO 등 마이스 산업이 협력하여 향후 수요 증대를 직접 이룰 수 있는 분야는 국제회의 기획 및 개발 분야일 것이다.

아태안티에이징컨퍼런스는 한국의 선진 의료기술과 K-Beauty 브랜드를 바탕으로 아시아를 선점하고, 세계 4대 안티에이징 분야의 글로벌 행사를 꿈꾼다. 마이스 업계가 주도하여 지속 가능한 하나의 성공 모델을 만들어 타 행사들에 확산될 수 있는 모델을 만들어내기 위해 노력 중이다. 안티에이징컨퍼런스를 통한 국내외 네트워크를 활용하여 연중 크고 작은 관련 국제회의들도 개발해 낼 것이다. 영국의 런던 테크 위크 등의 성공 사례처럼 하나의 제대로 된 국제회의를 개최하기 위해 연중 준비과정의 국제회의가 필요할 것이다. MICE업계의 진정한 노하우와 역량이 발휘될 수 있도록 성공 사례를 구축하기 위해서는 쉽지 않은 과정을 거칠 수밖에 없을 것이다. 하지만 그 결실은 보다 큰 비즈니스이벤트의 레거시로 개최지와 MICE업계에 돌아올 것이다.

제7회 아태안티에이징컨퍼런스 개요
(Asia Pacific Anti-Aging Conference, APAAC)

1. 개최 배경
   - 안티에이징(항노화) 산업은 남녀노소 불문, 노령화 대비, 삶의 질적 향상이라는 세계적 추세
   - 한국은 K-Beauty, K-medical 등 관련 분야 세계적 인지도와 의료기술과 기반 산업 보유
   - 그중 피부, 성형, 모발이식, 치과 분야는 한국 및 대구의 강점 산업 분야로 미래 고성장 분야
2. 비전과 목표
   - 10년 이내, 아시아 대표 및 세계 4대 컨퍼런스로 자리매김
   - 의사 연수의 메카도시로서 메디시티 대구 브랜드 글로벌화
   - 안티에이징 산업 국제 교류 및 해외 진출의 글로벌 플랫폼
3. 대회 개요
   - 기   간 : 2024년 9월 27일(금) ~ 29일(일), 3일간
   - 장   소 : 호텔 인터불고 대구, 지역 관련 병원
   - 주   최 : 대구광역시(조직위원장 : 경제부시장)
   - 주   관 : 아태안티에이징학회(APAAS), 대구컨벤션뷰로
   - 후원(안) : 보건복지부, 한국보건산업진흥원, K-Medi Hub, 대구광역시 의사회, 대구치과의사회, 대구테크노파크, 한국관광공사
4. 참가 규모 : 1,000명(해외 520명, 국내 480명)
5. 행사 프로그램

구 분		메디컬			덴탈	공통	장 소
		피부과	성형외과	모발이식	치 과	병원관리	
9월 27일 (금)	오전	강 의	강의·실습 (카데바 워크숍, 코모델링 워크숍, 줄기세포 실습)	–	기업 탐방, 강의·실습 (핸즈온 1차)	강 의	호텔 (지역대학)
	오후	강의·실습 (카데바 워크숍)		산업전 투어		K-Medi Hub 탐방	호텔 (지역대학)
	저녁	개회식·만찬					호텔
9월 28일 (토)	오전	강 의	강 의	강의·실습 (카데바 워크숍)	강의·실습 (핸즈온 2차)	피부시술체험 (지역병원), 기업 탐방	호텔
	오후	강 의	강 의				호텔
	저녁	전공별 네트워킹 나잇					동성로 등
9월 29일 (일)	오전	라이브 서저리	라이브 서저리	라이브 서저리	강의·실습 (국내)	지역 쇼핑투어	각 병원
	오후						
	저녁	수료식					동성로

186

제 **3** 부

비즈니스이벤트가
성공하려면

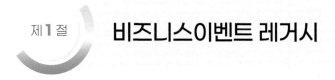

제1절 **비즈니스이벤트 레거시**

1 **성공적인 비즈니스이벤트**

앞서서 우리는 개념과 사례를 통해 비즈니스이벤트가 무엇인지 알아보았다. 3부에서는 과연 성공적인 이벤트는 무엇인지에 대해 논의해 보고자 한다. 1부에서도 잠깐 소개되었듯이 비즈니스이벤트의 중요한 장점이자 혜택은 바로 레거시이다. 비즈니스이벤트 레거시는 비즈니스이벤트의 개최를 통해 발생되는 중장기적인 혜택, 긍정적인 가치를 의미한다.

우리가 앞에서 논의한 대로 비즈니스이벤트는 국내에서 MICE, 국제회의, 컨벤션 산업 등 다양한 용어로 불려오고 있으나, 이러한 관련 산업들은 용어와 관계없이 국제사회의 정보·문화·인적 교류의 증대를 가능하게 해주는 매개체로서 주목받고 지속해서 육성되어 왔다. 특히, 여러 효과 중에서도 지역경제에 대한 파급효과, 생산 및 고용 등 다양한 부가가치 효과가 뛰어나 해당 산업의 경쟁력을 향상하기 위해 국가를 포함한 다양한 도시, 목적지가 많은 노력을 기울이고 있다. 국내의 경우 1996년부터 국제회의산업 육성에 관한 법률을 제정하였으며, 2012년부터 시행된 지역특화컨벤션 육성사업과 2018년부터 시행된 국제회의 복합지구 육성사업 등 지역을 기반으로 관련 산업 육성을 위한 다양한 노력을 하고 있다.

그리고 해당 산업들의 가치를 밝히기 위해 다양한 연구들에서 행사 개최 효과에 관한 연구를 진행해 오고 있다. 행사 개최 효과는 대다수의 연구에서 MICE 혹은 컨벤션(산업) 파급효과라는 명명 아래 연구가 진행됐으며, 다양한 개최 효과 중에서도 경제적 파급효과에 집중하여 연구가 진행되어 왔다. 또한 점차적으로 경제적인 효과 이외에 사회문화적 파급효과, 관광진흥효과, 지역발전효과 등 다른 개최 효과들의 존재를 밝히고, 해당 효과들의 중요성에 관해 논의하는 연구들이 늘어나게 되었다.

그러나 대다수의 연구에서 언급된 효과들은 '지역' 중심의 방문자 경제효과 측면을 중점적으로 다루었다는 점에서 그 한계가 있었다. 일부 연구들에서 산업 발전이라는 측면에서 효과를 밝힌 것과 같이, 행사 개최에 따라서 산업도 발전할 수 있는 부분이 있으나 해당 측면에 관한 연구가 부족한 실정이다. 이에 더욱 정확한 비즈니스이벤트 산업의 가치 파악을 위해서는 단순한 파급효과 외에 사회문화적 레거시와 가치 등 제반 효과에 관한 관심이 필요하다. 위와 같이 그동안 MICE, 국제회의의 맥락에서 행사 개최를 통한 혜택은 주로 '파급효과'라는 용어를 통해 논의되어 왔다. 파급효과는 행사의 개최를 통해 발생되는 단기적인 효과로, 주최, 개최, 참가의 목적을 충족시켜주는 단기적인 성과이다. 그러나 이제는 좀 더 장기적인 측면에서의 가치에 대해서 살펴보아야 하는 시기가 도래했다. 이를 위해 필요한 개념이 '레거시'이다.

레거시(Legacy)는 우리말로 '유산'이라고 번역되며, 앞세대가 물려준 사물 또는 문화라고 정의된다. 영어로 '레거시(Legacy)'는 과거의 어떠한 행동이나 결정을 통해 발전된 상황이라고 정의되고 있다. 국문으로 번역한 용어인 유산은 heritage의 의미로 사용되기도 하는데, 유네스코에서는 "과거로부터 물려받은 것을 현재 우리가 공유하고 미래 세대에게 물려주는 것"으로 유산을 정의하고 있다. 이러한 정의들은 단순히 과거에서 현재로 이어진 것만이 아니라, 뒷세대, 미래세대에까지 '전승'해 주는 것으로 확장된 의미를 담고 있다고 볼 수 있다. 다양한 연구에서도 레거시에 대한 개념을 정의하고 있는데, 국창민·김도균·정아람(2020)은 레거시를 정치·경제·사회·문화·환경 등에 고루 영향을 미치는 장기간에 걸친 지속적 대물림 현상으로 정의하였으며, Woodhouse(2010)는 이벤트의 장기간 지속되는 효과로 이해할 수 있다고 하였다.

이때의 레거시는 개최효과와 분리되어 이해되어야 한다. Elo(2016)는 개최 효과는 방문자의 소비와 같이 충동으로 인해 발생하는 경제적 효과와 같이 단기적인 효과로 이해될 수 있는데, 이는 장기적 관점에서 바라보는 레거시와는 다른 부분이라고 하였다. 레거시는 행사의 개최로 인하여 장기적인 관점에서 도시와 산업에 미치는 영향으로 보아야 한다(Preuss, 2007). 다수의 연구에서 살펴보았듯 레거시는 장기적인 성격을 띤다는 특성이 있기 때문에, 가장 주요한 차이는 시간이라 할 수 있으며, 개최 효과는 단기적이고, 레거시는 장기적인 영향이라 할 수 있다(Masterman, 2009).

특히 최근 들어 단기적인 경제적 효과보다는 지속 가능한 무형적 레거시의 구축에 관한 관심이 높아지고 있다(이수연, 2016). 올림픽 레거시의 경우를 살펴보면, 국제올림픽위원회(IOC, International Olympic Committee)는 2002년부터 올림픽 헌장에 개최국 및 개최도시에 남는 긍정적인 레거시의 중요성을 명시하였으며, 올림픽 유치신청서의 가장 첫 번째 항목을 올림픽의 컨셉과 레거시로 정하고, 유치 신청 단계에서부터 올림픽 레거시 계획을 포함하도록 하고 있다(박진경 · 박명숙 · 태혜신, 2014; 인상우, 2011). 이는 올림픽 레거시가 초기부터 강조되었던 것은 아니지만 IOC가 올림픽 개최 이후에도 개최도시 및 국가가 지속 가능한 발전을 하기 위해서는 일종의 촉매제가 필요하다는 것을 깨닫고, 이를 올림픽 개최 준비단계부터 마련돼야 한다고 판단하였기 때문이다(임태성 · 박재우, 2015).

따라서, 성공적인 비즈니스이벤트란 무엇인가를 생각해 보면 단기간의 파급효과만이 아닌 장기간 지속되는 효과인 레거시를 많이 창출해 내는 비즈니스이벤트라고 할 수 있다. 기존의 성공적인 행사 개최의 기준은 주로 몇 명이 참석했는가, 참가국가는 몇 개국인가, 개최 수익은 얼마가 발생했는가 등 행사 종료 직후 셀 수 있는 정량적인 지표들로 이루어졌었다면, 이제는 좀 더 장기적으로 행사 개최 이후 발생되는 다양한 레거시들이 그 기준이 될 것이다.

2 비즈니스이벤트 레거시의 유형

비즈니스이벤트 레거시는 다양한 형태로 나타난다. Ganing Edge(2018)는 국제 컨벤션 목적지 경쟁력 지수(International Convention Destination Competitive Index)를 발표하며, 컨벤션 산업이 점차 비즈니스 MICE의 성격을 강하게 띠게 됨을 언급하며, [그림 3-1]과 같이 비즈니스 MICE 개최 유산 형성 구조를 제시하였다. 지식 및 창조경제를 기반으로 한 비즈니스 MICE는 국내외 전문가, 투자자, 생산 및 서비스 구매자와 유통자들을 개최지로 불러들임으로써 지역의 관련 지식 공유, 아이디어 창출, 수출/무역 증대 등에 이바지하고 잠재적인 역량을 발견할 기회를 제공한다. 그리고 해당 기회들을 기반으로 지식, 신규아이디어, 정체성/브랜드, 플랫폼/쇼케이스, 수출/무역, 성장, 현대화, 다양화, 전문화, 국제화, 표준, 투자, 매력요인과 같은 다양한 레거시를 창출한다고 볼 수 있다.

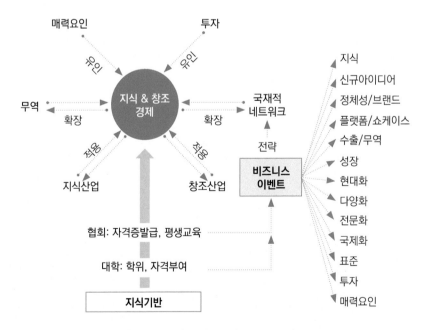

자료: Gaining Edge(2018) 바탕으로 연구자 재구성

그림 3-1 비즈니스이벤트 개최 레거시 형성 구조

이러한 레거시 유형을 좀 더 유형화하고자 하는 노력들이 이루어졌다. 앞선 1부에서 제시된 것과 같이 JMIC는 비즈니스이벤트의 레거시를 지식 산업 경제(Knowledge Economy), 산업 혁신(Industry Innovation) 및 지역사회의 복지(Community Well-being) 3가지 방면에 기여하는 것으로 제시하였다. 또한, Best Cities Alliance는 경제적(economic), 정치적(political), 사회적(social), 환경적(environmental), 세부 분야별(sectoral) 5가지 유형으로 레거시를 나눈 바 있다.

레거시에 대한 연구는 아직까지 많이 이루어지지 않았으나 최근 가장 많이 활용되고 있는 분류는 Best Cities Alliance의 사례와 비슷한 5가지 유형으로 나누는 것으로 주요 내용은 〈표 3-1〉과 같다. 표에서 보는 것과 같이 단순히 레거시를 유형화하는 것만이 아니라 해당 레거시를 측정할 수 있는 지표, 목표를 설정하는 것도 중요하다. 행사의 성격 및 주제에 따라서 창출될 수 있는 레거시가 상이하며, 행사 개최 이후 개

| 표 3-1 | 비즈니스이벤트 레거시의 유형 및 주요 목표 달성 지표

유형	주요 목표 달성 지표	
경제적 레거시	비즈니스 성장 수출/무역 산업 발전	외국인 직접투자 인재 유치
정치적 레거시	정책개혁의 영향력 투표율-시민 참여 향상된 정부 서비스 결과	정치적 책임 부패 감소
사회적 레거시	사망률 감소 실업률 감소 문화재 보존 교육 수준 향상 사회적 포용력/접근성 인권보호	공공복지 개선 생활수준 향상 인프라 개선 삶의 질 향상 건강 수준 향상 불평등 감소
환경적 레거시	에코시스템 보호 식량 및 물 안보 기후 목표 도달	탄소 중립성 그린 에너지 전환 도시의 지속가능성 제고
산업적(분야별) 레거시	글로벌 지식 교류 효과 HR 역량 개발 포괄성 및 접근성 회복력: 완화, 적응 및 혁신 클러스터 개발	기술 혁신 글로벌 리더십 우수 사례 적용 및 관리 자원이동 과학 발전

자료: Business Events Sydney(2011); MeetDenmark(2020); 김미견·황희곤(2020)을 바탕으로 연구자 재작성

념적으로 레거시가 발생한다는 것을 아는 것이 아니라 실제적으로 어떠한 레거시가 창출되었는지 추적하는 데 있어서 밑받침이 될 수 있기 때문이다.

좀 더 확장하여 레거시의 유형을 생각해 볼 수 있는 부분은 레거시가 언제 창출되는가에 대한 부분이다. 메가이벤트와 관련한 연구들에서 주로 나타난 개념으로 행사 전, 중, 후 나아가 행사 유치, 취소 등의 여러 단계에서 레거시가 창출될 수 있다는 부분이다. Preuss는 [그림 3-2]와 같이 행사 전이나 행사 후에는 메가 이벤트의 주제가 되는 부분에 있어서 다양한 레거시의 창출이 시작되며, 행사 개최 이후 지역에서 발생되는 레거시의 창출이 보다 활발하게 일어난다고 하였다. Kassens-Noor 등(2015)은 메가이벤트를 주제로 다중 계층도를 작성한 결과, 입찰, 취소, 연기, 신규창출, 개선, 완결, 미결의 7가지 차원에서 레거시를 구분하였다.

이와 같이 시점에 따라 레거시의 유형을 나눌 경우 행사 전, 중, 후에 좀 더 집중해야 하는 부분이 무엇인지를 고민해 볼 수 있다. 또한 행사를 꼭 개최하지 않더라도 얻을 수 있는 레거시들이 있다는 점을 인지하고, 행사 유치 단계에서 레거시를 어떻게 창출할 것인지에 대한 고민도 함께 할 수 있을 것이다.

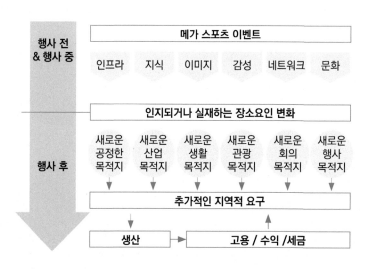

자료: Preuss(2007) 바탕으로 연구자 재작성

그림 3-2 **메가 이벤트의 레거시 생성 구조(지역에 영향을 미치는 행사 구조 및 경제적 연관성)**

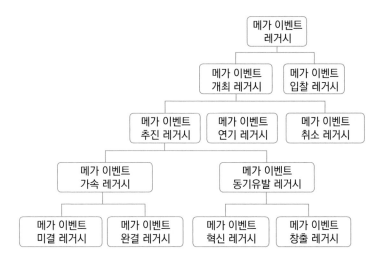

자료: Kassens-Noor, Wilson, Müller, Maharaj, & Huntoon, L.(2015) 바탕으로 연구자 재작성

그림 3-3 메가 이벤트 레거시 계층도

3 비즈니스이벤트 레거시 계획 및 관리

앞서 살펴보았듯 레거시의 종류는 매우 다양하며, 레거시가 발생하는 시점 또한 다양하다는 것을 알 수 있다. 이러한 레거시의 특성은 정확한 측정이 어렵다는 문제로 이어진다. 이러한 문제를 해결하고, 레거시를 극대화하기 위해서 중요한 부분이 바로 '레거시 계획(Planning)'이다.

레거시가 자연스럽게 발생하는 것인지 계획에 의해 발생되는 것인지에 대해서도 여러 연구자별로 견해가 다른데, 실제 사례들을 보면 레거시는 의도한 결과일 수도 있고, 의도하지 않은 결과로도 나타날 수 있음을 확인할 수 있다. 이러한 상황에서 조금이라도 더 긍정적인 레거시 효과를 극대화하기 위해서는 행사 개최 이전에 이를 계획하고 관리하는 것이 중요하다.

덴마크컨벤션뷰로(MeetDenmark, 2019)는 지원활동 모델(Outreach Model)을 제시하며, 의회, 협회, 개최지 등의 지원활동을 통해 회의의 단기성과가 발생하고 해당 성과의 효과가 장기화되어 장기적인 레거시 효과가 발생한다는 점을 제시하며, 지원활동과 함께 성과-레거시로 이어지는 과정에서의 계획의 중요성에 대해 강조한 바 있다.

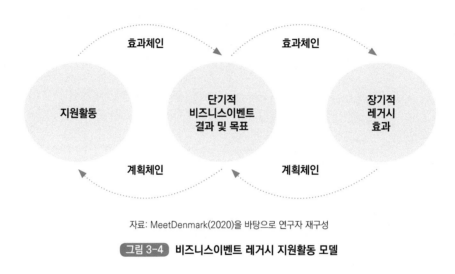

자료: MeetDenmark(2020)을 바탕으로 연구자 재구성

그림 3-4 비즈니스이벤트 레거시 지원활동 모델

또한, BestCities Global Alliance(2020)는 레거시 목표의 달성 및 관리를 위하여 행사의 성과(outcome)와 레거시에 대한 측정, 모니터링의 중요성을 강조하였다. 해당 연구에서는 레거시가 단순한 결과물이 아닌 관리되어야 할 대상이자, 관리를 통해 능동적으로 극대화, 활성화할 수 있는 부분임을 강조하며, 다양한 각도에서 모니터링하고 관리하여야 함을 제안하였다.

이러한 레거시의 관리를 위해서 덴마크컨벤션뷰로(2020)는 레거시 전략 수립 경로를 제시하였다. [그림 3-5]와 같이 계획부터 실행, 측정, 타당화에 이르는 과정을 8단계로 구성하여 좀 더 강력한 레거시를 만들 수 있는 구조화된 계획 및 평가 과정을 제시하였다. 비즈니스이벤트의 레거시를 극대화하기 위해서는 이러한 과정을 중심으로 각 조직은 해당 조직의 비전과 목표를 고려하여 레거시 목표를 수립하고, 이를 지속적으로 모니터링하여야 한다.

계획측면의 주요 단계

자료: MeetDenmark(2020)을 바탕으로 연구자 재구성

그림 3-5 비즈니스이벤트 레거시 전략 수립 경로

제 **2**절   지속가능한 비즈니스이벤트

1   비즈니스이벤트 성공의 또 다른 열쇠, 지속가능성

비즈니스이벤트의 성공을 위해 고려해야 하는 중요한 요인 중 하나는 바로 지속가능성(sustainability)이다. 비즈니스이벤트가 지속가능하다는 것은 계속해서 해당 이벤트가 개최되고 긍정적인 레거시를 남기는 것이며 자생력과 경쟁력을 확보하는 것을 의미한다. 이러한 지속가능한 비즈니스이벤트는 행사의 가치를 높일 뿐만 아니라 참가자들을 비롯한 이해관계자들에게도 긍정적인 경험을 제공하며, 전 지구적으로도 긍정적인 영향을 줄 수 있다.

지속가능성은 국제적으로 모든 산업분야에서 논의되고 있다. 지속가능성이라는 용어는 유지, 지속, 지원, 인내라는 뜻의 라틴어 sustinēre에서 유래되었으며, 장기적인 미래를 향해 지속하는 것, 나아가 장기간에 걸쳐 스스로 운영되고 지속될 수 있는 시스템과 프로세스를 의미한다. 지속가능성의 개념은 1980년 국제자연보전연맹(IUCN; International Union for Conservation Nature)의 세계보전전략(World Conservation Strategy) 보고서에서 처음으로 '지속 가능한 개발(sustainable development)'이란 용어가 소개되면서 등장하였다. 그리고 1987년 브룬트란드 보고서로 불리는 세계환경개발위원회(WCED; World Commission on Environment and Development)가 발간한 '우리의 공동 미래' 보고서의 발간을 기점으로 주목받기 시작하였다. 해당 보고서에서는 환경, 경제, 평등의 연관성에 대해 강조하였으며, 환경은 우리 모두가 사는 곳이며, 개발은 우리 모두가 사는 그곳의 발전을 위한 일이며 환경과 개발을 분리할 수 없다고 이야기하며, 지속 가능한 개발에 대해 설명하였다. 이후 1992년 '리우지구정상회의'에서 지속 가능 발전에 대한 구체적인 행동계획을 담은 Agenda 21이 채택되며 더욱 세계적으로 지속 가능한 개발의 개념이 확산되었다.

지속 가능한 개발은 2000년 국제연합(UN; United Nations)의 밀레니엄서밋(Millenium Summit)에서 새천년개발목표(MDGs; Millennium Development Goals)를 전 지구적인 의제로 채택함에 따라 기존의 '환경보호'와 '지속적인 경제성장'의 패러다임을 확장시키는 맥락에서 점차 더 많이 활용되게 되었다. 새천년개발목표는 기존의 환경보호와 지속적인 성장에 더해 개도국과의 불평등의 해결을 주요한 목표로 설정하며 2001년부터 2015년까지 전 세계적인 지속 가능한 발전을 이끌었다. 그리고 2012년 '우리가 원하는 미래(The Future We Want)' 선언문을 채택함에 따라 새천년개발목표를 대체하여 더욱 확장된 지속 가능한 개발을 위한 '지속 가능 발전 목표(SDGs; Sustainable Developments Goals)'를 설정하게 되었다. 지속 가능 발전 목표는 2015년부터 2030년까지 전 지구를 대상으로 더욱 보편적 · 포용적인 목표 아래 실질적인 이행을 위한 시스템을 구축하여 담론의 장에서 실천의 장으로의 전환을 이끌었다. 1980년대의 환경적 측면에서의 문제에 대한 인식에서 시작된 지속 가능한 개발은 점차 경제, 사회, 환경 모든 측면에서의 문제로 확장되었으며, 초기에 개발도상국을 대상으로 설정되었던 개발 목표는 개발도상국과 선진국을 가리지 않는 전 지구적인 차원으로 확장되었다. 또한, 초기에는 주로 정부들이 참여하며 아젠다 채택을 중심으로 한 담론 형성에 그 역할이 그쳤다면, 점차적으로 정부와 시민사회, 민간기업 등 모든 이해관계자를 포용하며, 실제적인 이행을 촉구하게 되었다.

이에 우리나라에서도 2007년부터 지속 가능 발전을 위한 국제사회의 노력에 동참하여 현재 세대와 미래세대가 더욱 나은 삶의 질을 누릴 수 있도록 하는 목적으로 지속 가능 발전법을 제정하게 되었다. 지속 가능 발전법에서는 지속가능성을 현재 세대의 필요를 충족시키기 위하여 미래세대가 사용할 경제 · 사회 · 환경 등의 자원을 낭비하거나 여건을 저하(低下)시키지 아니하고 서로 조화와 균형을 이루는 것으로 정의하며, 지속가능성 평가, 지속 가능 발전 위원회 등을 제시하며 실제적인 실천에 대한 부분도 함께 다루고 있다. 이렇게 살펴본 것과 같이 전 지구적 차원에서 '지속가능성'은 이상적인 개념이 아닌 필수적인 실천사항이자 달성해야 할 목표로 인식되고 주요하게 다루어져 오고 있는 개념으로, 모든 산업에서 해당 개념에 대한 고려가 필요함을 알 수 있다.

지속가능성의 주요 차원은 총 3가지로, 환경적 차원, 사회적 차원, 경제적 차원을 고려해야 한다. 이는 경영학에서 기업의 성과를 측정하는 프레임워크 중 하나인 '트리플 바텀 라인(TBL, Triple Bottom Line)'을 활용한 것으로, 환경(Environment), 경제(Economics), 형평성(Equity)의 3E를 중심으로 구성된다. 이는 일반적으로 회계상 손익계산서의 가장 마지막 줄인 '세후순이익'을 중심으로 기업의 성과를 측정하던 것에서 나아가 기업의 경제적인 수익성에 더해 사회적인 책임성과 환경지속성을 기업의 실적으로 함께 보아야 한다는 것을 의미한다. 이러한 TBL의 도입은 지속 가능한 개발이 환경문제의 최소화뿐만 아니라 성장, 번영과 같은 경제적인 요소들과 빈곤 해소, 평등과 같은 사회적인 평등을 최대화할 수 있도록 노력해야 한다는 점을 강조한다. 또한, TBL은 지속가능성의 3가지 기둥으로 볼 수 있는 3P(Planet, People, Profit)를 추구해야 한다고 주장한다. 환경보호, 사회적 형평성, 경제적 이익의 세 가지 요소가 모두 조화롭게 균형을 이룰 때 지속가능성이 이루어진다는 것이다. 따라서, 지속가능성을 판단하고 고려하기 위해서는 기본적으로 환경, 사회, 경제적인 측면을 고려해야 함을 알 수 있다.

이러한 지속가능성은 비즈니스이벤트의 측면에서도 중요한 부분이다. 한 편으로는 행사가 1회에 그치지 않고 계속해서 지속적으로 개최되고 발전하는 부분을 고려해야 하며, 다른 한 편으로는 행사가 전 지구적인 지속가능성에 기여하는 부분까지도 모두 고려해야 한다.

보통 지속 가능한 비즈니스이벤트라는 말을 떠올리면 대다수가 전자가 아닌 후자, 특히 그중에서도 환경적 지속가능성에 기여하는 비즈니스이벤트를 중심으로 생각하는 경우가 많다. 그러나 실제적으로 지속 가능한 비즈니스이벤트를 만들고 성공적인 비즈니스이벤트를 개최하기 위해서는 전자의 경우도 중요하게 고려되어야 한다. 행사가 전 지구적 지속가능성에 기여하는 것도 중요하지만 무엇보다 중요한 것은 해당 행사가 계속해서 개최되고 발전하는 부분이다. 해당 행사가 계속해서 개최되지 않으면 일반적인 지속가능성에 기여하는 부분도 일회성에 그치기 때문에 그 효과가 적다고 볼 수 있다. 따라서 비즈니스이벤트의 질적인 성장과 양적인 성장을 도모하고 지속적으로 발전할 수 있도록 하는 것은 무엇보다 중요하다고 볼 수 있다.

2 비즈니스이벤트의 지속가능성 확보 전략

그렇다면 비즈니스이벤트의 지속가능성을 확보하기 위한 전략에는 무엇이 있을까? 이는 지속가능성을 어떻게 구성할 것인지, 그중 어떠한 지속가능성을 특히 더 추구하고자 하는지에 따라 다양하게 구성될 수 있다. 지속가능성을 기본차원인 환경적, 사회적, 경제적 지속가능성으로 나누어서 볼 것인지, 지속가능한 개발 목표(SDGs)의 17개 목표를 중심으로 볼 것인지 등에 따라서도 다르게 볼 수 있다. 또한, 행사의 지속가능성을 우선 순위에 둘 것인지 전 지구적 지속가능성을 우선 순위에 둘 것인지에 따라서도 전략이 다르게 수립될 수 있다.

행사의 지속가능성을 우선 순위에 두는 경우 환경적, 사회적, 경제적 지속가능성 중 특히 사회적, 경제적 지속가능성에 대한 전략을 세울 필요가 있다. 사회적 지속가능성을 확보하는 전략은 행사가 개최되는 사회적 맥락에서의 영향력과 책임을 강조하는 전략으로, 행사가 지역사회 또는 전체 사회와의 상호작용과 협력을 통해 긍정적인 영향을 미치도록 계획되어야 함을 의미한다. 이러한 사회적 지속가능성을 확보하기 위해서는 경영분야에서 주로 언급되는 ESG전략 중에서도 특히 S(Social)와 G(Governance)에 집중한 전략을 구사하는 방법을 활용하는 것이 쉽다. 행사가 개최되는 사회적 맥락에서 지속가능성을 확보하고, 행사를 개최하는 데 연관된 거버넌스의 지속가능성을 확보하는 전략이다.

행사가 지속적으로 개최되기 위해서 사회적 지속가능성 부분을 고려해야 하는 주요 이유는 지역 및 전체 사회 구성원들의 지지와 협력이 행사 개최에 있어 주요한 성장동력이기 때문이다. 또한, 개별의 비즈니스이벤트가 특정한 집단만을 위해서 개최되는 경우가 많다고 하더라도, 행사에 대해서 사회적인 공감을 얻지 못할 경우 방해와 공격을 받을 수 있는 가능성이 높아지기 때문이다. 따라서 사회적인 지속가능성을 확보하기 위해서는 사회 전반에서 동의할 수 있고 공감할 수 있는 행사 주제를 선정하는 것이 중요하다. 사회적 통념에 어긋나거나 사회적으로 문제될 소지가 있는 주제는 피하는 것이 좋으며, 행사의 개최를 통해 지역사회 및 사회 전반에 미칠 수 있는 긍정적인 영향을 고려하여 행사의 컨셉과 내용을 기획하는 것이 바람직하다. 이를 위해서 행사 기획 단계에서부터 주변 사회와의 적극적인 소통을 통해 현지 주민들의 의견과 요구사항을 수렴하고, 사회문제 해결을 위한 프로그램이나 기부 활동을 통해 사회적 가치를 창출하는 등의 노력이 필요하다.

그리고 다양한 이해관계자와의 거버넌스 체계를 구축하는 전략을 구사해야 한다. 행사 주제와 관련한 정부기관, 학교 및 연구소, 기업, 민간단체 등 다양한 이해관계자들이 함께 행사에 참여할 수 있는 체계를 마련하고 같이 행사를 발전시킬 수 있도록 거버넌스를 구성해야 한다. 또한, 물리적인 장소성도 중요하므로 행사가 개최되는 지역의 이해관계자들도 함께 참여할 수 있는 방안을 모색해야 한다. 이러한 이해관계자들과의 협력은 실제 행사를 통해 발생될 수 있는 다양한 가치들을 배가시킬 수 있다. 행사가 만들어낼 수 있는 가치는 앞서 살펴본 레거시를 중심으로 생각할 수 있는데, 거버넌스 체계의 구축을 기반으로 한 사회적 지속가능성의 확보는 해당 행사가 만들어내는 레거시의 종류를 다양화하고 그 가치를 크게 만들어줄 수 있다.

다양한 종류의 다수의 이해관계자들이 행사 개최를 위한 거버넌스에 참여하여 함께 의견을 내고 함께 행사를 만들어갈수록 해당 행사의 영향을 받는 사람과 조직이 늘어나고, 관련한 레거시가 커질 수밖에 없는 것이다. 다만 이 과정에서 중요한 것은 건강한 거버넌스의 구축이다. 특정 행사를 위해서 중요한 역할을 해야 하는 주요 조직(주로 주최자)이 명확하게 본인들의 역할을 해야 하며, 어떠한 한 조직이 다른 조직을 이용하는 등 불균형한 관계를 가지지 않도록 조심해야 한다. 이러한 건강한 거버넌스의 구축은 이해관계자들로 하여금 각자가 할 수 있는 역할을 성실하게 수행하게 하며 협력을 강화하는 데 도움을 주어 사회적인 지속가능성을 지속적으로 유지할 수 있도록 하는 데 기반을 마련해 줄 것이다.

또 행사 자체의 지속가능성을 확보하는 데 있어서 중요한 부분이 경제적 지속가능성이다. 경제적 지속가능성은 행사 개최에 있어 필요한 물자와 재원을 지속적으로 확보할 수 있는 것을 의미한다. 지원금 등에 의존하는 행사는 지속적으로 개최되기 어렵다. 또한 지원금을 제공하는 기관 등의 영향을 많이 받기 때문에 주최 측이 원하는 행사를 만들어가기 어려운 부분이 있다. 따라서 행사가 이루어질 수 있는 데 필요한 재원을 지속적으로 확보할 수 있는 방법이 중요하다.

경제적인 지속가능성을 확보하기 위해서는 다각도의 재원 마련 방안 모색이 필요한데, 가장 기본적인 방법은 비즈니스이벤트 행사의 입장료 수입과 후원이 있다. 입장료 수입으로 행사를 유지하기 위해서는 비교적 높은 요금을 책정해야 하는데, 이럴 경우에는 행사의 품질도 요금을 내는 참가자들을 만족시킬 수 있을 만큼 높게 유지하는 것이 필수적이다. 다른 방법으로 후원을 받는 경우는 다양한 곳에서 후원을 받되, 후원사 측에서도 지속적으로 후원금을 낼 수 있는 동기를 유발할 수 있도록 지속적으로 후원사 혜택을 발굴하고 제공해 주는 것이 필요하다. 후원사들을 위한 혜택으로 가장 큰 것은 마케팅을 도와주는 부분으로 해당 행사 참가자들을 대상으로 한 후원사 홍보 또는 후원사가 관심을 가지고 있는 분야에 사회 공헌을 한 것이라는 이미지를 부여해 줄 수 있는 행사 홍보 등이 수반되어야 한다. 이외에도 입장료 수입은 아니지만 최근 각광받고있는 굿즈 판매 등 판매 수익금을 통해 재정을 확충하는 등의 방법을 사용할 수도 있다.

경제적 지속가능성은 다시 행사를 개최하는 데 연관된 거버넌스가 지속가능할 수 있는 기반을 마련해 주기도 한다. 경제적인 부분이 투명하게 운영되어야 서로 믿고 협력할 수 있기 때문이다. 따라서 행사를 기획하고 운영하는 과정에서 투명성과 윤리적인 원칙을 준수하며, 자원의 효율적인 활용과 재무적 안정성을 유지하는 것도 중요시해야 한다. 예산 계획과 자금 조달 방식을 투명하게 검토하고, 이해관계자 간의 계약, 협력 등의 절차와 조건을 명확하게 정의함으로써 거버넌스 측면에서 지속가능성도 강화하고 리스크를 최소화할 수 있다.

그리고 전 지구적 차원의 지속가능성에 기여하는 것을 더 우선적으로 둘 때에는 환경적 지속가능성에 초점을 맞춘 전략을 구사해야 한다. 환경적 지속가능성을 우선순위에 둔 비즈니스이벤트를 기획하고 개최하기 위해서는 다음과 같은 부분들을 고려해야 한다. 먼저, 행사 운영에 있어서 베뉴(행사장소), 행사에 쓰이는 각종 제작물, 소모품 등을 친환경적인 것들로 채워야 한다. 행사장소를 살펴보면 중수도(물 재사용)를 활용하는 곳인지, 에너지 절감 설계가 되어 있는 곳인지 등 친환경적인 노력을 하고 있는 베뉴를 선택할 필요가 있다. 일례로 우리나라 주요 전시컨벤션센터 중 하나인 코엑스의 경우 [그림 3-6]과 같이 친환경 경영 비전을 세우고, 녹색경영 전략 및 목표를 설정하여 이를 달성하고자 노력하고 있다. 이러한 노력을 구사하는 베뉴에서 행사를 개최하는 것이 바람직하며, 실제 국제회의 장소 등을 선정함에 있어서도 베뉴의 친환경 실천 노력이 선택 요인 중 하나로 작용하고 있다.

행사장 선정뿐만 아니라 운영적 측면의 다양한 요소에서 친환경적인 노력을 기할 수 있는데 최근 이를 위해 가장 많이 적용하는 부분은 재활용 및 재사용, 미팅테크놀로지 등이다. 재활용은 가장 초기의 아이디어로 행사에 활용되는 종이를 재생용지로 활용하는 방법을 채택하고, 행사장에 재활용 권장 쓰레기통을 설치하는 등의 방법으로 이루어진다. 또한, 재사용의 경우는 기존에 한번 활용하고 버려지던 전시부스 등을 조립형 부스 등으로 활용하여 해체 후 재조립하여 활용하는 등의 형태로 이루어지고 있다. 그리고 기존에 실제 출력하여 활용했던 유인물, 제작물들을 미팅테크놀로지를 활용하여 스크린, 파일 등으로 대체하는 방법을 활용하고 있다.

친환경적 행사 운영을 위해서는 다양한 기관들에서 관련 지침을 제공하고 있다. 한국관광공사는 MICE산업의 지속가능 발전을 위한 ESG 운영가이드를 제작하였으며, 제주 CVB는 그린 MICE 매뉴얼, 대구 CVB는 지속가능한 MICE 행사 매뉴얼, 고

녹색경영 전략 및 목표

환경을 생각하는 Coex는 에너지 다소비 사업장으로서의 한계를 극복하고 에너지관리 우수 사업장으로 발돋움하기 위해
전사적 차원의 전략을 수립하고, 목표 및 세부 추진계획을 마련하는 등 체계적인 접근방식을 적용하고 있습니다.

녹색 사회적 기업의 Role Model 구현을 위한 실천전략 수립 운영
무역센터·코엑스 에너지 절감 5개년 목표: 24.3% 누적 절감

1. 노후설비교체 등 설비효율개선   4. 녹색 사회적기업 추진
2. Green BeMS 개편운영   5. 녹색경영 시스템 구축
3. 녹색생활 실천 20 지속 전개   6. 센터 녹색경영 홍보

분야별 주요 추진계획

핵심 관리 분야		세부내역	달성목표
친환경 에너지 부문		• 태양열 등 신재생에너지 사용 • LED 조명교체 • 지열	총 사용량의 5% 대체
전시컨벤션 친환경 증진 부문		• 녹화사업, Green IT 도입 등 친환경 시설 교체 추진	현 CO_2 배출량의 20% 감축
다중이용 부문	폐기물 감축/자원 재활용	• 폐기물 발생 전, 재활용을 위한 선제적 대응활동 및 시스템 강화	전체 배출량의 10% 감축
	전시컨벤션 친환경 증진 부문	• 전시회 CO_2 배출량 계량화 조사 • 전시회별 시스템 부스 및 친환경 자재 사용의 제도화 • 통로 파이텍스 미시공 지속 수행	현 사용률의 15% 증진
	코엑스몰	• 음식물 쓰레기 감축 • 입주사 친환경 실천 증진	현 사용률의 10% 증진
생활 속에서 녹색실천		• 녹색실천 20가지 캠페인 등 전개	탄소나무 심기

그림 3-6 **코엑스 녹색경영 비전 및 전략 목표**

양시는 고양 MICE ESG성과지표 등을 개발하였다. 또한, 서울시의 경우 친환경 행사 지침을 세우고 이를 예규로 법제화를 추진하고 있다. 해당 지침의 주요 내용은 ▲전력 사용 콘텐츠 최소화 ▲일회용품 사용 금지 ▲홍보물·브로슈어 전자책 제작 ▲비산먼지 발생 금지 ▲교통 수요 유발 최소화 ▲확성기·스피커·기계 소음 최소화 ▲인화성 물질 사용 원천 금지 ▲음식 제공 시 채식 우선 고려 ▲화장실·처리시설 구축 운영 ▲유해 동·식물 배포 금지 등이다. 그리고 이러한 친환경 행사 지침의 확산을 위해 서울시·산하기관이 주관하는 행사, 서울광장·광화문광장·주요 공원 등 시 소유 부지의 사용 승인을 받고 개최하는 민간 행사에서는 지침을 의무화하고, 민간에서 친환경 행사로 전환할 경우 비용 상승액 일부를 지원, 주최 측 부담을 완화하기로 했다. 이러한 사례들은 다음절에서 좀 더 상세히 살펴보고자 한다.

비즈니스이벤트의 환경적 지속가능성을 확보하는 것은 또한 경제적인 지속가능성을 확보하는 것에도 일조할 수 있는 부분이기도 하다. 계속 심화되고 있는 전 지구적인 환경 위기에 따라 각국은 탄소세 등의 방법을 채택하여 환경적 지속가능성에 기여하는 부분에 대해 경제적인 가치를 부여하기 시작했다. 해당 흐름에 맞추어 지속가능발전협의회 등에서 행사를 진행할 때는 '탄소발자국 계산기' 등을 활용하여 행사 참여 시 친환경적 행동을 했을 경우 아껴지는 비용을 계산해 보고 이를 다시 기부하는 등의 캠페인을 벌이고 있다. 이러한 부분은 점차 해당 비즈니스이벤트의 가치를 높여줄 수 있을 것으로 기대된다.

마지막으로 이러한 지속가능한 비즈니스이벤트 전략을 구사하는 데 있어서 중요하게 생각해야 하는 부분은 바로 계획과 관리이다. 지속가능성 전략 수립 시에는 각 행사의 방향성에 부합하는 지속가능 목표를 설정하고, 이를 달성하기 위한 실제 계획을 수립해야 한다. 그리고 행사 전, 중, 후에 걸쳐 모든 단계에서 이를 모니터링하고 성과를 평가하며, 개선해 나가는 과정이 필요하다. 관념적으로 지속가능성을 확보하는 것이 필요하다고 생각만 하는 것이 아니라 이를 실천할 수 있는 근거 자료와 실행 계획을 제공해야 한다. 그리고 나아가 이를 개선하고 발전할 수 있도록 지속적으로 평가하고 평가 결과에 따라 목표를 낮추거나 강화하는 노력이 이어져야 한다.

3 사례를 통해 본 비즈니스이벤트의 지속가능성 확보 노력

실제로 다양한 국가 및 조직에서 비즈니스이벤트의 지속가능성을 확보하기 위한 노력이 펼쳐지고 있다. 17개 SDGs를 달성하기 위한 노력이 이루어지는 것은 물론 자체적으로 지속가능성의 비전과 목표를 수립하고 이를 달성하기 위한 노력을 펼치기도 한다. 본고에서는 이러한 노력 중 국내외 주요 사례 5가지를 중심으로 소개해 보고자 한다.

가. 이벤트 지속가능성 경영관리 시스템(ISO 20121: Events Sustainability Management System)

이벤트 지속가능성 경영관리 시스템(ISO 20121)은 이벤트 관련 조직이 행사 운영할 때 경제, 환경, 사회 분야에서 가장 효율적으로 지속가능성에 기여하도록 이벤트를 관리하는 국제 표준이다. 해당 인증 제도는 2012년 런던올림픽에서 영감을 받아 시작되었으며, 전 세계 MICE산업 종사자 및 지속가능성 분야의 전문가들로 구성된 위원회에서 개발하여 2012년 6월 15일부터 시행되고 있는 제도이다.

이벤트는 야외 파티, 소규모 콘서트, 기업 행사에서부터 전 세계인이 참여하는 올림픽, 무역박람회, 세계정상회담에 이르기까지 그 규모와 형태가 매우 다양하다. 이러한 이벤트에는 많은 사람들이 참여하고, 물과 에너지 등의 자원이 소모되며 이로 인해 발생되는 소음이나 쓰레기 때문에 지역주민과 갈등이 생기는 경우도 있고, 이벤트를 기획하고 운영하는 과정에서 협력업체, 공급사들과의 문제가 발생하기도 한다. ISO 20121은 이와 같이 이벤트와 관련하여 발생할 수 있는 상황들에 대비하고 문제를 최소화하기 위해 개발되었다.

해당 제도의 인증대상은 비즈니스이벤트 주최자(정부, 공공기관, 협회, 학회 등), 행사 장소 운영자(전시장, 컨벤션 센터, 호텔), 대행사(PCO, PEO, DMC), 서비스 기업(숙박,

식음료, 수송 등), DMO(지역 컨벤션뷰로, 관광마케팅조직) 등으로 매우 다양하다. 2012 런던올림픽 조직위가 최초로 인증을 받은 이후 다양한 관련 기관들이 인증을 받고 있으며, 국내에서는 한국관광공사, 고양CVB, 대구CVB, 인천관광공사, 제주CVB 등이 이를 보유하고 있다.

ISO 20121은 전 세계의 각기 다른 지역적 특성에 따라 국제적으로 공인된 지속가능성 이슈를 고려한 것을 특징으로 한다. 특히, PDCA(Plan-Do-Check-Act) 기법을 기반으로 하는 ISO 9001(품질경영시스템)과 ISO 14001(환경경영시스템) 등 이미 보편화된 ISO의 경영시스템 표준들을 기초로 만들어져 여러 조직 및 기업에서 쉽게 적용할 수 있다는 장점도 보유하고 있다.

ISO 20121은 크게 6가지를 주요 내용으로 하며, 해당 분야의 문제점들을 해결하고 지속가능성을 확보할 수 있는 방법을 제공한다. 그 주요 내용으로는 첫째, 기업의 책임, 효율적인 에너지 및 쓰레기 관리를 통한 전체 이벤트 공급사슬에서의 탄소절감 효과 둘째, 경쟁우위, 경쟁기업과의 차별화 및 지속가능성 확보와 새로운 사업창출 셋째, 기업의 명성, 기업이 경제, 환경, 사회적으로 미치는 긍정적인 영향으로 지역사회 내 안정감 부여 넷째, 리스크 관리, 이벤트의 개최를 반대하는 지역주민의 항의나 소방기관으로부터의 클레임 또는 법률적 규제 등을 최소화하여 자원 사용에 대한 부담 완화 및 보장활동 강화 다섯째, 법률 준수, 조직의 법률적 책임 준수 및 소송 예방 여섯째, 비용 및 자원 절감, 자원 사용의 장소 및 시간 등의 데이터 분석을 통한 비용 절감 및 쓰레기 발생 예방을 통한 자원 절감 등이 있다. 이러한 내용들을 토대로 비즈니스 모델을 제공할 뿐만 아니라 기업과 조직의 이미지를 제고하는 효과까지도 가져올 수 있다.

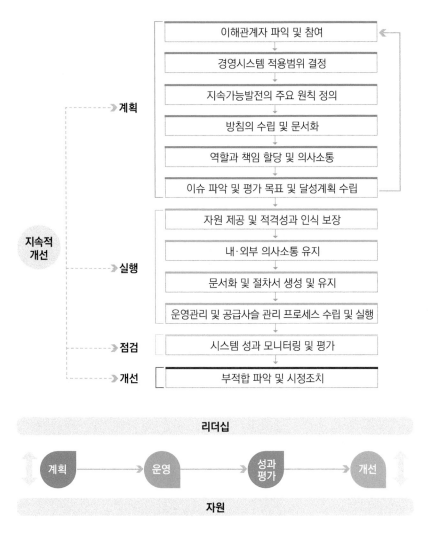

자료: 한국표준협회, ISO 20121 홈페이지

그림 3-7 **ISO 20121 모델**

해당 인증을 받기 위해서는 문서심사와 현장심사로 이루어진 2단계 심사를 받아야 하며, [그림 3-7]과 같이 지속가능성 개선을 위해 제시하고 있는 주요 체계인 PDCA 모델을 준수하고 있는지에 대한 중점적인 심사가 이루어진다. 또한 해당 인증은 3년간 유효하며 1년마다 사후관리 심사를 진행하고 있다.

한국관광공사에서도 국내 MICE기업 및 관련 조직들의 지속가능성 향상을 위해 해당 인증을 받을 수 있도록 많은 지원을 해주고 있는 상황이다. 해당 인증은 다음과 같은 이점을 가지고 있어 더욱 많은 관련 조직들이 해당 인증을 받게 될 것으로 기대된다.

- ISO 20121 인증을 받은 기업은 국제적인 인증 획득을 통해, 투명한 운영을 입증하게 되어 관련 관계자들에게 신뢰성 확보 가능
- 경쟁 기업과의 차별화된 경영으로 조직의 지속가능성을 확보하여 신사업창출 및 사업 확대 가능
- 경영시스템의 수립으로 부정적인 사회, 경제, 환경적 원인을 식별하여 조직의 관리 프로세스를 개선함에 따라 지속적인 성과 개선을 도모하며, 이벤트 관련 활동을 전달하는 데 보다 창의적인 도전이 가능하도록 지원 가능
- 위험 및 문제 발생에 대한 사전 예방이 가능함에 따라 자원 낭비 및 지역 기반 시설에 대한 부담이 완화되어 규제 당국 및 지역사회와의 분쟁을 최소화하여 자원 및 비용의 효율적인 사용 가능
- 경영시스템의 수립을 통해 부정적인 사회, 경제, 환경적 원인을 식별하여 개선된 계획 및 프로세스를 통해 프레임 워크 제공
- 경제, 환경, 사회적으로 미치는 긍정적인 활동 및 영향(ex. 에너지 및 폐기물 관리를 통한 탄소 절감 효과, 자원 사용의 장소와 시간 등의 데이터 분석을 통한 쓰레기 발생 예방)으로 인하여 기업의 긍정적인 이미지 확보 가능

나. UFI(2019), The Exhibition Industry and UN SDGs

지속가능성에 대한 관심이 높아짐에 따라 2019년 UFI(The Global Association of the Exhibition Industry; 국제전시업협회)는 '전시업과 UN 지속가능개발목표(The Exhibition Industry and UN SDGs)'라는 보고서를 발간하였다. 해당 보고서는 UN이 제시하고 있는 17개의 지속가능 개발 목표에 대한 업계의 인식을 확산하고, 실제 전시사업에서 어떻게 이행하고 있는지에 대해 보여주고, 이를 강화하기 위한 목적으로 작성되었다. 해당

보고서의 서두에는 UFI가 시장을 연결하고 무역을 촉진하는 산업을 대표하며, 세계적으로 다양한 회원과 전시 산업 전반에 지속 가능한 발전을 촉진하고 지원하는 것을 목표로 한다는 것을 밝혔다. 또한, 유엔의 지속가능발전목표와 일치하도록, 행사에서부터 교육, 연구, 활동까지 전반에 걸친 모든 분야에 지속가능성을 적용하고, 지속 가능한 발전을 위한 실질적인 해결책 제공으로 정부, 시장 및 비영리 단체에 신뢰할 수 있고 협력 가능한 파트너가 될 것이라는 사명문(Mission Statement)을 서술하고 있다.

지속 가능한 발전을 위한 UFI의 노력의 일환으로 해당 보고서가 작성되었으며, 실제 사례를 기반으로 노력 현황을 보여주기 위해 호주, 브라질, 캐나다, 중국, 프랑스, 독일, 인도, 멕시코, 싱가포르, 남아프리카공화국, 스웨덴, 네덜란드, 영국, 미국 등 14개 국가의 25개 사례를 중심으로 각 전시행사에서 어떠한 지속가능개발 목표 이행을 위한 활동들이 이루어졌는지에 대한 DB를 구축하고 이를 분석하여 결과를 제시하였다.

사례 분석 결과 전시산업이 지속가능개발 목표에 기여하는 세 가지 부분을 제시하였다. 첫 번째는 전시회의 주제로 전시회 주제가 지속가능개발 목표에 어떻게 기여하는지를 의미하며, 두 번째는 전시회 운영으로 전시회 운영자가 지속가능개발 목표에 어떻게 기여하는지를 의미하며, 세 번째는 회사운영으로 회사운영 자체로 지속가능개발 목표에 어떻게 기여하는지를 의미한다. 전시산업은 해당 세 부분에서 지속가능개발 목표에 영향을 미치며 특히 크게 영향을 미쳤던 주요 사례는 다음과 같이 5가지로 제시하였다.

- SDGs 인식 확산 및 지속가능한 산업 고도화
- 진지한 소비의 중요성 인식 및 공급업체 우선시
- 공동 노력을 통한 폐기물 감소
- 계약서에 환경 관련 조건 명시
- 저렴하고 깨끗한 에너지 사용 노하우 공유

또한 SDGs 중에서도 전시산업의 노력을 통해 달성될 수 있는 주요 목표들을 [그림 3-8]과 같이 제시하였다. 가장 많이 기여한다고 응답한 목표는 12번째 목표인 '지속 가능한 생산과 소비'로 많은 전시장 운영업체들이 일회용품 사용을 줄이고, 현지에서 지속 가능한 방식으로 물품과 음식 등을 조달하고 있는 것 등이 이를 위한 주요 활동임을 명시하였다. 다음으로, 8번째 목표인 '양질의 일자리와 경제성장'과 관련해서는 지역의 일자리를 창출하는 부분에 기여할 수 있음을 이야기하였으며, 17번째 목표인 '글로벌 파트너십 활성화'와 관련해서는 행사를 통해 더 많은 국제적인 협력을 강화할 수 있음을 제시하였다. 그리고 9번째 목표인 '산업, 혁신 인프라'와 관련해서는 전시 시설 등과 관련하여 새로운 혁신적 인프라 도입이 가능함을 제시하였고, 11번째 목표인 '지속 가능한 도시와 공동체'와 관련해서 지속 가능한 도시를 만드는 데 있어 전시산업 종사자들이 기여할 수 있는 부분들이 있음을 제시하였으며, 13번째 목표인 '기후변화대응'과 관련하여 재생에너지를 지원하고 탄소발자국을 줄일 수 있는 다양한 노력들을 시행하고 있음을 명시하였다.

해당 보고서에서는 각 목표들과 관련한 이니셔티브 사례를 보다 상세히 제시하고 있어 전시산업이 어떻게 지속가능개발 목표 달성에 기여하는지를 보여주고 있어 여러 전시관련 산업체에 가이드라인을 제시해 주고 있다.

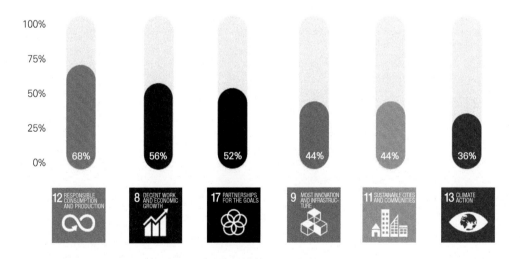

그림 3-8 전시산업의 SDGs 주요 기여 목표

다. JMIC(2020), Meeting the Worlds Sustainable Development

국제적인 비즈니스이벤트 관련 협회 중 하나인 JMIC(Joint Meetings Industry Council, 국제회의산업연합)은 UFI가 발행한 'The Exhibition Industry and UN SDGs'를 확대하여 다른 비즈니스이벤트 부문으로 관점을 확장하였다. JMIC는 'Meeting the Worlds Sustainable Development'라는 이름으로 비즈니스이벤트 산업 전반에 걸쳐 지속가능개발 목표에 어떠한 노력을 하고 있는지에 대한 사례 보고서를 작성하였으며, 해당 보고서는 전 세계 16개국에서 제출된 43건의 사례를 기반으로 분석되었다.

UFI의 보고서와 마찬가지로 이벤트의 주제와 내용, 이벤트 운영, 회사 운영의 3가지 차원에서 지속가능개발 목표에 영향을 줄 수 있음을 제시하였다. 또한 각 차원에서 어떻게 지속가능개발 목표 달성에 기여하는지에 대한 사례를 2개씩 보여주며 설명하였다. 먼저, 이벤트의 주제 및 내용과 관련해서는 GME(Green meetings & events conference)를 사례로 지속가능성과 관련한 행사 주제를 잡고 내용을 꾸려 지속가능성 컨셉을 홍보하는 수단으로 활용할 수 있다는 점과 글로벌 섬유회사인 Neonyt의 패션쇼에서 약 7,000여 명의 사람들에게 협력과 혁신, 지속가능성과 기술을 통해 패션업계를 바꾸어가자는 메시지를 전한 것과 같이 산업 트렌드 변화에 영향을 미칠 수 있다는 것을 보여주었다. 그리고 행사 운영부분에서는 IFEMA(스페인 마드리드 전시컨벤션센터)에서 개최된 과일 및 육류관련 전시의 참가업체들의 기부를 통해 40,000kg의 음식을 아낄 수 있었던 것과 같이 자원을 버리지 않고 절약할 수 있다는 점과 헤이그 월드 포럼에서 참가자들을 위해 요가, 서핑 등의 프로그램을 추가하는 등 행사 기간에 활력을 불어넣을 수 있다는 사례를 보여주었다. 또한, 회사 운영과 관련해서는 몬트리올 컨벤션센터에서 SDGs 보고서를 작성하는 것과 같이 SDGs 목표 달성을 함께하려는 노력과 라이프치히 무역박람회 그룹에서 사내 문화를 바꾸고 Green Globe certification과 같은 관련 인증을 취득하는 것과 같은 노력을 하는 지속 가능한 문화의 창조를 사례로 제시하였다.

그리고 회의산업에서 특히 더 기여할 수 있는 SDGs 목표 5개를 다음과 같이 제

시하였다: 12번째 목표. 지속가능한 생산과 소비, 17번째 목표. 글로벌 파트너십 활성화, 11번째 목표. 지속가능한 도시와 공동체, 13번째 목표, 기후변화대응, 8번째 목표. 양질의 일자리와 경제성장. 이는 대체로 전시산업과 동일하게 나타났으며, 전시산업을 비롯한 비즈니스이벤트 전반에서 지속가능개발 목표에 기여할 수 있는 부분이 존재하고 이를 수행하는 것이 어렵지 않음을 확인할 수 있다.

라. 한국관광공사(2022), MICE ESG 운영가이드

한국관광공사도 국제적인 흐름에 맞추어 MICE ESG 운영가이드를 개발하여 발표하였다. 공사는 국내 MICE업계의 지속가능성에 대한 이해도 제고와 함께 한국의 MICE 유치역량 강화를 위하여 'MICE ESG 운영가이드'를 제작하였다고 밝혔다. 국제회의를 비롯한 국제 MICE 행사의 개최지 결정 과정에는 해당 국가 및 도시의 회의 시설의 수준, 국제적 접근성 및 재정적 인센티브 등 다양한 요소가 고려되고 있으며, 최근에는 개최 후보지의 ESG 추진 현황까지 중요한 요소 중 하나로 포함되어 있다. 또한, 이러한 추세 속에서 각 국가 및 도시의 ESG 달성 정도를 객관적으로 나타내기 위하여 GRI, ISO 등 다양한 국제기구에서 평가 지표를 만들어 ESG 수준을 평가하고 있다. 이에 공사는 이러한 관점에서 해당 가이드를 통해 MICE산업에서 ESG의 개념 및 적용 범위를 지속가능발전의 핵심 원칙인 포괄성, 완전성, 책임성, 투명성 측면을 반영하여 국내 MICE산업에서 ESG 전략을 통합적으로 적용하고 실행하는 방안을 제시하고자 한다고 밝혔다.

해당 가이드라인은 MICE 주체를 컨벤션뷰로, 주최자, 컨벤션센터(베뉴)로 나누어 3개 주체를 위한 운영가이드를 제시하였다. 지속가능한 MICE의 실천을 위해 ESG로 나누어 핵심항목을 제시하고, 〈표 3-2〉와 같은 프레임을 기반으로 각 항목을 제시하여 쉽게 따라 할 수 있도록 하였다.

| 표 3-2 | MICE ESG 핵심 항목

구분		ESG 핵심 항목 도출 사항
기반구조	인적자원	ESG를 실행하기 위한 인력 확보 및 유지에 관한 사항
	건물 및 시설	ESG를 실행하기 위해 사전 준비해야 할 건물 시설에 관한 사항
	정보제공	정보를 제공해야 할 필요가 있는 ESG 관련 사항 사전서비스
서비스 제공	사전 서비스	ESG를 위해 사전에 준비할 사항
	핵심서비스	업무에서 핵심적으로 제공해야 할 ESG 관련 업무에 관한 사항
	부대/사후서비스	핵심 서비스를 제공하고 사후에 관리해야 할 사항
지원 프로세스	경영자의 의지	ESG 실행을 위한 이행 의지와 관련된 사항
	운영 프로세스	업무 프로세스 단계별로 ESG를 어떻게 제공하고 실행할 것인지에 대한 사항
	모니터링 및 개선	ESG 서비스의 제공과정 또는 제공 후 파악 및 점검 사항
기타	기타	기타 핵심 업무에서 직간접적으로 관련 있는 ESG 추가 항목

특히 단순히 운영 항목만을 제시한 것이 아니라 MICE ESG 성과를 진단하기 위한 지표를 제시하고 이에 대한 설명과 점검기준 등 ESG 지표에 대한 방향성과 예시를 제공하여 실제적으로 적용하고 이를 지속적으로 점검할 수 있고 환류할 수 있는 가이드를 제시하였다.

또한, ESG 활동에 참여하고, 친환경 차량을 이용하며, 친환경 숙소를 이용하거나 자원 재사용 등에 참여하고, 폐기물 최소화 등에 참여하는 등 관련하여 MICE 참가자 ESG 10대 실행지침을 함께 제시하여 행사에 참여하는 모든 이해관계자들이 ESG 실천에 동참할 수 있는 행동 지침을 제시하였다.

공사는 해당 가이드라인이 주체별 ESG 수준을 진단하고, ESG 목표 및 개선계획을 수립하여 성숙도를 측정하는 데 쓰일 뿐만 아니라, ISO 20121과 같은 지속가능 관련 인증을 취득하고, ESG 보고서를 작성하는 기초자료로 활용될 수 있다고 하였다. 또한 한국관광공사의 MICE 관련 지원사업에서 운영가이드의 ESG 체크리스트를 활용, 일정 기준을 넘으면 추가 혜택을 제공하여 업계의 ESG 활동을 장려하며, 가이드라인 개발 외에도 지속가능성 증대를 위한 노력을 하고 있다.

마. 고양시(2021), 지속가능 MICE 행사개최 매뉴얼

국내 여러 지자체들도 지속 가능한 비즈니스이벤트 개최에 관심이 많은데, 그중 특히 관심이 높은 도시로는 고양시가 있다. 고양시는 2020년 고양시 MICE 지속가능성 전략을 수립하였고, 2021년 지속가능 MICE 행사개최 매뉴얼을 발표하였다. 또한, 2023년에는 '고양 마이스 ESG 성과지표'도 개발한 바 있다. 그중 지속가능 MICE 행사개최 매뉴얼의 내용을 살펴보고자 한다.

지속가능 MICE 행사개최 매뉴얼은 주최자들로 하여금 지속 가능한 MICE 행사 개최를 장려하기 위해 제작되었다. 해당 매뉴얼은 개최시설, 숙박시설, 교통/수송, F&B, 행사운영, 사후관리 총 6가지 측면에서 지속 가능한 MICE 행사 개최를 위한 실천 가이드라인을 제시한다. [그림 3-9]는 그중 5번째 행사 운영 가이드라인의 예시로, 실천에 필요한 가이드라인을 제시할 뿐만 아니라 이와 관련한 ESG 분야, 고양시 MICE 지속가능성 전략 분야, UNSDGs 목표를 제시하여 보다 구체적으로 어느 부분에 도움을 줄 수 있는지를 제시하고 있다.

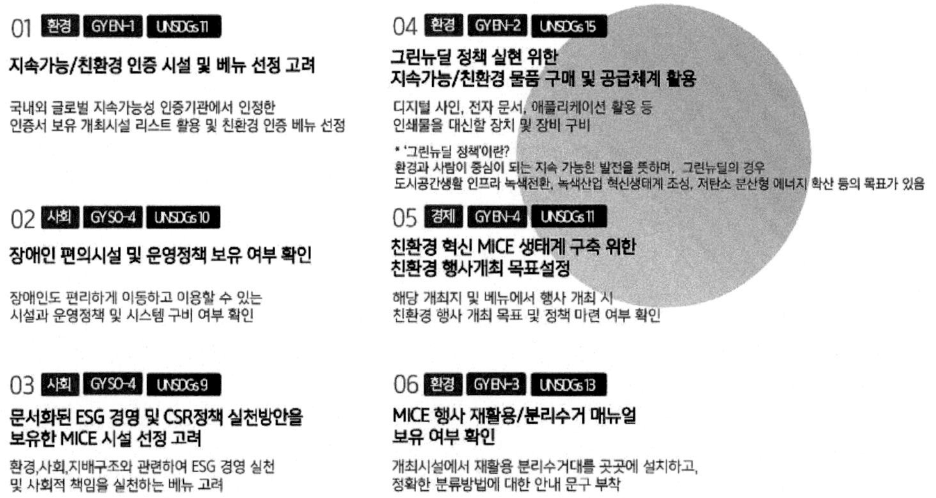

01 환경 GYEN-1 UNSDGs11
지속가능/친환경 인증 시설 및 베뉴 선정 고려
국내외 글로벌 지속가능성 인증기관에서 인정한
인증서 보유 개최시설 리스트 활용 및 친환경 인증 베뉴 선정

04 환경 GYEN-2 UNSDGs15
**그린뉴딜 정책 실현 위한
지속가능/친환경 물품 구매 및 공급체계 활용**
디지털 사인, 전자 문서, 애플리케이션 활용 등
인쇄물을 대신할 장치 및 장비 구비

* '그린뉴딜 정책'이란?
환경과 사람이 중심이 되는 지속 가능한 발전을 뜻하며, 그린뉴딜의 경우
도시공간생활 인프라 녹색전환, 녹색산업 혁신생태계 조성, 저탄소 분산형 에너지 확산 등의 목표가 있음

02 사회 GYSO-4 UNSDGs10
장애인 편의시설 및 운영정책 보유 여부 확인
장애인도 편리하게 이동하고 이용할 수 있는
시설과 운영정책 및 시스템 구비 여부 확인

05 경제 GYEN-4 UNSDGs11
**친환경 혁신 MICE 생태계 구축 위한
친환경 행사개최 목표설정**
해당 개최지 및 베뉴에서 행사 개최 시
친환경 행사 개최 목표 및 정책 마련 여부 확인

03 사회 GYSO-4 UNSDGs9
**문서화된 ESG 경영 및 CSR정책 실천방안을
보유한 MICE 시설 선정 고려**
환경,사회,지배구조와 관련하여 ESG 경영 실천
및 사회적 책임을 실천하는 베뉴 고려

06 환경 GYEN-3 UNSDGs13
**MICE 행사 재활용/분리수거 매뉴얼
보유 여부 확인**
개최시설에서 재활용 분리수거대를 곳곳에 설치하고,
정확한 분류방법에 대한 안내 문구 부착

그림 3-9 **고양시 지속가능한 MICE 행사개최 매뉴얼 - 행사운영**

고양시의 경우 아시아를 선도하는 '글로벌 지속가능 MICE 수도'를 고양시 MICE 지속가능성 전략의 비전으로 제시하고, 앞서 이야기한 것처럼 관련 전략을 세우고 개최 매뉴얼을 만들고 평가 지표도 개발하였다. 이러한 노력의 결과로 2022년 글로벌 마이스 목적지 지속가능성 평가인 GDS-I(Global Destination Sustainability Index)에서 고양시가 아시아 · 태평양 지역 1위, 글로벌 랭킹 18위의 성적을 거두는 성과를 얻기도 하였다.

이렇게 지속가능성에 대한 노력은 목적지의 이미지를 높여주고 MICE 목적지로서의 경쟁력을 높이는 데서도 크게 기여할 수 있는 부분이다. 이에 여러 사례를 종합하여 지속가능성을 향상할 수 있는 계획과 목표를 수립하고 이를 지속 관리한다면 좋은 성과가 있을 것이다.

결론

2019년 12월에 발생한 코로나19는 MICE산업에 많은 변화를 야기하였다. 소규모 회의, 하이브리드 형태의 주최, 인력 이탈 등 더이상 기존 수요를 포함하여 신규수요를 창출하기에는 산업의 한계가 나타났다.

그러면 우리는 앞으로 무엇을 준비해 나가야 하는가?에 대한 문제에서 고민을 시작하였고 이러한 대안으로 본 저서에서는 기존 MICE산업 영역의 확장과 새로운 가치 제고를 위해 "비즈니스이벤트(Business Events)"로의 전환을 제시하였다.

본서에서는 현재의 MICE산업의 과제를 공공부문과 사업체의 역할을 중심으로 주최자와 참가자들의 변화된 가치에 대해 살펴보았다. 또한 회의, 국제회의 및 MICE 용어의 유래부터 어떻게 변화해 왔는지 현재의 한계를 제시하면서 '비즈니스이벤트의 등장'을 화두로 제시하였다. 특히 비즈니스이벤트(Business Events)를 "비즈니스 창출이라는 공통의 관심사와 직업을 가진 내국인 또는 외국인 최소 10명 이상으로 이루어지는 공공 또는 민간의 활동으로 특정장소에서 개최하는 다양한 형태의 회의(세미나 · 토론회 등) 또는 행사(전시회, 기업 · 특별이벤트 등)"로 정의하였다. 비즈니스이벤트의 용어 활용과 정책의 확장이 단순히 몇몇 국가에 국한된 것이 아니고, ICCA, JMIC 등 MICE업계를 대표하는 국제기구는 물론, 호주를 필두로, 유럽의 독일, 영국, 덴마크 등과 미주의 캐나다, 아시아의 싱가포르, 일본 등을 넘어 아프리카까지도 전면적으로 활용하는 세계적인 범용 용어로 자리매김하고 있는 상황이다. 기존의 MICE용어를 주로 활용했던 국가들의 변화가 단순한 용어의 변화가 아닌 뚜렷한 목적성을 가지고 새로운 MICE산업의 가치 제고를 위한 노력으로 해석된다.

물론 앞서 설명한 바와 같이 '비즈니스'와 '이벤트'라는 용어에 대한 우리나라의 인식의 한계점도 있다. 그러나 방문의 목적을 '레저'와 '비즈니스'로 바라볼 때 단순 학술과 교류를 비즈니스이벤트의 근본 논리인 '지식 공유 및 확산'이라는 레거시 창출과도 밀접한 관련이 있는 것이다. 즉, 순수 학문도 '일'이며, 지식 확산이라는 중요한 비즈니스이벤트의 성과를 창출하는 것이므로 학술 컨퍼런스들도 대표적인 비즈니스이벤트로 봐야 한다. 더하여 기업들의 신제품 론칭 쇼 등 각종 이벤트들과 수출 상담회, 무역 전시회, 최근 세계적으로 두각을 나타내는 파티나 페스티벌 형태의 탈정형화된 특별 이벤트 등은 현재의 MICE, 국제회의의 범주에 포함하기에는 모호하다. 하지만 이들도 비즈니스 가치를 달성하고자 하는 목적성이 분명하기에 비즈니스이벤트 산업으로는 당연히 간주할 수 있을 것이다. 이처럼 기업 '회의(Corporate Meetings)' 대신 기업 '이벤트(Corporate Events)'라고 칭함으로써 기업이 주최하는 회의뿐만 아니라 "이벤트"라는 보다 광범위한 용어를 쓰는 것은 각종 연수, 교육, 시상식, 이사회, 신제품 론칭, 수출 상담회 등의 이벤트들까지도 포함할 수 있게 되었다.

관광분야의 대표적인 국제기구인 UNWTO는 특정 지역의 방문자들을 분류함에 있어 방문 목적을 중심으로 살펴볼 때, "레저(Leisure), 비즈니스(Business) 및 기타 목적(Other purposes)"으로 구분하고 있다. 이 중에서도 "레저"를 위한 여행과 "비즈니스"를 위한 방문에는 본질적인 차이가 있음을 이해하고, 이를 인식하는 것이 관광 산업과 비즈니스이벤트 산업의 구분에 있어 중요한 출발점으로 본다는 것이다. 전 세계의 관광 산업을 총괄하는 UNWTO에서 이러한 차이를 공식적으로 구분하고 그 필요성을 공식적으로 인정했다는 것은 의미하는 바가 크다. 예컨대 레저와 비즈니스는 목적지(Destination) 결정 방식에서 가장 명확히 차이가 드러난다.

관광 산업과 비즈니스이벤트 산업은 방문자 경제(Visitors Economy)의 양 축이며, 비즈니스이벤트 산업과 관광 산업은 별도의 영역으로 인식할 수 있다. 하지만 현재 정의하고 있는 기업들의 회의를 넘어선 기업 이벤트와 특별이벤트 및 페스티벌, 그리고 하이브리드 이벤트를 공식적으로 포함한다면 관광 산업과 비즈니스이벤트의 공존이 가능할 것이다. 다만, 인센티브 또는 인센티브 activities의 경우 기업이 주최는 하지만 마케팅 주체와 단체 관광의 성격에 부합하여 포함되는 데는 한계가 있다. 중소회의

meetings의 경우 일정규모 협단체 주관의 회의는 비즈니스이벤트에 포함된다고 할수 있다. 이러한 융합관점에서 비즈니스이벤트의 영역을 나타낸다면 아래의 그림으로 표현할 수 있으며, 지속적으로 영역이 확장되고 현장에서 활용된다면 좀 더 명확하게 나타내줄 수 있을 것으로 기대된다. 이러한 융합 관점에서 접근한다면 기존 MICE산업의 영역을 넘어 비즈니스이벤트 측면의 '지식경제'와 '지역발 이벤트(Origin events)'의 가치를 만들어낼 수 있을 것으로 기대한다. 특히 기업회의를 넘어 기업 이벤트로의 확장과 본고에서 사례로 제시한 SXSW(사우스 바이 사우스 웨스트), C2 몬트리올 같은 탈 정형화된 페스티벌 형태의 특별 이벤트까지 포괄하여 영역을 확장해야 할 것이다.

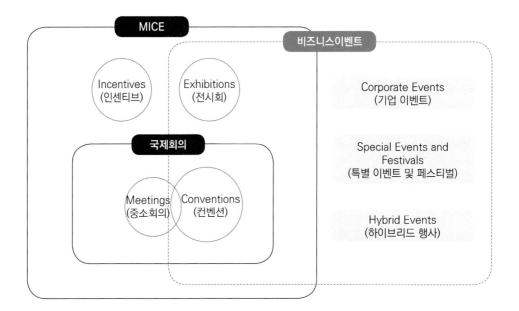

비즈니스이벤트(Business Events)
비즈니스 창출이라는 공통의 관심사와 직업을 가진 내국인 또는 외국인 최소 10명 이상으로 이루어지는 공공 또는 민간의 활동으로 특정장소에서 개최하는 다양한 형태의 회의(세미나 · 토론회 등) 또는 행사 (전시회, 기업·특별이벤트 등)

　　지금까지 MICE산업의 숙박, 식음, 쇼핑 및 관광 등으로 인한 직접적인 소비효과나 단기적인 결과(outcomes)는 비즈니스이벤트 개최로 인한 다양한 파급효과 중 '빙산의 일각'에 불과하다고 제시하였다. 이제는 이를 넘어선 다양하고, 파급효과가 큰 중장기적인 혜택, 즉, 레거시에 가치를 두고 지식 산업 경제(Knowledge Economy), 산업 혁신(Industry Innovation) 및 지역사회의 복지(Community Well-being) 기여를 위한 다양한 접근이 요구된다.

기존 MICE 분야의 국제회의 유치와 더불어 지역발 이벤트들은 현재 우리나라가 육성 지원하고 있는 방식에서 더욱 나아가고 강화되어 국제회의 유치 분야와 더불어 양축으로까지 커 나아가야 할 분야로 육성해야 할 것이다. 단 한번의 비즈니스이벤트 개최로 끝나서는 안 되고, 사전, 사후의 비즈니스 서비스를 제공할 수 있는 협단체가 주축이 되어 회원들과 개최도시가 긴밀히 상호 협력하여 관련 레거시 성과 창출을 유도해야 할 것이다. 이를 위해서 정부나 지자체에서는 변화하는 환경에 맞추어 개최지의 마케팅 활동도 산업의 범주에 맞게 확대되어야 하고, MICE업계의 확장된 비즈니스이벤트 시장 진출에 대해서도 지원책을 확대해야 할 것이다.

또한 3부에서 제시한 비즈니스이벤트 성공을 위해 비즈니스이벤트 레거시 계획 및 관리를 통한 다양한 비즈니스이벤트 레거시 창출의 중요성을 기술하였다. 비즈니스이벤트가 지속 가능하다는 것은 계속해서 해당 이벤트가 개최되고 긍정적인 레거시를 남기는 것이며 자생력과 경쟁력을 확보하는 것을 의미한다. 행사가 1회에 그치지 않고 계속해서 지속적으로 개최되고 발전하는 부분을 고려해야 하며, 다른 한 편으로는 행사가 전 지구적인 지속가능성에 기여하는 부분까지도 모두 고려해야 할 것이다.

지금, 대한민국의 MICE산업은 중대한 도전에 직면해 있다. MICE산업 또한 행사 규모 축소, 행사 건수 감소 등을 향후 수년간의 피할 수 없는 대세로 받아들이고, 기존의 유치 정책에 더하여 신규 수요 창출과 확장에 더 많은 노력이 필요하다. 지난 20년간 MICE용어도 UNWTO의 '회의 산업'에서 근간하여 우리나라의 현실에 맞게끔 전시회와 인센티브 관광까지 포괄하여 조정되어 활용되어 왔다. 비즈니스이벤트라는 용어 자체의 의미 논쟁보다는 향후 MICE산업의 정책의 전환기에 있어 새로운 준비측면에서 이해 관계자들 간의 보다 긴밀한 협력에 대한 필요성을 자연스럽게 인식시키고, 실질적인 협력 사업들의 개발에도 기여할 수 있을 것이다. 비즈니스이벤트로의 이해 관계자들의 인식 전환이야말로 포스트코로나 시대에 MICE산업의 티핑 포인트(Tipping point)에 중요한 핵심이라고 제시할 수 있다. 본 교재가 마이스산업의 범주의 확장과 새로운 가치 창출을 위한 비즈니스이벤트 전환의 시발점이 되길 기대해 본다.

제 **4** 부

Special Section

스페셜 섹션(Special Section)*을 구상하게 된 것은 비즈니스이벤트 관련 실무자, 국제회의 주최자와 나아가 미래를 준비하는 취업 준비생과 학생들을 대상으로 국제회의의 유치 및 기획·개발의 세부 절차와 성공적인 사례들을 보여주는 것이 의미가 있겠다는 생각에서이다.

이에 따라 제4부에서는 국내 한국관광공사와 국외 Convention Industry Council (2008), PCMA(2015)에서 발간된 국제회의 유치 등에 관련한 내용을 실무자들이 활용할 수 있도록 재작성하였다. 세계적인 도시들과 경쟁하여 국제회의를 유치하는 치열한 과정과 유치 성공 사례들, 세심한 기획을 통해 국제회의를 기획·개발해 나가는 지난한 과정들을 세부적으로 이해하는 것은 향후 관련 업무 추진 시에 실질적인 도움을 주는 것은 물론, 비즈니스이벤트 산업의 정확한 이해와 이를 통한 산업 자체의 위상 제고에도 도움이 될 것이라는 생각이 들었다. 스페셜 섹션은 실제로 관련 업무에 종사하는 분들과 국제회의를 주최해야 하는 분들께는 실용적인 매뉴얼로 가치가 있고, 향후 MICE업계에 진출을 희망하는 차세대 MICE인들에게는 자신의 미래 직업에 대한 자부심과 희망을 건네줄 수 있도록 구성하였다.

---

* 제4부는 한국관광공사(2019) 국제회의 유치 매뉴얼, 한국관광공사(2016) 국제회의 유치·개최 성공 생생 스토리, Convention Industry Council (2008), Convention Industry Council, PCMA(2015), Professional Meeting Management(6th Edition), A Guide to Meetings, Conventions, and Events 내용을 토대로 함

제1절 국제회의 유치와 기획·개발

크게 보면 한 도시에서 국제회의를 개최, 즉, '창출'하는 방법으로는 전 세계를 순회하면서 개최되는 국제회의를 유치하는 방법과 개최지에서 주최자와 협력하여 국제회의를 직접 기획 및 개발하는 방법이 있다.

이 중에서도 국제회의를 유치하는 것이 기획·개발하는 것보다 ROI가 더 높을 수 있다. 그 이유는 유치 대상 국제회의의 경우, 이미 수년 혹은 수십 년간 여러 나라를 순회 개최하면서 행사의 운영 시스템이 체계적으로 갖추어져 있고, 해당 분야의 전문가나 영향력자들이 임원이나 회원 등으로 이미 포함되어 있어 행사의 구심점이 마련되어 있기 때문이다. 이러한 회의들 중 하나를 특정 개최지로 유치하게 되면 행사의 운영 노하우는 물론, 국내외 참가 규모와 행사의 질적 수준을 안정적으로 보장할 수 있다. 이러한 장점들이 있어 전 세계적으로도 국제회의 유치 관련 사업과 정책들은 우선적으로 체계화되어 있는 경우가 많다.

반면에, 국제회의를 기획·개발하는 업무는 무에서 유를 창출하는 지난한 과정이다. 완성된 국제회의를 유치하는 것이 아니라, 새롭게 만들어내는 것은 특히 초창기에 더 큰 투자와 노력을 동반한다. 그럼에도 한 도시를 대표하는 비즈니스이벤트를 기획·개발하기 위해 전 세계적으로 노력하는 것은 또 다른 장점이 있기 때문이다. 국가나 지역을 순회하는 국제회의를 유치하는 것은 개최지의 입장에서는 일회성으로 한 번 개최되는 것이다. 한 번의 행사 개최는 개최지에 국내외 참가자들의 방문을 통한 소비 진작 효과는 가져올 수 있으나 보다 중요한 사회, 경제, 문화, 정치 등 종합적 파급효과와 인적 네트워크를 남기기에는 한계가 있다. 이에 반해 한 도시가 필요로 하거나 강점이 있는 분야의 대표적인 비즈니스이벤트를 기획하여 정착시킬 수만 있다면,

그 개최지에 지속적으로 국제적인 교류 플랫폼이 생기게 되므로 이를 다방면으로 활용할 수 있다. 참가자들의 소비 진작 효과를 넘어 인적 네트워크를 확보해 갈 수 있고, 이들을 통한 중장기적 혜택인 레거시 창출의 가능성을 높일 수 있다.

이렇듯 유치와 기획·개발 업무는 각기 장단점이 있지만, 국제회의의 '창출'의 양축이라는 공통적인 중요성을 가진다. 모든 컨벤션 마케팅과 서비스 업무들은 '창출'에서 시작되기 때문이다. 일단, 유치든 기획·개발이든 비즈니스이벤트가 특정 개최지에 창출되어 개최되어야만, 참가자들의 직접 소비효과와 단기적 결과물(outcomes), 중·장기적 혜택(legacies)들이 생겨남으로써 그 중요성과 가치를 증명할 수 있다.

| 표 4-1 | 국제회의 단계별 업무(창출, 홍보, 개최지원 및 후속조치)

국제회의 창출에서 비롯되는 도시 홍보, 개최지원 및 후속조치 등 국제회의 산업의 단계별 업무를 살펴보면 더욱 이해하기 쉬울 것이다.

〈표 4-1〉에서 보듯이, 국제회의 유치와 기획·개발을 통한 창출 업무는 사실상 모든 컨벤션 마케팅과 서비스의 시작점이다. 여러 국내외 도시들과의 경쟁을 이기고, 국제회의를 유치하거나 치밀한 기획 과정을 통해 신규 행사를 개발했을 때만 도시 홍보, 개최 지원 및 후속 조치 등의 일련의 후속 업무들이 순차적으로 효력을 발휘한다. 참가자들의 방문과 교류가 일어나고, 이를 통한 개최지의 파급효과와 MICE업계의 매출도 발생하며, 관련 비즈니스를 통한 성과가 창출된다.

간혹 도시의 홍보나 브랜딩을 통해 국제회의를 유치하는 경우도 있지만, 그러한 것은 일부의 경우로 봐야 한다. 서울과 같이 도시 브랜드 자체가 세계적인 경쟁력을 가진 곳은 도시 홍보를 통해서 국제회의가 자동적으로 유치되는 경우가 다소 빈번할 수도 있겠지만, 한국 대부분의 도시들은 별도의 전략적이고 체계적인 국제회의 유치 혹은 개발 활동이 연중 필요하다. 해외에서 수천 명이 참가하는 대규모 행사나 세계적으로 저명한 행사의 경우는 서울, 런던, 파리 등 세계적인 도시들조차도 치열한 유치 경쟁을 피할 수 없고, 기획·개발 노력과 투자를 별도로 기울이지 않으면 경쟁력 있는 국제회의가 자동적으로 발생하는 것은 어렵다.

이렇듯 국제회의 세일즈 및 마케팅을 통한 '창출'이 비즈니스이벤트 산업의 시작점이기에 국제회의 산업을 육성하기 위해 노력하고 있는 중앙 조직과 전국의 여러 도시들은 국제회의 창출을 위한 사업과 정책 육성에 집중적인 인력과 재원을 투자해야만 할 것이다.

제 **2** 절 비즈니스이벤트 유치하기

2절에서는 국제회의 '유치'를 전담하는 조직 체계를 먼저 살펴보고, '유치' 업무의 세부적인 절차와 방법을 설명하겠다. 이후에 우리나라 주요 도시의 극적인 유치 성공 스토리를 소개하고, 각각의 스토리 속에서 파악할 수 있는 유치 절차와 방법을 알기 쉽게 분석해 보았다.

1 국제회의 유치 전담 기구

비즈니스이벤트 유치 업무는 주로 개최지가 주최자를 대상으로 제안하는 방식이다. 특정한 국제회의를 유치하고자 희망하는 국내외 개최지들 간에는 유치 경쟁이 불가피하다. 국내에만 17개의 컨벤션뷰로들이 국제회의 유치를 직간접적으로 지원하면서 유치 대상 회의 정보 발굴, 주최자들의 현장 답사 및 유치 제안 발표까지 지원하기 때문이다. 전 세계적으로는 정확하지는 않으나 3,000개 이상의 컨벤션뷰로 혹은 DMO들이 활약하고 있는 것으로 추정된다. 따라서, 수 개의 국내 혹은 해외 도시가 하나의 국제회의를 두고 유치 경쟁을 하는 것은 일상이 되었다. 특히, 대규모 국제회의나 개최지의 경제, 산업, 문화, 정치 등의 발전에 영향력이 큰 행사라면 유치 경쟁은 더욱 치열하다.

치열한 국제회의 유치 과정을 극복하기 위해서는 국제회의 유치 관련 전담 조직과 체계를 갖추어야만 한다. 각종 국제회의 산업을 담당하는 중앙 정부는 문화체육관광부이다. 문화체육관광부의 전담 부서는 명칭은 다소 바뀌더라도 관광(정책)국 내 국제관광과 혹은 융합관광 산업과 등이다. 중앙 정부는 국제회의 산업 관련 법·제도 정비, 정책 수립 및 정부 예산 확보 등 MICE산업의 기반 조성과 육성을 총괄한다. 실질적인 국가 단위 MICE산업 운영 및 실행은 한국관광공사가 담당한다. 한국관광공사의 MICE실은 통상적으로 2~4개[1]의 관련 팀으로 구성되어 있으며, 전국의 MICE산업 육성과 관련 사업 기획, 국제회의 건별 유치 및 개최 지원 등을 담당하고 있다. 지역 MICE 활성화 사업도 지원하는데, 주로 교부금 형태로 지방의 DMO 혹은 CVB에 사업 보조금을 지원한다. 이외에도 K-Convention 등 특화컨벤션 육성, 전국 국제회의 통계 관리와 산업 규모 조사, 국내외 산업 트렌드 조사, MICE 인텔리전스 등 MICE 관련 지식 정보 관리 및 확산 사업도 수행한다.

도시 단위로 내려가면, 도나 광역시 등의 광역권과 기초 지자체까지 포함하여 현재 전국적으로 17개의 컨벤션뷰로가 설립 및 운영되고 있고, 당분간은 더 많이 신설될 것으로 보인다. 이들은 도시의 특성과 여건에 따라 설립형태도 다양한데, 지방 공사, 재단법인 및 사단법인 형태로 구분될 수 있다. 기능적으로는 MICE산업만을 전담하거나 관광 산업 혹은 컨벤션센터 기능과 통합하여 운영된다.

지자체의 국제회의 전담기구는 2003년 4월 대구를 필두로 서울, 부산, 제주, 광주, 대전 등 전국적으로 확대되었으며, 초창기에는 MICE산업만을 별도로 전담하는 형태였으며, 업무 또한 컨벤션에 집중 및 특화되어 있었다. 하지만 지금은 관광 산업이나 컨벤션센터 운영 등과 기능이 통합된 경우가 많다. 이에 대해서는 장단점이 있더라도, 분명 MICE산업에 대한 비중과 집중도가 크게 떨어졌으며, 전담 인력의 수도 초

---

1 '24년 현재, 한국관광공사는 5본부 16실 52센터/팀과 9개 국내지사, 33개 해외지사로 구성되어 있다. 이 중에서 MICE실은 최근 조직 개편을 통해 4개 팀, 즉, MICE 기획팀, MICE 협력팀, MICE 마케팅팀, 국제협력팀 등 33명으로 확대 재편하였다. MICE 기획팀은 지역 MICE 활성화, 미팅 테크놀로지, MICE 통계 및 관련 조사 연구, 유니크 베뉴, MICE 국제기구 협력 및 홍보 사업을 담당한다. MICE 협력팀은 국제회의 유치 및 개최지원, K-Convention 및 융복합 국제회의 육성을 담당하며, MICE 마케팅팀은 국제회의 유치, 홍보, 개최지원 외에 기업회의, 인센티브 및 국제 이벤트 지원 사업을 포괄하며 관광사업에 접목한다. 마지막으로 국제협력팀은 관광 ODA 사업, UNWTO 파견 등이 주요 업무이다. 최근 3개 팀에서 4개 팀으로 확대 개편한 것은 반길 일이나 국제협력팀은 직접적인 MICE산업 지원부서로 보기 어려우므로 3개 팀이 실질적인 MICE 업무를 담당한다고 본다면 여전히 MICE산업이 차지하는 비중이 부족하다는 생각이 든다.

창기에 비해 현저히 줄어든 것이 안타까운 현실이다.[2]

주요 지방 도시들의 MICE 기능 축소는 머지않아 우리나라 MICE산업의 경쟁력 약화로 이어질 것이다. 컨벤션뷰로들은 지자체의 관광 관련 부서 산하로 대부분 소속되어 있으며, 대구 등 소수 도시만이 경제 관련 부서로 배정되어 있다. 도시별 특성[3]과 MICE산업으로 달성하려는 지자체의 사업 및 목표에 따라 차이가 있을 수 있음을 인정하더라도, 비즈니스이벤트를 통한 레거시 창출의 차원에서는 바람직한 트렌드는 아닌 듯하다.

2 국제회의 개최지 선정 절차와 방식

비즈니스이벤트 유치의 과정을 세부적으로 이해하기 위해서는 국제회의 유치 의사 결정 과정, 개최지 선정 절차와 방식, 개최지 결정 고려 요인 등 유치 업무에 필요한 전체적인 구성 요소들을 살펴보고, 세부적인 유치 업무 프로세스를 살펴보는 것이 좋을 듯하다. 2019년 전시컨벤션경영연구소가 작성하고, 한국관광공사가 주관 및 발간한 국제회의 유치 매뉴얼에 관련 내용들이 잘 정리되어 있어 이를 적극적으로 소개하고, 기타 여러 가지 실질적인 사례들과 내용 보완을 통해 국제회의 유치 과정을 설명하겠다.

---

[2] 서울, 부산, 대구 등 일부 대도시를 제외하고는 10명 미만, 심지어 1~3명의 직원들이 국제회의 유치 등 컨벤션뷰로의 컨벤션 세일즈 역할을 담당하고 있는데, 이는 2000년대 초 독자적인 컨벤션뷰로 기능을 전담했을 때에 비해서 대폭 축소된 것이다.

[3] 참가자 유치를 위한 관광 산업 기반 도시인가, 산업 및 경제 발전에 집중하는 특화된 산업 도시인가

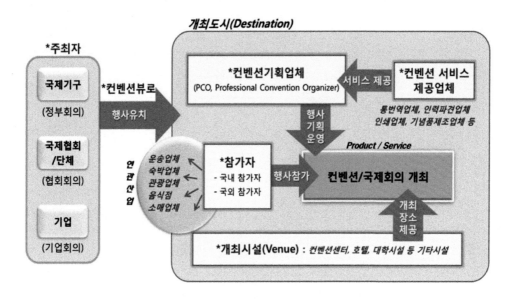

자료: 국제회의 유치 매뉴얼(2019), 한국관광공사, 전시컨벤션경영연구소, p. 13

그림 4-1 컨벤션 산업의 기본 구조

[그림 4-1]에서 주최자들은 정부, 협단체, 기업 등으로 크게 구분할 수 있으며, 주최자의 각 성격에 따라 다소 차이가 있겠지만, 공통적으로 주최자의 국제회의 개최

| 표 4-2 | 주최자의 국제회의 개최지 결정 과정

구분	주최자의 결정 과정	개최지의 유치 활동	
		활동 대상	유치 활동
순차적 결정 (단독후보)	이사회 → 총회	이사회 → 총회	• 개최 후보 도시 선점 • 결정권자 대상 타깃 마케팅
이사회 결정	이사회 → 총회	주요 임원 대상 활동	• 임원 초청 • 사전 홍보 활동 • 홍보데스크 운영
총회 결정	이사회 검토 → 총회 표결	각국 대표 대상 활동	• 유치단 파견 • Korean Night 개최 • 홍보데스크 운영 • 기념품 ·홍보물 제공
참가자 결정	집행부 검토 → 참가자 표결	집행부, 전체 참가자 대상 활동	• 제안서 및 홍보 자료 • 도시 이미지 및 브랜드 제고 활동

자료: 한국관광공사, 전시컨벤션경영연구소(2019), 국제회의 유치 매뉴얼 참조 및 보완

지 선정에 대한 의사 결정 과정과 이에 따른 개최지의 유치 활동은 〈표 4-2〉와 같은 유형으로 구분할 수 있을 것이다.

개최지를 결정함에 있어 순차적 결정 과정은 주로 정부회의나 소규모의 협단체 회의들의 경우에 나타난다. 회원국이나 회원들에게 미리 의사를 타협하거나 내부적으로 정해진 순회 원칙에 따르는 것이다. 이외에 기업들의 경우도 여러 가지 목적지를 검토하지 않고, 해외 지사가 있거나 대륙별 본부가 있는 도시에서 자동적으로 순회 개최할 수도 있다.

하지만 대부분의 국제기구 혹은 협단체의 회의는 이사회에서 결정하고 총회에서 승인을 받거나 이사회의 1차 검토 이후, 총회에서 표결하는 형태가 가장 흔하다. 드물지만, 모든 회원들이나 참가자들이 직접 투표를 하는 경우도 있다. 이러한 경우는 조금은 특별한 취향을 가진 매니아들의 모임 등 참가자 한 명 한 명의 권한에 가치를 두고, 전체 회원이 직접 투표에 참가하는 과정이다. 하지만 전체 참가자가 온라인으로 투표하는 경우는 드물다.

단독 후보, 이사회, 총회, 전체 참가자 등을 통한 개최지의 최종 결정 과정에 따라 개최지의 유치 마케팅 활동들도 달라질 것이다. 단독후보로 결정되는 경우는 순회 개최의 원칙과 개최지 결정 시기 등 국제회의 개최 정보를 미리 파악하여 적절한 타이밍에 주최자에게 단독 후보 도시로 제안할 수 있는 기회를 만들어내는 타깃 마케팅이 중요할 것이다.

이사회에서 개최지를 결정하는 많은 비즈니스이벤트들은 수년 전의 전차 혹은 전전차 대회에 참가하거나 별도의 이사회에서 개최지 홍보 프레젠테이션을 진행하는 것이 상례이다. 하지만 실질적으로 유치 활동을 해보면, 공식적인 홍보 프레젠테이션에 앞서 개최 후보도시들에 대한 여러 조건과 장단점을 후보 도시가 사전에 제출한 제안서를 통해 미리 분석해 두고, 공식 투표 전에 마음을 결정하고 이사회에 참석하는 경우도 많다. 공식 프레젠테이션 이전에 이사진들을 대상으로 한 개별 마케팅이 매우 중요한 이유이다.

총회에서 투표로 결정되는 경우도 있는데 이런 경우는 이사회에서 1차적인 검토 혹은 서류 심사 등의 전형을 거쳐서 최종적으로 협단체의 회원국들 전체가 참여하는 총회에서 투표를 하는 경우이다. 이러한 경우에도 모든 회원들이나 참가자가 아니라 국가별 대의원들이 투표를 한다.

국가별로 한 표씩을 행사하는 경우도 있지만, 소속 국제기구나 협단체에 대한 기여도, 국제적 영향력, 관련 산업의 규모 등에 따라 국가별로 투표수가 차별화되어 있는 경우가 많다. 이럴 경우, 개최 후보 도시들은 효과적인 유치 전략을 수립해야 하는데, 투표수가 많은 국가에 우선적으로 중요성을 둬야하겠지만, 투표수가 작더라도 부동표에서 승부가 갈리는 경우가 많아 유치 활동 시에는 국가별 득표수를 면밀하게 분석할 필요가 있다.

이렇듯 총회에서 투표로 최종 결정이 되는 회의는 최종 투표가 진행되는 현장에서 각국의 대의원들을 대상으로 Korea Night와 같은 홍보 이벤트를 개최하거나 대의원들을 개별적으로 면담하는 등의 현장 유치 활동도 사전 유치 활동만큼이나 중요하다. 아무리 사전에 유치 활동을 철저히 했더라도 수백 명의 투표권자나 수십, 수백 개 국가에 대한 전면적인 사전 마케팅은 사실상 불가능하기 때문에 유치 현장에서 해당 행사를 개최해야 하는 유치 타당성과 열의를 충분히 보여줄 만한 기획 이벤트들이 필요하다.

이 분야에 있어서 한국은 한국관광공사의 유치 지원제도와 지역 컨벤션뷰로들의 노하우가 축적되어 상당히 효과적인 마케팅을 펼친다. 다만, 이러한 유치 노력에는 사전 기획과 예산, 준비 인력이 필요하므로 현재 대부분의 컨벤션뷰로들의 인력만으로는 쉽지 않은 업무가 될 수 있다. PCO 등과의 유치 마케팅 협업도 가능하지만 그럼에도 1년 동안 여러 건의 행사를 유치해서 파급효과를 극대화하기 위해서는 컨벤션뷰로 내 유치 및 마케팅 인력은 최소한 4~5명이 전담할 필요가 있다.

국제회의 세일즈 및 마케팅 체계를 잘 갖춘 도시로 호주의 시드니와 멜버른을 들 수 있다. 2022년 직접 현장을 방문하여 파악해 보니, 양 도시는 유사한 마케팅 체계를 갖추고 있다.

우선, 관광이나 컨벤션센터와는 독립적으로 컨벤션 기능에만 집중하고 있으며, 뷰로의 직원들은 각각 30여 명에 달한다. 조직 내 팀은 행사 발굴(Sales Leads Development Team), 유치 제안(Bidding Team) 및 개최 지원(Convention Service)이라는 3개 정도의 핵심 팀으로 구분되어 있다. 3개 팀은 연중 ICCA 기준의 행사 유치와 개최 지원에 집중하면서 연간 90건 정도의 국제회의를 유치한다.

비즈니스이벤트시드니(BE Sydney)와 멜버른컨벤션뷰로(MCB)는 컨벤션 산업 분야에만 집중[4]하여 국제회의 산업을 별도의 산업으로 성공적으로 육성하고 있는 성공적인 사례이다.

마지막 개최지 결정 과정은 회원 혹은 참가자들이 모두 투표에 참가하는 방식이다. 이러한 경우는 이사회, 총회가 별도로 없고, 집행부 혹은 사무국을 주축으로 자원봉사자들이나 몇몇 사무국 직원들이 행사를 준비하고 개최하는 경우가 많다. 긴밀한 커뮤니티로 이루어진 단체가 많으며, 매니아층이 두터운 행사일 수도 있다. 이러한 경우는 개최지를 결정하는 특정 영향력자를 대상으로 로비 활동을 하는 것이 어렵기 때문에 관련 대회 참가, 온라인 홍보 등으로 개최지의 브랜드와 인지도를 지속적으로 상승시키는 수밖에 없다.

더 중요한 것은 우리나라의 소속 회원들이 협단체 내에서 수년간 꾸준한 활동을 하여 충분한 인지도와 영향력을 평상시에 가지고 있어야 한다는 것이다.

주최자의 입장에서 개최지 결정 과정을 4가지 방식으로 구분하여 살펴보았다. 이제는 개최지 선정 시에 개최 대륙 결정, 대륙 내 개최국가 결정, 국가 내 개최 도시 선정 등의 단계별로 나누어 그 과정을 살펴보겠다.

---

4 관광 등 도시 마케팅은 주정부가 주도적으로 담당하며, 컨벤션센터는 별도의 조직으로 운영된다.

| 표 4-3 | 국제회의 개최지 선정 방식

선정 절차	선정 방식	세부 내용	비 고
개최 대륙 선정	순환 패턴	• 예: 유럽→미주→아시아→아프리카 등 순환형 • 격년으로 특정국(도시) 고정 개최 및 대륙별 순환 개최 등 혼합형 • 한중일 장관회의 등 당사국별 순환형	주최자와 국가 상황에 따라 변경 가능
개최국 선정	투표 방식	• 이사회, 총회 등 투표에 의한 결정 • 임원별, 국가별 한 표 혹은 배당표 투표	① 서류 심사 ② 현장 실사 ③ PT ④ 최종 결정
	합의 방식	• 이사회, 의장단 등 내부 협의	PT, 현장 실사
개최도시 선정	투표 혹은 합의 방식	• 국제기구의 개최국 회원 단체 이사회에서 결정 • 기구 본부에서 개최국, 개최도시까지 직접 결정	

자료: 한국관광공사, 전시컨벤션경영연구소(2019), 국제회의 유치 매뉴얼 등 참조

개최 대륙을 선정하는 경우에는 어느 정도의 순환 패턴 방식이나 기준을 주최자별로 가지고 있는 경우가 많다. 예를 들어, 유럽, 미주, 아시아, 아프리카 등의 순으로 대륙을 순회한다는 기준을 관례화 혹은 규정화할 수 있다. 대륙별로 전 세계를 순회하는 세계적(international) 행사가 있는 반면에, 유럽, 미주, 아시아 등의 특정한 대륙 내에서만 개최하는 대륙별(continental) 행사들도 많다. 이들은 특정 대륙 내의 국가들을 순회하면서 개최된다. 특이하게도 한 국가나 특정 도시에서 격년마다 개최하고, 다른 해에는 여러 대륙과 국가를 순회하면서 개최하는 행사들도 있다. 본부 사무국이 소재한 유럽의 특정 도시에서 짝수 해에 개최하고, 나머지 홀수 해에는 미주, 아시아, 아프리카 등을 순회하면서 개최하는 것이 그러한 사례이다.

하지만 화산 폭발, 지진 등의 자연 재해나 코로나19, 메르스와 같은 팬데믹, 전 세계적으로 자행되는 테러나 쿠데타와 같은 정치 문제 등의 불가항력적인 문제들이나 예산 확보의 어려움 등 여러 사유로 인해 비즈니스이벤트의 개최 예정 국가들이 개최를 포기하거나 반납하는 경우도 있어 대륙 간 순회 원칙이 지켜지지 않는 경우도 많다. 때로는 특정 개최 희망국의 제안이 개최지 결정권자들에게 큰 설득력과 명분을 얻어 투표를 통해 대륙 순회 원칙을 깨고 개최지를 결정하는 경우도 있다.

3 국제회의 개최지 선정 절차와 방식

가. 개최국 선정 절차

개최국 선정 시에는 주최자가 특정 해에 국제회의 개최를 희망하는 국가들을 대상으로 유치 의향서(Letter of Intent)를 우선적으로 받는다. 이때 의향서 제출 자격을 회원국이나 회원 기관 등으로 제한하기 마련이다. 유치 의향서에서는 유치를 희망하는 이유와 개최 타당성을 간략히 표명하며, 때로는 행사 개최를 위한 기본적인 수용 인프라 현황 등을 조사하여 함께 제출한다. 이후 유치 의향서를 제출한 국가들을 대상으로 주최자는 공식 유치 제안서를 제출토록 요청한다.

경쟁국이 많은 경우는 우선적으로 제출된 제안서의 서류 전형을 통해 수개의 후보 국가를 선별한다. 예를 들어, 2019 세계뇌과학컨퍼런스 유치 과정에서는 10개의 국가가 제안서를 제출하여 세계뇌과학연맹(IBRO)의 내부 심사에 의해 4개국을 우선적으로 가려냈다. 이후에 이사회 등에서 유치 경쟁 프레젠테이션을 받거나 서류 전형을 통과한 수개 국에 대해서만 별도 현장 실사를 진행하기도 한다. 현장 실사단은 국제기구의 임원진과 사무국 등 수명으로 구성되고, 후보국은 입국부터 출국까지 세밀한 계획을 수립하여 이들을 수행한다. 대규모 행사의 경우는 실사단의 입국 환영 이벤트까지 기획한다.

현장 실사 시에는 주최자의 요청이나 후보국의 판단에 따라 중앙 정부나 지자체의 영향력자 면담, 도시 소개와 지원 사항에 대한 브리핑, 회의 시설, 숙박 등 주요 인프라 답사, 관계 기관 및 기업 방문과 기관장 면담, 환영 오·만찬, 기타 도시의 매력을 보여줄 수 있는 관광지 투어 등을 통해 제출한 제안서에 담긴 내용들이 수행 가능함을 증빙한다. 현장실사에서 또 중요한 것은 후보국과 개최 후보 도시의 개최 의지를 실사단이 확인하도록 하는 것이다. 우리나라는 이러한 실사 과정을 통해 경쟁국이나 경쟁도시에 비해 유리한 위치를 선점하는 경우가 많다. 방문하는 손님에 대한 우리나라의 전통적인 환대 문화와 성실하고 전략적인 준비 과정이 국제 실사단에게도 어필이 되는 것 같다.

현장 실사가 끝나고 나면, 최종 프레젠테이션 후 개최지를 결정하게 된다. 프레젠테이션과 개최지 최종 결정은 주로 전차 혹은 전전차 대회에서 진행되는 경우가 많으나, 특정 시간을 별도로 정하여 이사회 등에서 발표 및 결정하는 경우도 있다. 제안 발표 시에는 주요 영향력자의 유치지지 동영상, 개최지의 인프라 소개 동영상 등의 시각적 효과를 총동원하여 정해진 발표시간 내에 최대한의 효과를 거두기 위해 노력한다.

유치 프레젠테이션은 유치 의향서와 유치 제안서를 제출한 공식 회원 기관의 임원이 주로 맡게 되고, 컨벤션뷰로에서 도시 소개 발표를 별도로 지원하는 경우도 있다. 발표자는 사전에 수많은 반복 연습을 통해 만전을 기하여야 한다. 한국관광공사와 서울, 대구 등 일부 도시들은 이러한 프레젠테이션 개별 교습까지도 섬세하게 지원하고 있다. 공식 프레젠테이션을 2차까지 진행하는 경우도 있다. 예를 들어, 대회 첫날에 10분, 마지막 날에 2분간의 추가 발표를 하며, 정해진 발표 시간을 초과하면 발표자의 마이크를 꺼버리는 등 엄격하고 공정하게 발표를 진행한다. 수십, 수백 명에서 수천 명이 참관하기에 공정성을 최대한 지키기 위한 주최 측의 노력이다. 발표한 내용에 대해 투표권자들의 질의응답을 받기도 하는데, 예상 질문과 이에 대한 답변을 미리 준비하여 발표자에게 숙지시키는 등 세심한 준비가 필요하다.

최종 개최국 결정 공식 발표는 프레젠테이션과 투표 이후 현장에서 바로 이루어지는 경우가 많지만, 대회 개최 이후 내부적인 추가 검토를 거쳐서 사후에 공식적으로 통보하는 경우도 있다. 현장에서 개최국 발표가 이루어지면, 그야말로 긴장감이 극에 달한다. 지난 수개월 혹은 수년간의 유치 노력이 결판이 나는 숨 막히는 순간이다. 120년의 역사를 가진 세계양봉대회의 경우는 선정 국가를 한국으로 최종 발표 후에 한국 유치 파견단 60명을 무대로 올려 애국가를 연주해 주면서 축하해 주었는데, 적잖은 사람들이 눈물을 흘리기까지 했다. 경쟁에서 패배한 국가의 경우, 우선은 참담한 신세가 되기도 하지만 전략적으로 노력했던 국가는 유치 과정의 국제적 네트워크와 노하우를 바탕으로 차후 도전에서 보다 유리한 위치를 선점한 것을 위안으로 삼을 수 있다. 실제로 최근에는 유치 경쟁에서 재수, 삼수를 하는 경우도 많다.

요약하자면, 개최 국가를 선정하는 방식은 단독후보이거나, 이사회, 총회 투표를 통한 방식 혹은 참가자 전체 합의 등의 방식을 따른다. 주최자들은 통상적으로 개최 국가 결정에 있어 후보 국가들의 제안서와 프레젠테이션을 면밀히 검토하여 결정하게 된다. 현장 실사를 통해 제안 내용을 확인하고, 성공적인 개최 가능성을 눈으로 확인하기도 한다. 주최자의 입장에서는 통상적으로 1년 혹은 수년에 한번 개최하는 비즈니스이벤트에 대해 후보국의 제안 사항을 면밀히 검토하여 주최 측의 수익성을 담보해야 하며, 참가자들의 편의를 위해 개최 인프라, 도시의 매력도 등을 점검할 필요가 있는 것이다.

나. 개최 도시 선정 절차

개최국 내의 개최 도시 선정은 크게 두 가지 방식을 따른다. 개최국 선정 과정에서 이미 국가 내 후보 도시까지 확정하여 공식 유치 제안을 하는 경우와 개최 국가를 우선적으로 선정한 후에 개최 도시 선정을 개최 국가에 일임하는 경우다. 대부분의 경우는 개최국 선정 시에 개최 도시까지 지정하여 제안하도록 주최 측에서 유도 혹은 조건을 둔다. 때로 개최 도시 결정을 해당국에 일임하는 경우에는 주로 관련 분야의 국제회의를 개최할 수 있는 후보국의 수가 비교적 작아서 수년을 주기로 정기적으로 특정 국가에 개최하는 행사일 경우가 많다. 예를 들자면, 한국이 강점이 있는 자동차 산업 분야의 관련 대회는 수년마다 한국에서 개최하는 것으로 주최자와 개최국 상호 간에 공감대가 이미 형성되어 있어, 특정 해에는 한국에 개최 도시 선정을 일임한다.

하지만 이러한 경우에도 국내 도시 간의 유치 경쟁은 치열하다. 수년 후의 차기 대회를 유치하는 것보다는 조속히 개최하여 관련 지식과 네트워크를 선제적으로 확보하는 것이 도시의 산업과 경제 발전에 유리하기 때문이다. 어떤 도시는 특정 해에 반드시 개최하고 싶은 명분이 있을 수도 있다. 예를 들어, 전기 자동차 정책을 수립하여 발표한다거나 로봇 클러스터를 개관하는 해에는 관련된 비즈니스이벤트 개최를 연계

할 수 있다면 의미를 더할 수 있기 때문에 타 경쟁도시에 비해 강력한 유치 제안을 할 수 있다.

이러한 비즈니스이벤트의 대륙, 국가, 도시의 결정 과정은 짧게는 수개월, 길게는 수년의 기간이 필요한데, 왜 그럴까? 주최자들의 개최지 선정 요인과 개최지의 세부 단계별 유치 과정을 살펴보면 그 답을 알 수 있다.

4 개최지 선정 요인 및 유치 제안 절차

주최자들의 개최지 선정 시 고려사항이나 요인들을 살펴보면, 이에 대한 개최지의 제안 내용들도 쉽게 이해하고 접근할 수 있을 것이다. 개최지 결정 요인을 폭넓게 생각해 보면, 협단체(주최자) 요인, 장소(개최지) 요인 및 개인(참가자) 요인 및 환경 요인[5] 등이 복합적으로 작용한다.

가. 주최자의 개최지 선정 요인

개최지 선정 요인으로 시설, 서비스, 비용, 위치 및 이미지 등 5개 요인 혹은 회의, 숙박, 식음료, 개최지 등 4개 요인 등으로 구분[6]할 수도 있다. 이외에도 여러 기준들이 있을 수 있지만, 여기서는 아래와 같이 구분한다.

---

5 컨벤션 개최지 선택 속성에 따른 컨벤션도시 경쟁력 평가 척도 개발, 권유홍, 이인재(2006.3)
　① 협회 요인 : 컨벤션 목표, 과거의 개최 경험, 협회의 정책, 조직(임원 영향력 등) 요인
　② 장소 요인 : 회원의 참가 촉진, 참가 만족도 제고를 위한 개최지 관련 각종 매력 요인
　③ 개인적 요인 : 교통, 비용, 관광 등 참가자로서의 개별적 요인
　④ 환경 요인 : 회의 주제 관련 산업 및 정치, 경제, 사회문화 등의 거시 환경 요인
6 Convention Destination Images : Analysis of Association Meeting Planners' Perceptions, Tourism Management, 17(3): 175~182

| 표 4-4 | 국제회의 개최지 선정 요인[7]

구 분	평가 지표	주요 내용	비 고
수용 규모	컨벤션 시설	• 회의실, 전시장, 연회장 등 수용 규모	기 본
주제 관련성	숙박 시설	• 다양한 등급별 호텔, 확보 가능 객실 수	중 요
개최지의	개최 당위성	• 개최지의 회의 주제와의 관련성 • 지역 참여 및 연계 가능성(참가자, 기업 등)	중 요
지원 의지	지원 사항	• 지원금, 후원금 확보 등 예산 추가 확보 • 지역 연계 등을 통한 참가자, 회원 증대 노력	중 요
비용 효율성	행사 수익성	• 물가(임차료, 숙박시설, F&B, 교통 등) • 지역의 개최지원금 규모 등	중 요
참가자 편의성	접근성	• 공항 접근성, 도시 내 교통 편의성	가 점
	참가 비용	• 물가(숙박비, 교통비, 식음료대 등)	가 점
도시 매력도	문화·관광·쇼핑	• 참가자 증대를 위한 개최지의 매력도	가 점

위 표의 비고란에서 '기본', '중요', '가점'과 같이 표기한 것은 유치 과정에서의 중요도를 고려한 것이다. 수용 규모의 경우, '기본'적인 조건으로 충족되지 않으면 개최지 선정을 기대하기 어려울 수 있으며, 주제 관련성, 비용 효율성 및 개최지의 지원의지는 기타 항목들에 비해 '중요'하다는 의미이다. 또한, 참가자에 대한 편의성과 도시 매력도는 '가점'이 될 수 있지만, 극복할 수 없는 절대적 요인은 아니다.

개최지 선정 요인을 개별적으로 살펴보자면, 수용 규모라는 것은 컨벤션 시설과 숙박 시설이 행사의 규모와 참가자를 충분히 수용할 수 있느냐는 기본적인 조건이다. 특히, 정부회의 중 장관급 이상의 국제회의나 다자간 국가 정부가 참여하는 국제회의는 수용 규모와 수준을 만족하지 못하면 유치 의향서 자체를 제출할 수조차 없다. 이러한 행사들은 수용 인원별 회의실 수, 연회장 규모, 전시장 면적, 호텔의 등급별 확보 가능한 객실 수, 나아가 스위트룸 개수까지도 정확히 요구한다. 또한, 정부회의뿐만 아니라, 대형 행사일 경우에도 수용 규모에 대해서는 엄격한 기준을 적용할 수밖에 없다.

---

7 국제회의 유치 매뉴얼(2019, 한국관광공사, 전시컨벤션산업연구원) 참조 및 수정·보완, 표로 재구성

개최국과 개최 도시의 입장에서는 위와 같이 엄격한 기준을 오히려 역으로 활용하여 컨벤션 인프라를 확충하는 계기로 삼는 경우도 있다. COEX가 현재의 오디토리움과 컨벤션 시설을 보유하게 된 것은 ASEM 정상회의를 한국이 개최하는 조건에 컨벤션 시설의 확장이 포함되어 있었기에 가능했고, 대구의 EXCO가 두 차례에 걸쳐 확장된 것은 2013 세계에너지총회와 2022 세계가스총회를 유치하는 과정에서 부족한 회의실과 전시장을 확충한다는 조건을 제시했기에 가능했다. 호텔들도 이러한 중요한 정부회의나 초대형 비즈니스이벤트 개최를 계기로 새롭게 리노베이션을 하거나 증축하기도 한다.

유치 대상 국제회의의 주제 분야와 개최지의 관련성은 중요하며, 이는 개최지 입장에서는 왜 유치하는가, 즉, "유치 타당성"에 해당된다. 수용 규모는 기본 조건만 충족된다면 경쟁에서 큰 차별화 요소로 부각되지 않는 경우가 많은 반면, 개최를 희망하는 국가와 도시의 성격이 개최 예정인 회의의 주제와 밀접하게 연관되어 있다면, 타 도시와의 경쟁에서 크게 유리하다.

우선 내부적인 유치 검토 과정부터 유리하다. 통상적으로 컨벤션뷰로들은 시의 담당 부서에 특정 행사의 유치 검토를 제안하는데, 이때 시가 목표로 하는 정책들과 연관성이 많다면 개최 지원금 확보와 시의 적극적인 지지를 얻을 수 있다. 이럴 경우에는 복잡한 유치 과정 속에서 어떠한 돌발 상황과 어려움이 생기더라도 서로 적극적으로 대처할 수 있는 안정성을 확보할 수 있다. 또한, 지역 소재 관련 기관들이나 기업들의 적극적인 참여와 후원을 확보할 수도 있으며, 지역 참가자들이 더욱 많이 참여하도록 유도할 수도 있다. 정책적 연관성이 높다는 것은 관련 정책과 관련된 거주자가 이미 많을 것이며, 대회에 대한 지역의 관심도도 높을 것이기 때문이다. 앞서 예를 들었던 유럽방사선종양학회처럼 주최자가 파트너로서 개최지를 선택할 때 지역의 정책 관련성과 참여 의지에 매우 높은 배점을 두는 것도 같은 이유일 것이다.

행사 개최 비용 등 경제성은 주최자의 수익성과 직결되는 중요한 부분이다. 국제회의를 주최한 경험이 있는 사람들은 행사 개최 후 적자가 예상될 때 그 스트레스를 잘 이해할 것이다. 주최자로서 양보할 수 없는 부분이 행사 개최에 따른 수익성 확보이다. 수익 예측을 위해서는 참가자 등록비, 관련 기관 및 기업의 후원금 등을 포함한 전체 수입의 규모를 고려해야 하는데, 이들은 행사 준비 과정이 어느 정도 진행되어야 파악이 가능하다. 따라서, 주최자는 우선적으로는 선지출해야 할 고정 비용을 최대한 줄이거나 확보해 줄 수 있는 개최지를 선호하게 된다. 대표적인 고정 비용이 행사장 임차료일 것이다. 통상적으로 총 지출 예산의 10% 내외에 해당하는 임차료가 주최자에게는 우선적인 부담일 경우가 많다. 또한, 참가자가 개별적으로 부담하는 비용 외에 주최자가 직접 지출해야 하는 프로그램 개발 및 사전 홍보비도 부담이 될 수 있는 선지출 비용이다. 그러므로, 개최지에서는 이러한 비용에 대한 부담을 덜어줄 수 있다면 주최자의 행사 개최 리스크를 줄여줄 수 있다. 개최지의 지원금(subvention) 지급에 대해 회의적인 목소리가 있는 것도 사실이지만, 주최자도 새로운 개최지에서 행사 개최를 검토함에 있어 리스크가 있다는 것을 이해한다면, 개최지의 적절한 지원금은 중요하다.

주최자에게는 개최지와 마찬가지로 '참가자 증대'가 중요한 목표이다. 이를 통해 참가자 등록비 확보와 향후 회원 증대가 가능하기 때문이다. 따라서, 참가자에게 각종 편의를 제공하거나 참가 경비를 절감할 수 있도록 도와준다면 개최지의 유치 제안에 '가점' 요인이 될 수 있다. '중요' 요인보다 '가점' 요인으로 분류한 것은 통상적으로 국제회의 개최를 제안하고 경쟁할 수 있는 평균 수준 이상의 도시들은 이미 장점을 극대화하고, 단점을 극복하기 위한 여러 정책들과 노력들이 자리 잡은 곳이 많아 큰 차별화 요소로 보기에는 어려울 수 있기 때문이다.

다만, 항공 접근성은 참가자의 행사 참가 결정 요인 중에서도 중요한 요인이기 때문에 항공 접근성이 불리한 개최지 입장에서는 참가자의 비용적 측면과 불편함을 최소화하기 위해 노력해야만 한다. 숙박의 경우도, 참가자들의 생활수준, 연령과 경력 등에 따라 필요로 하는 숙박시설의 등급이 다른 경우가 많아 가급적이면 다양한 등급의 숙박시설을 확보하고, 제안하는 것이 유리하다. 숙박비의 경우는 저렴하다고 반드시 유리한 것은 아니다. 참가자들이 개별적으로 부담하는 숙박비가 지나치게 높지 않고, 합리적이라면 주최자들도 이를 문제 삼지 않는 경우가 많다. 우리나라는 숙박비, 식음료대, 대중 교통비 등의 참가자가 부담해야 할 비용이 유럽이나 미주 등 주요 경쟁국과 도시들에 비해서 아직은 경쟁력이 있는 것으로 보인다.

마지막으로 도시의 매력도를 넣었다. 개최지의 문화, 관광 및 쇼핑 등의 매력도는 주최자에게는 참가자가 증대될 수 있다는 긍정적 예측을 할 수 있도록 하고, 실제로 참가자의 참가 결정에도 영향을 미친다. 하지만 이 또한 유치 경쟁에 있어 기본이나 중요 요인이라기보다는 '가점' 요인으로 분류하였다. 컨벤션뷰로 등 도시 마케팅 기구들은 도시의 특성에 맞는 많은 스토리와 역사, 문화 등의 매력도를 이미 발굴해 두었기에 이를 필수적인 경쟁 우위 요소로 두는 것은 바람직하지 않다. 오히려 국가의 브랜드가 매우 중요한데, 우리나라는 최근에 방문하고 싶은 나라로 유리한 조건을 갖추었다. 10~20년 전에 비해 현재 한국의 K-Culture는 큰 강점 요소로 작용하고 있다.

나. 개최지의 유치 절차

이상으로 유치 과정에 있어 주최자의 개최지 결정 요인을 살펴보았고, 이에 대해 기본 요인, 중요 요인 및 가점 요인으로 분류하여 짚어보았다. 이제는 개최지의 입장에서 이러한 결정 요인들을 고려한 주요 유치 업무 절차를 세부적으로 살펴보도록 하자.

| 표 4-5 | 개최지의 국제회의 유치 절차

단 계	항 목	주요 활동 내용	비 고
유치 계획	대상 행사 발굴	• 연중 발굴 및 자료 조사 • 설명회 개최, 박람회 참가 등	
	유치 타당성 조사	• 유치 가능성 파악(RFP[8] 확보 등) • 개최 파급효과 사전 분석	건별 조사
	유치 방침 확정	• 내부 검토 및 유치 추진 여부 확정 • 개최 지원 사항 확정	지자체, 국내 유관 기관 등

---

8 제안 요청서(Request for Proposal, RFP)는 주최자가 개최지 선정 시 개최지가 충족 혹은 제안해야 할 요건들을 종합적으로 안내하는 가이드라인으로 Call for Bid, 개최 요청서, 입후보 신청서라고도 한다.

	국내 도시 선정	• 국내 임원 대상 마케팅 활동 • 국내 도시 선정 프레젠테이션 참가	
의사 표명	유치 의향서	• 유치 의향서 및 서한문 제출	제출처 : 국제기구 본부
	유치 제안서	• RFP 반영 제안서 작성 • 유치지지 서신 확보	
유치 활동	유치 준비위원회	• 유치 전담 위원회 구성 및 운영	
	사전 마케팅	• 영향력자 대상 사전 로비활동 • 유관대회 참가 및 홍보 활동 • 방한 답사 지원	
	현장 마케팅	• 영향력자 개별 면담 • 홍보 부스 운영 • Korea Night	
유치 확정	개최지 확정	• 최종 프레젠테이션 • 투표 및 개최지 확정	
	1차 협의	• 확정 서신 접수 • 국제기구 본부 1차 협의	
	보고 및 홍보	• 유관 정부 및 기관 내부 보고 • 언론보도 등 내·외부 홍보	
후속 조치	MOU 체결	• 주최자와 개최지 간 협약	
	조직위/운영위	• 조직위 혹은 운영위로 전환 혹은 구성	

자료: 국제회의 유치 매뉴얼(2019, 한국관광공사, 전시컨벤션산업연구원) 참조, 수정·보완

개최지 입장에서 유치 단계는 유치 계획, 의사 표명, 유치 활동, 유치 확정 및 후속조치의 단계 정도로 보면 된다.

유치 계획 수립 단계에서 가장 먼저 이루어져야 할 것은 유치 대상 행사를 발굴하는 것이다. 이를 위해 컨벤션뷰로는 연중 조사를 시행한다. ICCA 등의 DB를 활용할 수도 있고, 인터넷을 검색하거나 전문지나 뉴스를 활용하기도 한다. 때로는 유치 설명회나 국내외 컨벤션 관련 박람회나 로드쇼에 참가하여 새로운 리드를 발굴하기도 한다. 한국관광공사가 이러한 박람회나 로드쇼에 한국관으로 참여할 수 있도록 매년 준비를 하고, 도시별로 참가 모집을 한다. 한국MICE엑스포에도 100여 명의 바이어[9]가

---

9 컨벤션 관련 박람회에서 바이어라고 하면, 국제기구나 협단체의 임원, 미팅 플래너, Core PCO, 여행 에이전시 등

참가하므로 관심 있는 도시들은 비즈니스 매칭을 통해 신규 수요를 발굴한다.

하지만 다른 어떤 방법보다 순도 높은 정보를 발굴하는 것은 기존의 고객 주최자들의 추천을 통해서이다. 국내회의나 소규모 국제회의를 성공적으로 개최하였거나 행사에 참가했던 임원들이 개최지에 만족했다면, 보다 큰 규모의 국제회의나 유관 분야의 다른 회의 개최를 개최지에 권유하는 것이다. 이러한 경우는 이미 개최국가나 도시를 물색하고 있는 경우이므로 유치 가능성이 높은 행사로 봐야 한다. 국제회의 유치 전담 인력이 최소 수년간은 순환 보직 없이 주최자와의 네트워크를 쌓고, 개최지원에 집중하도록 해야 하는 중요한 이유이다.

적합한 유치 대상 국제회의가 발굴되면, 유치 타당성을 건별로 조사한다. 우선 회의 시설과 숙박 시설 등 수용이 가능한 규모인지, 대륙별 순환 개최 원칙에 부합하는지 등을 조사한다. 과거 타 도시 개최 시의 제안 요청서(RFP)까지 구할 수 있다면 더욱 근거 있는 조사가 될 것이다. 행사 참가자와 참가 기업들의 직접 소비효과나 행사의 주제와 개최지와의 관련성, 사회, 문화, 경제, 정치 등의 종합적인 파급효과를 검토해 본다. 대규모 정부행사나 국제기구 행사의 경우에는 유치 타당성 조사를 수개월에 걸쳐 전문 컨설팅 기업에 일임하는 경우도 있지만, 대부분은 컨벤션뷰로가 자체 조사한다.

이러한 내부 검토 결과를 바탕으로 유치 추진 여부를 확정하게 되는데, 이때 지자체 및 유관 기관들의 개최 지원금 규모나 기타 지원 사항까지 정하게 된다. 중대형 국제회의의 경우에 통상 억 단위 이상의 개최 지원금을 확보해야 하는 경우도 많아 이 과정에서 지자체 단체장이나 관련 기관의 기관장에게까지 보고 및 검토가 필수이므로 시간과 노력이 투자되어야 한다.

통상적으로 국내 도시 선정이 먼저 이루어지는데, 국내 경쟁 또한 치열하다. 국내 협단체의 영향력자를 대상으로 사전에 마케팅 활동을 통해 개최 도시의 장단점을 설득 및 보완하고, 제안 사항을 가다듬게 된다. 이후에 국내 도시 선정을 위한 경쟁 프레젠테이션에 참가하여 국내 후보도시를 선정한다. 때로는 과다 경쟁이 이루어지는 경

MICE를 공급할 수 있는 권한을 가진 공급자를 뜻한다.

우도 있지만, 그만큼 비즈니스이벤트의 유치와 개최를 통해 기대하는 파급효과나 레거시가 중요함을 반증하는 것이기도 하다. 국내 후보 도시로 선정되면, 일단 큰 고비를 넘은 것이다. 우리나라는 오히려 국가 간의 경쟁에서는 승률이 높은 편이다.

이후에 국내 후보 도시를 명기하여 국제기구 혹은 협단체 본부에 유치 의향서(Letter of Intent)를 제출한다. 기본적인 수용 규모, 도시 개요 정도를 담게 되며, 어디까지나 1차적인 자료 조사인 경우가 많다. 통상적으로는 국제기구의 회원인 국내 기관 대표 명의의 짧은 서한문과 함께 제출한다. 아직은 중앙 정부나 지자체의 공식 지지 서한문 등을 첨부하는 단계는 아니며, 간략한 유치 추진 명분과 후보 도시 소개 수준이다. 유치 의향이 있는 후보 도시들을 파악한 후에 국제기구 본부는 공식 유치 제안서 제출을 요청한다.

이 제안서 작성은 적어도 1개월, 길게는 수개월의 작업이 걸리는 핵심적인 절차이다. 제안서 작성 및 제작에 있어 완성도를 높이기 위한 담당자의 욕심에는 끝이 없기 때문에 항상 시간이 모자라는 듯하다. 어쨌든, 한국은 이러한 제안서 제작에 있어 특유의 성실함과 치밀한 전략을 바탕으로 타 국가를 압도하는 경우도 많다. RFP(제안요청서)에 근거하여 많은 내용들이 제안서에 포함된다. 중앙 정부, 지자체, 유관 기관, 주요 기업 등의 공식 지지서신도 이 단계에서 받게 된다. 유치 지지서신의 명의가 대표자이기 때문에 서신 하나하나를 받기 위해서 각종 설명 자료를 구비하고, 대면 보고까지 필요한 경우도 많다. 통상적으로는 10여 개 내외의 지지서신을 첨부한다.

보다 체계적으로 유치 활동을 하여 유치 성공률을 높이기 위해서는 유치 전담 위원회를 구성하기도 한다. 유치위원회는 유치 확정 이후에 조직위원회나 운영위원회 형태로 전환되는 경우도 많아 구성 단계부터 주도적으로 활동할 핵심 인사들로 구성하는 것이 좋다. 실제로 유치 확정 후에도 여러 주도권 분쟁 등의 이견으로 조직위, 운영위 구성에 어려움을 겪는 경우가 적지 않아 유치위원회 구성은 여러 내부 관계를 고려하여 신중하게 추진해야 한다.

이제 본격적인 유치 마케팅에 돌입한다. 경험에 의하면 유치 활동에 있어 가장 중요한 것은 발품이다. 여러 핵심적인 인사를 직접 만나야만 의견을 교환하는 과정에서 사소하지만 가치 있는 정보를 획득하게 되고, 이러한 사소한 차이가 심지어는 당락을 결정하는 큰 계기로 이어지기도 한다. 특별히 경쟁에서 유리한 특정 도시가 있는 경우가 아니고서는 투표권자나 영향력자에 대한 개별적인 로비 활동이 가장 중요하다. 이외에도 국내 혹은 해외에서 개최되는 유관 행사에 참가하여 여러 임원들이나 참가자들의 반응을 파악하는 것도 큰 도움이 된다. 도처에서 어떤 방식으로 일어날지 모르는 약간의 '우연'한 만남과 촘촘한 '인적 네트워크'가 유치 마케팅에서는 중요하다.

후보 도시들에 대해서는 본부 측이 답사를 하는 경우가 많다. 앞서 설명한 것처럼, 답사를 오게 되면 우리나라의 경우 철저한 준비와 환대로 유리한 위치를 선점하는 경우가 많다. 여기에 한국의 국가 위상, 안보, 치안, 나이트 라이프, 매력 등이 종합적으로 높아진 것도 유리한 점이다. 유관 대회에 참가하여 개별적인 면담을 통해 활동하는 경우도 있지만, 정식 홍보 부스나 광고를 통해 한국과 특정 도시가 전면적으로 활동하는 것을 보여주면서 유치 의지를 명확히 강조할 수도 있다. 다만, 이러한 활동들은 타 경쟁 국가와 도시들과의 상황을 잘 파악하면서 신중하면서도, 적극적으로 진행할 필요가 있다. 신중해야 하는 이유는 사전에 핵심 유치 전략이 노출될 수도 있어 유치 전략 정보의 수위를 조절해야 하기 때문이다. 이러한 사전 마케팅 활동들이 마무리되면, 이미 개최지에서는 유치 성공과 실패에 대한 대략적인 윤곽이 드러나는 경우가 많다. 어떠한 경우에는 투표권자들의 특정 국가나 도시에 대한 지지 상황을 90% 이상 정확히 파악하는 경우도 있다. 하지만 여전히 부동층이 있는 경우가 많아 현장 마케팅 활동에도 총력을 기울이는 등 안심할 수는 없다.

현장 유치 마케팅 활동은 주로 타 국가에서 개최되는 전차 혹은 전전차 대회에서 이루어지거나 이사회와 같은 별도의 절차에 따라 이루어질 수도 있다. 두근대는 마음을 진정하면서 격전지로 떠나가는 유치단은 향후 며칠간이 가장 긴장되는 순간이며, 때로는 우연적인 만남에 대한 마지막 기대감에 희망을 갖기도 하고, 때로는 역전을 위한 결연함을 간직하고 결전의 장소로 이동한다. 아무리 많은 노력을 했던 행사일지라도 마지막까지 긴장의 끈을 놓을 수 없어 마음 편하게, 혹은 자신만만하게 출장을 갔던 적은 없었던 것 같다.

현장에 도착하면, 예정된 영향력자와의 개별 면담과 이를 통한 최종 득표 활동에 돌입하고, 일부 실무진들은 홍보 부스 설치와 운영을 준비한다. 홍보 부스에서는 일반 참가자를 대상으로 기념품과 왜 한국에서 개최해야 하는지를 요약한 홍보물을 준비하여 홍보활동을 진행한다. 유치 의지를 알릴 수 있도록 시각적 효과까지 감안하여 직원들이 유니폼, 전통의상 등으로 통일하는 경우도 많고, 기념품을 하나 배포하더라도 눈에 잘 띄고, 통일감 있는 디자인으로 준비하여 활동하기도 한다. 또한, 한국관광공사와 공동으로 전략적으로 준비한 Korea Night 개최도 준비한다. Korea Night는 부채춤, 풍물, 합주 등 한국의 전통 공연까지 준비하는 경우도 있으며, 한국의 유치 의지를 다시 한 번 투표권자와 주요 참가자들에게 전체적으로 공유하는 기회로 활용한다.

이제 유치 확정 단계이다. 최종 프레젠테이션은 통상적으로는 대회의 마지막 날이나 그 전날 이루어지는 경우가 많다. 하지만 때로는 두 번에 걸쳐 대회 첫날과 마지막 날에 이루어지는 경우도 있었으며, 국제기구의 내부 관례에 따라 조금씩 차이가 있다. 발표 시간도 10분, 15분, 30분 등 다양하며, 발표 대상도 이사진, 국가별 대의원, 전체 참가자 등 다양하다. 최종 프레젠테이션은 주로 한국 측 회원 기관의 대표나 임원이 주도하고, 컨벤션뷰로가 보조하거나 100% 한국 측 회원 기관이 전담하기도 한다. 어떤 경우는 아예 회원 기관이 아니면 발표장에 참가하지 못하는 경우도 있다.

발표의 방식도 다양한데, PT와 동영상을 활용하는 것은 기본적이고, 심지어 어떤 나라는 그 나라의 전통 모자 등을 투표권자들에게 나누어주면서 통일성 있게 발표 분위기를 조성한 후 발표를 이끌어 가는 경우도 보았다. 하지만 조심해야 할 것은 지나친 물량공세는 부정행위로 간주되는 경우가 많아 그전에 본부와 신중한 협의를 충분히 거쳐야 한다. 유치단은 현장에서의 마케팅 활동과 최종 결과를 받을 때까지 수많은 스토리들이 쌓이기 마련이다. 국내에도 발간되어 있는 유치 성공 사례집[10]을 참고하면

---

10 2016 국제회의 유치·개최 성공 생생 스토리(2016.12, 한국관광공사 컨벤션팀), 국제회의 유치 성공스토리 보기 (k-mice.visitkorea.or.kr/convention/popup/event_convention) 등 참조

조금이나마 그 치열함과 긴장감을 이해할 수 있을 것이다.

현장에서 바로 결과를 공표하는 행사가 대부분이지만, 때로는 귀국 후 수일 후에 최종 결과를 통보하는 경우도 있다. '20~'21년도에 코로나 사태가 심했던 상황에서는 이러한 대면 현장 마케팅 활동이 불가하여 온라인으로 유치 프레젠테이션을 진행한 경우도 많다. 대구의 경우는 해외 2,000명 이상이 참가하는 2024 아태유동역학컨퍼런스와 2026 세계재활신경총회 등을 비대면 프레젠테이션으로 유치했다[11].

개최 국가 혹은 도시가 정해지고 나면, 현장에서 국제기구 본부와 한국의 회원 기관, 개최 국가 혹은 도시의 관계자들이 세부 협의를 하면서 유치 제안 내용과 개최 조건 등에 대해 실무 회의를 한다. 때로는 간단한 MOU 체결을 현장에서 하는 경우도 있고, 개최 확정 공문이나 서신은 수일 이후에 메일 등으로 전달받기도 한다. 유치단은 현장이나 귀국한 직후에 지지서신을 제출했던 중앙 정부, 지자체, 유관 기관 등에 활동 결과를 공유하고, 언론 보도 등을 통해 내·외부적으로 홍보를 진행한다.

이외에 후속조치로는 국제기구 본부, 국내 회원 기관, 개최지 간의 다자, 양자 간 MOU 체결과 유치위원회의 해산 및 조직위원회로의 전환 혹은 신규 구성 등의 단계를 거치면서 유치 활동은 마무리되고, 유치한 행사의 개최 지원 및 운영 체제로 돌입하게 된다. 대부분의 컨벤션뷰로들은 유치된 행사의 운영을 전담 지원하는 PCO가 정해진 이후에는 유치 제안상의 조건 이행과 참가자 증대 등을 위한 간접적 지원 역할로 전환하는 경우가 많다. 하지만 앞서 살펴본 레거시 등 지역 파급효과 극대화를 위해서는 참가자 증대 단계와 개최 지원 단계에서도 주최자와 지속적인 관계를 이어가고 전략적인 개최 지원을 통해 개최지의 혜택을 극대화할 필요가 있을 것이다. 과거 국제회의 유치까지가 국제회의 전담기구의 주된 역할이었다면, 지금은 레거시 창출을 위한 주최자와의 지속적인 개최 준비 과정에 더욱 신경을 써야만 한다. 5명 정도의 유치 인력이 있더라도 수십 건의 국제회의를 유치하고 제대로 된 파급효과를 창출할 수 있는

---

11 대구컨벤션뷰로는 유치 전담 팀이 1, 2팀 2개로 구성되어 있으며, 정희정 팀장, 권명희 팀장이 주도하여 코로나 사태 기간 중에도 여러 건의 중대형 행사가 유치되었다.

개최지원까지 한다는 것은 도전이다.

5 제안 요청서와 유치 제안서

제안 요청서는 비즈니스이벤트의 주최자가 유치를 희망하는 국가 혹은 도시의 유치 제안을 위해 제공하는 가이드라인이다. 통상적으로 국제기구와 행사 자체에 대한 소개와 유치 제안서에 포함되어야 할 내용을 전반적으로 명시하고, 성공적인 행사 운영을 위한 기본적인 조건들과 개최지에서 제공해야 할 사항들을 세부적으로 알려준다. 유치 제안서 제출 방법 및 개최지 선정 방식은 물론, 유치 발표 방식과 주요 일정 등을 세부적으로 담아둔다.

유치 제안서 작성 시에는 이 제안 요청서를 읽고 또 읽으면서 숙지해야 하며, 의문 사항이 있을 시에는 충분한 시간을 두고 사소한 것까지 하나하나 확인하는 것이 좋다. 부주의로 인해 국제기구에서 요청하는 사항들을 놓치고 큰 손해를 안거나 협상에서 불리해질 수 있다. 제안 발표 시에 오류로 지적당할 경우, 불리한 여건이 만들어지기도 한다.

제안 요청서에는 주최자의 형태와 행사의 성격 등에 따라 제안 요청서의 내용에도 차이가 있을 수 있지만, 일반적으로는 아래와 같은 내용들을 주로 포함하고 있다.

| 표 4-6 | 제안 요청서(RFP) 포함 내용 사례

단 계	항 목	비 고
주최자, 행사 개요	• 제안 요청 목적 및 주안점 • 주최자(국제기구) 개요 • 행사 개요 : 개최 목적과 특성, 행사 운영 조직 등	

유치 제안서 포함 내용 안내	• 개최지 인프라 소개 : 개최 도시 개요, 회의 장소, 숙박시설 • 주관 기관, 사무국 및 운영위원회 구성 • 컨퍼런스 주제 및 프로그램 구성안 • 실행 계획 및 주요 스케줄 • 총괄 예산 및 재정적 지원 사항 등	
행사 운영 기본 조건	• 기본 조건 : 일정, 기간, 회의 장소, 숙박 등 • 운영팀 구성 : 사무국, 운영위원회 등 구성 방법 • 프로그램 : 행사 주제, 소주제 및 연자 • 부대행사 : 산업시찰, 관광, 사교 행사 • 공식 언어 및 기타 행사 운영 방법 • 업무분장 : 주최자와 개최지 간 주요 역할과 책임 분담 • 행사 로고 및 이미지 등 활용 방안 • 개최 결과 홍보 방법 • 콘텐츠 관련 저작권 문제	세부 운영 조건 설명
개최지 제안 요청 사항	• 개최 지원금 등 재정 운영 계획 • 기금 모집 방안 • 참가자 숙박 및 접근성 정보 제공 및 편의 사항 • 행사 전, 중, 후 기타 지원 조건 　－ 현장 답사 지원, VIP 초청, 기록물 관리 등 • 수익 배분 : 선금 및 등록비, 전시 참가비 등 수익 배분 기준	핵심적 제안 사항
제안서 제출 방법	• 제출 기한 및 방법 • 주최 측 담당자 연락처 및 주소	
개최지 선정 방식	• 개최지 선정 일정 및 방식 • 개최지 공식 발표 및 MOU 등 체결 방식 • 주요 일정 안내	
붙임 자료	• 국제기구 세부 정보 　－ 회원 수, 회원 구성, 대륙별 분포 등 • 전차 대회 개최 결과 　－ 참가 규모, 등록비, 참가자 대륙별 분포, 프로그램 등	참고 자료

위와 같은 주최 측의 제안 요청서에 근거하여 한국의 국제기구 회원 기관과 개최 후보 도시의 유치 전담기구는 공동으로 유치 제안서를 작성한다. 최소 1~2개월은 소요되며, 길게는 반년 이상이 소요되기도 한다. 제안서 제출 일정과 기한이 있어 이를 잘 감안하여 최대한 완성도를 높일 필요가 있다. 최소한의 작성 기간이 필요한 이유는 제안서의 내용이 영문으로 100~150페이지 정도로 방대하기도 하지만 제안 요청서의 내용에 충실하게 특정 국가와 도시로의 유치 타당성과 회의 주제와의 관련성을 담고,

행사 개최 장소, 숙박시설 등 기본 인프라를 일일이 재확인해야만 하고, 유치 위원을 위촉하기 위해 대상 기관별로 협의를 거치고, 지지서신까지 확보하는 등 경우에 따라 다양한 업무들이 많기 때문이다. 또한, 초안이더라도 대회 전체 주제나 프로그램을 구상하고, 예산 운영 계획은 물론, 행사의 주제와 특성에 맞는 사교 프로그램과 장소 등을 지정하는 등 최대한 구체적으로 제안해야 하기 때문이다.

유치 제안서의 목차는 주로 아래와 같이 구성된다. 제안서는 제안 요청서에서 제시한 내용을 빠짐없이 포함하되, 개최지 결정권자들이 쉽고 명확하게 이해할 수 있도록 목차를 간결하게 배치하고, 포함 내용 또한 명확한 문체로 쓴다. 특히, 개최 도시, 개최 시설 및 관련 행사 개최 경험 등의 소개 시에는 화질이 높고, 세련된 최신 사진으로 확보하여 투표권자들의 시선을 사로잡을 필요가 있다. 나아가 전체적인 행사의 메인 테마와 디자인 컨셉을 정하여 행사 주제, 도시의 매력, 차별화된 개최 주안점 등을 충분히 반영하고, 심지어 하나하나의 색상에까지도 의도와 전략을 반영하여 활용하는 것이 좋다.

우리나라는 제안서 작성에 있어 콘텐츠의 구성과 배치, 시각 디자인 등에서 타 국가들에 비해 경쟁우위에 있는 듯하다. 유치 전담 인력들의 열성적인 노력과 한국관광공사와 지역 컨벤션뷰로 간의 체계화된 유치 지원 시스템과 제안서 디자인 기업의 기획력 등이 결합된 결과물일 것이다. 작게는 50페이지 많게는 150페이지 정도의 유치 제안서를 작성하는 것은 적지 않은 인력과 예산의 투자이다. 하지만 이러한 투자들이 아깝지 않은 것은 그보다 수십 배 혹은 수백 배의 파급효과와 레거시를 창출할 수 있기 때문이다. 유치 성공 이후에 전략적 개최지원을 통한 추가적인 성과 창출에 더욱 노력해야 함을 다시 한 번 강조한다.

| 표 4-7 | 유치 제안서 목차 및 주요 내용

구 분	내 용	주의 사항
표 지	• 대회 개요 : 연차·연도, 대회 명, 장소, 기간, 주최, 주관, 후원 로고, 참가 규모 등 • 대회 심벌, 로고, 대회 주제 등 • 유치 제안 국가, 도시 및 기관	• 대회 로고, 디자인, 색상 등에 제안 의도 반영
목 차	• 제안 목차 • 세부 항목 및 페이지	• 간결한 문구 활용 • 쉽게 이해 가능한 논리적 배치
제안 개요	• 제안 소개 : 제안 목적, 주안점 • 초대의 글 : 제안 기관의 대표자 • 지지 서신 : 유관 정부, 지자체, 기관, 기업	• 명확한 유치 목적, 개최 타당성 • 지지서신은 중요도 순으로 배치
대회 개요	• 대회 세부 개요 : 연차·연도, 대회명, 장소, 기간, 주최, 주관, 후원 등 세부 내역 • 대회 주제 및 프로그램 구성안 　– 행사 주제, 소주제 및 연자	
개최 타당성	• 개최 역량 　– 제안 단체 소개 : 개요, 역할, 유관 행사 개최 경험, 행사 전담인원 등 개최 역량 　– 운영위 구성 : 위원 구성 및 단체별 역할 • 개최 명분 　– 국가, 도시의 경제·사회·문화 등 타당성 • 대회 개최를 통한 기여도 　– 회원증대, 수익 창출 등 주최자 측면 　– 레거시 창출 등 개최지 측면(개최 이유)	• 제안 기관 신뢰도 중요 • 주최자, 개최지 측면에서의 대회 유치 추진의 분명한 타당성 제시
개최지 수용능력	• 개최 국가와 도시 일반 소개 　– 위치, 인구, 기후, 역사, 경제, 환경 등 • 컨벤션 인프라 　– 회의시설, 숙박시설 등 참가자 수용 시설 　– 산업시찰, 사교 행사 등 부대행사 프로그램 　– 쇼핑, 관광 및 문화 체험 프로그램 • 접근성 및 비자 발급 　– 항공 접근성, 개최 도시 내 교통 　– 비자 발급 안내 및 도시 안정성	• 개최지의 경험과 신뢰도 제시
핵심 제안 사항	• 제안 내용 요약 　– 제안의 주안점과 타당성 　– 행·재정적 제안 사항 요약 • 대회 예산안 : 수입 및 지출안 　– 개최 지원금 명기 　– 기타 비용 절감 및 예산 확보 방안	• 예산의 경우, 보수적으로 산정(1, 2안 시나리오 가능)
뒤표지	• 대회 심벌, 로고, 연락처 등	

6 유치 성공 사례와 시사점

국제회의 유치 담당자와 얘기를 해보면, 유치 과정에서 끝도 없는 스토리들이 펼쳐진다. 치열한 경쟁일수록, 대회 규모와 개최 가치가 클수록 행사 한 건의 스토리들은 책 한 권에 담기에도 모자람이 없을 것이다. 한국관광공사에서는 전국적인 성공 사례들을 스토리 중심으로 취재하여 책[12]으로 편찬하였는데, 여기서는 이러한 유치 성공 사례를 세부적인 스토리보다는 유치 과정과 절차에 입각하여 요약하고, 필자의 경험을 추가하여 설명하겠다.

2015 세계양봉대회(APIMONDIA)의 대전 유치과정은 국내도시 선정, 유치 의향서 제출, 유치위원회 구성, 유치 제안서 제출, 국제기구 답사, 해외 도시 경쟁이라는 전형적인 과정과 절차를 빠짐없이 밟았으며, 유치위원회에는 당시 농림부 등 정부, 양봉조합, 양봉협회, 컨벤션뷰로, 전국의 관련 지회 등을 포괄하여 구성하였다. 2011년 아르헨티나 부에노스아이레스 대회에서 2015년 한국 개최가 최종 확정되었다. 격년으로 개최되는 행사이니 남미에서 개최된 전전차 대회에서 아시아 순회 원칙에 의거하여 2015년도 한국 개최가 결정되었다. 중국양봉협회 본부가 위치한 베이징이 국가 차원에서 유치전에 뒤늦게 뛰어들면서 새로운 국면을 맞았는데, 중국이 당시 한국 개최를 지지하던 입장을 180도 바꾼 것도 의외였으나 중국이 국가별 배당 투표수가 한국에 비해 2배 이상이 많았고, 세계적으로 양봉 산업의 강국이었기 때문에 위기감이 고조되었다.

세계양봉협회는 1897년 창립하여 설립 125년이 훌쩍 넘는 오랜 전통의 국제기구이다. 또한, 대회는 80개국 6,000명(해외 4,000명) 정도가 참가하는 대형 국제회의이다. 양봉 산업을 넘어 전 세계 생태환경, 기후변화, 농산물 시장 및 무역까지 다루는 중요한 행사이기에 국내 도시 선정 및 국가 간 치열한 유치 경쟁을 치렀다. 당초 한국과 치열한 경쟁을 예상했던 튀르키예의 경우, 마침 EU 가입을 본격적으로 추진하면서 유럽

---

12 한국관광공사(2016) 국제회의 유치·개최 성공 상생 스토리

으로 공식 분류되면서 대륙별 순회 원칙을 엄격히 고수하던 본부 정책과 배치되어 결국 포기를 선언했다.

중국과 한국 양국 간의 치열한 경쟁이 시작되었다. 로마 세계양봉협회 본부의 두 차례 사전 방문 및 유치 전략 구상 자문, 이후 연중 개최된 유치위원회의 연이은 전략회의, 국가별 면담 및 득표 활동 등이 연중 전개되었으며, 양봉협회와 컨벤션뷰로가 사무국과 국내외 마케팅 역할을 분담하여 효율적인 역할을 수행했다. 국제기구의 한국 실사 방문 시, 농림부 장관, 농촌진흥청장, 대전광역시장 등 대회의 성공 개최를 위한 정부와 기관 수장들의 면담을 거쳐 유관 기관, 기업, 현지 농장 등의 시찰이 전략적으로 이어지면서 국제기구 사무국의 지지를 얻어냈다. 하지만 약 170표에 달하는 국가별 득표 현황 분석 결과는 끝까지 예측 불가였다. 중국이 자국의 산업 영향력과 외교력을 바탕으로 배당 투표수가 많은 주요 선진국들과 지속적인 협상을 이어가는 등 한 치 앞을 가늠할 수 없게 되어, 결국 최종 결과는 2011년 대회가 개최되는 아르헨티나 부에노스아이레스의 현장에 가서야 가려졌다.

참가자 배포용으로 준비했던 수천 개의 기념품이 아르헨티나 세관을 통관하던 중 사라지는 등 여러 애로 사항들을 극복하고, 현지 대사관, 한국관광공사, 현지 교민들의 도움으로 기념품 현지 조달, 무용단과 사물놀이 팀 현지 공연 등을 통해 한국의 유치 의지를 홍보해 갔다. 중국은 최고급 호텔에서의 80개국 임원 초청 리셉션 등을 준비한 반면, 한국은 현지 행사장에서 주요 국가별 영향력자들과 실리적인 간담회를 이어갔다.

예상할 수 없었던 승부의 결과는 "Bee, Connecting the World"라는 슬로건을 사전에 공모전을 통해 선정하고, 이를 활용해 일관성 있게 준비한 프레젠테이션에서 판가름이 났다. 유치 프레젠테이션은 대회 첫날에 1차 발표로 10분, 2차는 대회 마지막 날 2분간 엄격한 시간을 배분하여 진행되었다. 특히, 2차 발표는 중국 대표단 200명, 한국 대표단 60명 등 2,000여 명의 전 세계 참가자들이 지켜보는 앞에서 오픈세션으로 진행되었는데, 한국 발표 후의 환호성은 아직도 잊혀지지 않는다. 결국 88대 76으로 중국 북경을 누르고 최종 확정되었고, 60여 명의 한국 유치단이 무대에 올라 본부 측이 준비한 애국가를 제창하면서 약 1년간의 유치 활동이 마무리되었다.

2011년 당시 유치 프레젠테이션을 직접 했던 대전컨벤션뷰로의 박수현 대리는 100번도 넘는 사전 연습과 리허설 덕에 오히려 2,000명 앞에서도 당당했으며, 최초 발표 시 10분을 넘어 마이크가 꺼졌을 때가 가장 당황스러웠다고 했다. 김성태 마케팅 팀장은 1년간 국내 도시 선정 때부터 여러 가지 어려움을 이겨냈지만, 극적으로 개최 도시로 선정된 후 애국가가 흘러나오는 순간은 다리에 힘이 풀려 60명의 유치단과 함께했던 무대에 올라가지도 못했다고 한다. 당시의 치열한 유치 경쟁과정을 짐작하게 한다.

2020 세계장기이식학술대회 역시 2년마다 개최되는 세계적 권위의 국제 학술대회로 전전차 대회인 홍콩에서 2016년 8월, 서울로 유치 결정이 되었다. 대한이식학회가 주도하고, 한국관광공사와 서울관광마케팅(현재 서울관광재단)이 지원하는 형태로 유치위원회가 결성되었으며, '15년 5월 유치 의향을 본부에 전달했다. 이후 본부의 실사단이 같은 해 8월 서울을 방문하여 관련 시설을 답사하고, 주요 인사와의 면담 및 개최지의 매력도를 보여줄 수 있는 관광지 등을 답사하였다. 이때 세세한 부분까지의 철저한 준비에 답사팀은 깊은 인상을 받은 것으로 알려졌다.

캐나다 몬트리올, 터키 이스탄불, U.A.E 아부다비 등의 치열한 경쟁을 이겨낸 저력에는 유치 주역인 대한이식학회의 다년간의 노력으로 일구어온 한국 의료 기술의 발전, 해외 협력 네트워크 및 국제기구 본부에서의 임원 활동 등을 통한 국제무대에서의 한국의 위상 향상이 큰 뒷받침이 되었다. 여기에 세계 대회 개최에 앞서 매년 개최하던 추계 대회를 국제 대회로 발돋움시키고, 관련 아시아 컨퍼런스, 기타 소규모 국제 대회를 지속 유치하고 개최한 경험을 역량으로 내세워 국제 사회에 신뢰도를 어필했다. 특히, 2016년 고양 KINTEX에서 개최된 국제로터리 세계대회에서 참가자를 대상으로 뇌사 장기기증 활성화를 홍보활동으로 전개하는 등 다양한 연계 활동을 전개하고, 이러한 국제 사회에 대한 기여도를 부각하기도 했다.

당시 세계이식학회 회장은 "한국은 그동안 이식분야에서 Fast Follower였지만, 이제는 First Mover 역할을 하고 있다"는 말이 이러한 대한장기이식학회의 지속적 노력과 축적된 역량을 짐작케 한다.

2024 세계지질학총회(IGC)도 감동적인 유치 성공 사례로 회자된다. 지질학총회는 1878년에 설립되어 오랜 전통을 자랑하는 국제지질과학연맹이 4년마다 개최하는 세계 지질학자들의 축제이다. 121개국 6,000명이 참가하는 초대형 행사이다.

행사 정보의 발굴은 우연한 기회에 이루어졌다. 한국지질자원연구원과 다른 국제회의 유치를 위해 협의하던 중 '우리도 IGC와 같은 대규모 행사를 해봐야 하는데'라는 한 관계자의 말이 시초가 되었다. 수개월간 각종 자료 수집을 진행하고, 부산시에 내부 보고를 진행했다. 2014년 겨울에 한국지질학회와 본격적으로 협의를 진행하면서 철저한 준비를 한 부산이 자연스럽게 국내 도시 후보로 선정되었다. 2014년 말, 지질학회와 지질자원연구원 등이 주도하는 12명의 유치 준비위원회가 발족되기에 이른다.

지질학회 총회는 매우 핵심적인 프로그램이 있는데 "필드 익스커션"이 그것이다. 서해안 조간대, 갯벌 등을 포함하였지만, 6,000명이나 되는 참가자의 수요를 채울 수가 없어 여러 연구 끝에 일본, 중국, 몽골, 타이완을 포함한 동북아 국가 연합전선을 구상하여 제안한 것이 핵심 유치 전략이 되었다.

지질과학연맹의 투표 방식도 철저히 분석하였는데, 카테고리 1에서 8까지 회비 분담액에 따라 투표수가 구분되는 특징을 감안하여 득표 전략을 수립했다. 지질학회, 지질자원연구원, 한국관광공사, 부산시와 부산관광공사 등 유치 팀의 역할 분담, 국제 연맹의 주요 인사 방한 초청, 유럽과 미주 지역의 투표권자 개별 면담, 케이프타운 총회장에서의 코리아 나이트 등의 전략적인 유치 활동이 주효했다. 이러한 유치 활동은 2015년 7월부터 유치위원회의 정기회의 및 전략 도출, 8월 국제 연맹 사무국 방문, 11월 유치 의향서 제출, 2016년 4월 연맹 임원진 초청 및 개별 면담 등으로 이어져 2016년 9월 초 케이프타운에서 178표의 유효표 중 90표를 얻어 유치 성공에 이르게 된다. 독일 41표, 러시아 20표에 비하면 완승이었다. 2014년 여름부터 시작하여 2년간의 노력으로 결실을 보게 된 것이다.

국제회의 유치과정은 발품이라고도 볼 수 있다. 당시 부산관광공사의 이정선 과장이 관계자를 만나 유치 의지를 전달하지 못했다면 한국으로의 유치 프로세스 자체를 시작하지 못했거나 다른 기회를 기다리다 수년 혹은 수십 년 유치가 지연되었을 수도 있을 것이다.

2024년 대구에서 개최한 세계생채재료총회(World Biomaterials Congress, WBC)는 젊은 학문 분야지만, 이학, 공학, 생명과학, 의학, 약학, 치의학, 의공학 등 다양한 융합학문이자 급성장하는 산업 분야를 다룬다. 4년 주기로 개최되는 WBC는 60개국 5,000명이 참가하는 대형 국제회의이다. 2012년 대회 유치에 도전을 했지만, 중국 청두에 밀려 실패한 경험이 있어 국내 후보 도시 결정부터 신중하게 접근하였고, 불리한 도시 브랜드와 인프라에 대한 우려에도 불구하고 지자체의 강력한 의지, 유무형의 다양한 지원, 컨벤션뷰로의 열정과 준비 등이 유치 과정에 도움이 되었다.

생체 재료 산업은 미래의 대구를 이끌 신 성장 산업이기에 대구의 첨단의료복합단지, 5대 대학병원 등의 풍부한 인프라와도 연계가 가능한 분야이다. 투표 방식이 다소 독특한데, 회원국이 모두 참여하지 않고, 학회를 대표하는 원로학자 20명의 대의원의 투표로 결정되는 방식이다. 한국도 2명이 대의원이었지만, 유치 참가국은 투표를 할 수 없기에 미국 샌프란시스코, 호주 멜버른, 일본 고베 등의 경쟁국의 표를 제외하면 12명의 대의원 표에 의해 개최지가 결정되며, 과반수인 6표 이상을 확보하면 유치에 성공하는 시스템이다. 대의원 한 사람, 한 사람을 설득하는 섬세한 득표 전략이 중요했던 셈이다.

학술 프로그램 외에 문화 행사, 회원 네트워크를 위한 소셜 이벤트 등이 중요하여 한류 문화 체험과 경주, 안동 등 대구 인근의 세계문화유산 활용을 적극 어필했다. 당시 대구컨벤션뷰로 정희정 팀장에 따르면, 여러 논리도 중요했지만, 생체재료총회의 유치에는 한국생체재료학회, 대구시, 대구컨벤션뷰로, 한국관광공사 등의 '팀 케미'가 어떤 행사보다 중요했다. 전체적인 유치 전략과 제반 실무는 컨벤션뷰로, 학회는 각종 자료와 기초 작업 등 콘텐츠 제공, 대구시는 예산 확보와 의지 표명, 한국관광공사는 국제본부 대의원 방한 초청, 유치 제안서, 홍보물 제작 등의 유치 활동 지원 등으로 유치 팀의 역할을 분명하고 효율적으로 운영한 것이 중요했다는 분석이다.

2015년 대구로 국내 도시 선정 이후, 8월에는 해외 후보 도시들의 의향서 제출, 가을부터 본격적인 유치 활동 개시, 12월 국내 학술행사에 대의원 초청, 이후 대의원들과의 개별 면담 이후 '16년 5월, 몬트리올 총회에서 유치 활동 및 프레젠테이션으로 1년 정도의 유치 활동이 이어졌고, 첫 투표에서 과반수를 득표하여 한국으로 결정되었다.

국제로타리 세계대회는 세계에서도 최대 규모의 행사 중 하나로 꼽힌다. '16년 5월에 고양 KINTEX에서 개최된 세계 대회에는 내국인 2만 1천 명, 외국인 2만 3천 명 등 4만 4천 명 규모로 개최되어 참가자의 직접 지출 1,135억 원 포함 2,150억 원의 직접생산효과를 기록했고, 1,105명의 고용유발 효과를 거두었다. 로타리 대회는 이렇듯 파급효과가 큰 대규모의 행사이다 보니, 매년 5~6개국이 유치 경쟁을 하게 된다. 전세계 200개 국가와 자치령에서 120만 명 이상의 회원들이 활동하며, 지구촌 곳곳의 봉사 사업의 아이디어를 공유하고, 유명한 연사들의 연설과 여러 공연 등 축제이기도 하여 로터리 대회는 '미니 UN'으로 불리기도 한다.

회의 외에도 로타랙트 클럽 회원들의 연수회, 세계평화 펠로우십 심포지엄 등도 함께 개최된다. 한국의 로타리 클럽은 세계에서 4번째로 큰 규모이며 그 명성을 일찍이 인정받아 1989년에는 서울 잠실 올림픽 주경기장에서 제80차 세계대회를 개최한 바도 있다. 그럼에도 유치 활동이 쉽지는 않았는데, '16년 대회 유치 준비는 1999년부터 약 10년간 꾸준히 이루어져서 2009년에 최종 확정되었다. 그전에 '09년 세계 대회를 서울에서 개최하기로 '03년에 결정을 하였지만, '07년 회의실 수용 규모 등의 문제를 이유로 돌연 개최지가 바뀌는 등 우여곡절을 겪기도 했다.

로타리 본부와의 지속적인 관계와 유치 활동을 주도한 것은 한국관광공사, 그중에서도 본부가 있는 시카고 지사였는데, 위와 같은 불리한 유치 과정에 굴하지 않고, 한국 로타리 지부와 재유치를 지속 추진하였다. 금번에는 문화체육관광부, 지방자치

단체, 유관 기관들과의 협력체계를 사무국으로 탄탄하게 구성하고 강력한 개최 의지를 피력했다. 국제 로터리 세계대회에 한국관을 설치하고, 국제 로터리 이사들을 개별적으로 만나 유치 의사를 지속 전했던 것도 한국관광공사 시카고지사였다.

결국 남미, 미국 서부도시와 경합할 수 있도록 후보국으로 포함되었고, '09년 초에 최종 한국 개최가 확정되었다. 오히려 국내도시는 그 뒤로 '12년 11월에 확정되어

| 표 4-8 | 주요 국제회의 유치 절차 및 성공 요인

행 사 명	유치기간	결정 방식	주요 유치절차	성공 요인	경쟁국/도시
2015 세계양봉대회	1년	회원국 대의원 투표	• 국내도시 선정 • 사전 마케팅 • 현장 답사 • 개최국가 선정	• 국내 지회, 컨벤션 뷰로, 관계 기관들과의 전략적 협업 • 해외 경쟁 프레젠테이션 • 현장 홍보 및 마케팅 활동	중국 북경, 터키 이스탄불
2020 세계장기이식 학술대회	1.5년	이사회 투표	• 유치의향 전달(국내도시 서울) • 현장 답사 • 개최국가 선정	• 국제기구 내 한국의 활동, 기여도 및 위상 • 관련 국제회의 개최 경험	캐나다 몬트리올, 터키 이스탄불, U.A.E 아부다비
2024 세계지질학총회	2년	회원국 대의원 투표	• 국내도시 선정 • 사전 마케팅 • 현장 답사 • 개최국가 선정	• 행사정보 발굴 및 선점 • 행사의 특성에 맞는 프로그램 콘텐츠 개발 • 유치위원회 구성 및 운영	독일 베를린, 러시아 상트페테르부르크
2024 세계생채재료 총회	재도전, 1년	대의원 투표 (원로학자)	• 국내도시 선정 • 사전 마케팅 • 개최국가 선정	• 국내 지회, 뷰로, 관계 기관들과의 전략적 협업 • 섬세한 개별 설득 마케팅 • 개최 후보 도시의 풍부한 관련 인프라	미국 샌프란시스코, 호주 멜버른, 일본 고베
2016 국제로타리 세계대회	10년	이사회 투표	• 사전 마케팅 • 개최국가 선정 • 국내도시 선정	• 수년간의 지속적인 관심과 본부 대상 마케팅 활동 • 한국 지회의 명성	남미, 미국 서부 도시

개최 국가 선정 후에 개최 도시를 선정하는 절차를 거쳤다. 유치의 기본 조건인 객실 7천 실 확보를 위해 27명의 호텔 지배인을 대상으로 한 설명회를 개최하고, 문체부 차관 주재 간담회를 개최하는 등 대규모 행사 개최 준비는 보다 철저한 준비가 필요했다. 10년간의 꾸준한 유치 활동과 한국 로타리의 국제적 명성이 세계대회의 재유치에 성공 사례를 만들어냈으며, 민간단체 단일 회의로는 국내 최대 규모로 개최되었다. KINTEX의 10만 811㎡ 전관을 모두 활용했다.

〈표 4-8〉에서 볼 수 있듯이, 중·대형 국제회의의 유치 기간은 평균적으로 1~2년이 걸리고, 유치 실패 기간까지 포함하여 심지어 10년이 걸릴 수도 있는 사업이다. 유치 경쟁국과 도시들도 세계적으로 명성이 높은 만만치 않은 도시들이다. 하지만 그럼에도 개최지의 파급효과와 레거시 창출을 위해 여러 도시들은 여전히 국제회의의 유치를 포기할 수 없다.

다행인 것은 한국은 국제회의 유치에 있어 타 국가들과의 경쟁에서도 분명히 높은 승률을 자부하고 있다. 유치 팀 구성과 업무 분장, 전략적 사전 유치 활동 등에 있어 한국인들의 성실함과 치밀함이 한몫하는 것 같다.

한국관광공사와 컨벤션뷰로 등 유치 지원 기관들의 유치 시스템과 노하우도 성공 요인 중의 하나일 것이다.

또한, 유치하려는 국제회의 관련 분야에서 한국의 국제적 활동과 위상이 기본적으로 뒷받침되어야 하는데, 국력과 위상이 높아지고, 한번쯤은 와보고 싶은 선진 문화 국가로 발돋움한 지금이야말로 국제회의 유치 활동의 적기가 아닐까 한다.

제 **3** 절 비즈니스이벤트 기획하기

비즈니스이벤트를 기획한다는 것은 생애주기가 있는 하나의 생명체를 탄생시키고, 이를 한 해 한 해 소중하게 키워가기 위한 투자와 노력이 반드시 필요한 작업이다. '기획'이라는 것은 많은 사람들이 MICE산업을 생각할 때 가장 먼저 떠오르는 핵심 역량이자 MICE업계에서는 기획을 통한 행사 창출이 꿈이기도 하다. 즉, MICE산업 종사자들의 공통된 로망이 언젠가는 자신의 노하우를 총집결하여 비즈니스이벤트를 기획하고 개발하여 자신만의 브랜드 이벤트를 갖는 것일 것이다.

특히, 앞서 살펴보았듯이 개최지에 가져오는 레거시를 포함한 파급효과 창출의 중요성에 대한 인식이 높아지면서 개최지의 특성과 수요에 부합하는 국제회의를 만들어내어 지속적으로 노하우와 인적 네트워크를 쌓아가는 것에 대한 관심도 높아지고 있다. 전 세계적으로도 이러한 기획 행사의 성공 사례들이 늘어나고 있으며, 이제는 하나의 세계적 트렌드로 파악된다. 제2절에서는 어떻게 비즈니스이벤트를 기획하여 개최할 수 있는지, 기획의 방법과 절차를 살펴보겠다.

1 기획·개발의 중요성

앞서 살펴본 국제회의 유치 활동 외에 한 도시에 국제회의를 '창출'하고, 국내외 방문자를 유치하기 위한 방법으로는 국제회의를 직접 개발하는 방법이 있을 것이다. 기획하여 개발하는 방법에는 다시 특정 협단체가 어느 도시에서 지속적으로 개최하도록 개최지가 지원하거나, 개최지에 소재한 컨벤션뷰로나 PCO 등 비즈니스이벤트 업계가 직접 기획·개발하는 방법도 있다.

하지만 국제회의를 유치하는 것이 국제회의를 기획·개발하는 것보다는 단기적인 ROI가 더 높다고 봐야 한다. 그 이유는 하나의 행사가 수년 혹은 수십 년간 개최되면서 체계화되고 해당 분야의 전문가나 영향력자들이 임원이나 회원 등으로 이미 활동하고 있는 일종의 완성된 국제회의 자체를 가져오는 것이므로, 국내외 참가자 규모와 행사의 질적 수준이 보장되기 때문이다. 여기에 그동안 주최자가 쌓아온 행사 운영 노하우가 축적되어 있기에 개최지의 운영 지원에 대한 부담도 적다.

예를 들어, 100명의 저명한 해외 로봇 산업 전문가를 한 도시에 모으려면 초청비로 1인당 최소 100만 원씩 산정하더라도 1억 원이라는 막대한 예산이 소요되지만, 이미 100명의 저명한 인사들이 특정 협단체의 회원으로 활동하고 있는 비즈니스이벤트를 유치할 경우는 수백 혹은 수천만 원만 투자하여도 이들을 데려올 수 있다. 만약 1억 원의 예산이 있다면 해외 전문가 500명 이상이 참가하는 다른 중대형 국제회의를 유치할 수도 있다.

반면에 비즈니스이벤트를 기획하고 개발하는 것은 수년간의 지속적인 재정 및 인력을 투입하여 안정기 혹은 성장기에 접어들어야만 일정 수준의 참가 규모와 지역의 파급효과가 가시적으로 보이기 시작한다.

실제로 우리나라 각 도시별로 살펴보더라도, 국제회의 유치에 의한 창출이 개발에 의한 창출에 비해 훨씬 더 높은 비중을 보이고 있다. 국제회의 개발에 많은 노력을 투입하고 있는 대구에서도 코로나 시대를 제외하고 국제회의 유치는 매년 40~50건 정도이지만, 회의를 개발하거나 육성 지원하는 건수는 많아도 10건 내외이다. 전담 인력도 약 3:1 정도의 수준이다.

그럼에도 불구하고 많은 도시들이 국제회의를 기획하고 개발하려 하고, 이 책의 필자들도 향후의 트렌드 중 하나로 지역이 필요로 하는 비즈니스이벤트의 '기획·개발'을 꼽는 이유는 무엇일까?

그것은 비즈니스이벤트의 레거시 창출에 유리하기 때문이다. 어렵게 유치한 국제회의일지라도 주최자의 입장에서는 성공적인 행사 개최 자체에 더 중점을 두게 마련이다. 주최자가 개최지로의 파급효과를 극대화하기 위해 개최지가 요청하는 사업들에 우선적으로 집중하는 데 한계가 있고, 순회 개최해야 하는 특성으로 인해 한 번의 개최만으로 특정 개최지에 중·장기적인 혜택을 만들어내는 것도 쉽지가 않다.

유럽이나 미주에 본사를 두고 있는 많은 국제기구들이나 단체들의 주된 관심사는 국제회의 개최지에 파급효과를 극대화하는 것보다는 회원관리, 수입 증대 등을 통한 기구나 단체 자체의 발전과 설립 목적의 달성에 더 관심을 두므로 개최지가 필요로 하는 개최지의 파급효과 극대화는 후순위인 것이다. 이것은 국제기구 등 주최자의 잘못이라기보다는 국제회의 유치에 따르는 구조적인 한계이다.

또 한 가지 기획·개발이 중요한 이유는 20여 년이 지난 한국의 국제회의 산업 관계자들도 조력자가 아닌 주최자로서의 역량을 보유하게 되었고, 이를 통해 자신만의 행사를 직접 기획하고 만들어서 육성할 수 있다는 자신감과 자긍심이 내·외부적으로 필요하게 되었다는 것이다.

내부적으로는 직원들의 사기 진작을 위해서도, 대외적으로는 본질적인 MICE산업의 목적을 달성하고, 기관이나 회사의 위상 제고를 위해서이다.

요약하자면 국제회의 유치 업무는 여전히 중요하다. 유치된 국제회의를 통해 도시의 산업이 변모하고, 도시의 구조가 바뀔 수도 있으며, 예산과 인력의 투자 대비 성과 효율성 또한 높을 수 있다.

하지만 이제는 국제회의 기획·개발 분야도 국제회의 유치 분야만큼이나 중요하고 이에 대한 정책적 지원과 관심을 집중할 수 있도록 유치 분야와 더불어 양 축으로 무게를 두어야 할 것이다. 비즈니스이벤트는 참가자들의 직접 소비효과와 단기적 결과물(outcomes), 중·장기적 혜택(legacies)을 개최지에 창출함으로써 그 중요성과 가치를 증명하게 된다. 비즈니스이벤트의 유치 분야와 기획·개발 분야의 양 축을 균형감 있게 육성해 간다면 비즈니스이벤트를 통한 레거시 창출에 시너지가 생길 것이다.

2 전략적 기획 과정

특정 비즈니스이벤트의 기획 및 개발 동기는 다양하다. 협단체 소속의 임직원 중에서 협단체의 수익 창출이나 국제화, 회원 확대 등을 위해 국제회의 개최를 고민할 수 있고, 기업의 임직원이 국내외 고객들에게 신제품을 홍보하고 판매하거나 내부 직원들의 교육으로 동기 부여를 하고 싶을 때도 행사의 개발을 고려해 볼 수 있다. 정부 관계자가 새로운 정책을 개발하는 과정에서 자문의 수단으로, 혹은 개발된 정책을 홍보하고 확산하기 위한 방책으로도 국제회의는 적합하다. 한 대학 교수가 특정 분야의 신학문 혹은 신기술 교류를 통해 몸담고 있는 대학이 동 분야를 주도할 수 있는 글로벌 창구로 만들고 싶을 수도 있고, 때로는 하나의 병원이 새롭게 개발된 의료 기술을 기반으로 관심 있는 세계의 의사들을 모아서 의료 기술 확산과 관련된 의료기기를 판매하고, 환자까지 유치하는 것을 목적으로 회의를 기획할 수도 있다. 컨벤션뷰로나 PCO가 직접 주최자로서 탈바꿈하여 자신만의 브랜드를 가진 비즈니스이벤트를 주최해야겠다는 욕구가 생겨날 수도 있다. 정치적 목적을 담을 수도 있고, 때로는 고위직이 탑다운 방식으로 지시할 수도 있다. 비즈니스이벤트의 기획 및 개발 동기는 참으로 다양할 것이다.

이렇듯 여러 동기를 가지고 기획된 비즈니스이벤트를 단발성이 아닌 매년 혹은 격년 등 정기적으로 개최하고 지속가능성을 가지도록 기획하려면 여러 고민들이 생겨난다. 행사가 매년 성장하거나 새로운 가치를 창출해 내지 못한다면 참가자들의 수요와 욕구를 만족시킬 수 없을 것이고, 수년 후에는 명맥만을 겨우 유지하는 초라한 행사가 되거나 결국은 소멸할 수도 있을 것이다. "전략적 구상과 기획"이 필요한 이유이다.

전략적 기획을 위해서는 아래와 같은 요소들과 단계를 고려해야 한다. 특히나 변화된 국제회의 개최방식, 즉, 하이브리드 회의의 장점을 최대한 활용하여 시대에 부합하는 비즈니스이벤트가 되기 위해서는 추가적인 노력과 자원의 투입이 필요할 것이므로 이를 효율적으로 관리 및 운영할 수 있는 전략적 기획이 더욱 필요하다. 전략적 회의 기획에 있어 중요한 요소를 10가지 정도로 요약[13]해 보았다.

비즈니스이벤트 기획의 10가지 요소 및 단계

① 전략적 구상과 기획

② 프로그램 디자인

③ 예산 기획

④ 운영 조직 구성

⑤ 개최 장소와 시기 결정

⑥ 마케팅 및 프로모션

⑦ 스폰서십과 전략적 제휴

⑧ 레거시 창출 기획 및 사후 관리

⑨ 현장 운영

⑩ 미팅테크놀로지 활용

이러한 10가지의 회의 기획 요소들은 유기적으로 연결되어 있어 연중 주최자와 이해관계자들과 긴밀한 커뮤니케이션이 필요하고, 수정 보완이 거듭되어야 한다. 이러한 기획 요소들은 기획 당시의 여러 가지 상황, 즉, 개최 동기 및 목적, 시기 및 장소, 예산 등에 따라 때로는 몇 개의 단계가 생략되거나 때로는 하나의 단계에 더욱더 많은 시간과 노력이 투입될 수도 있다. 또한, 위의 요소들은 단계별로 순차적으로 진행될 수도 있지만, 여러 상황에 따라 실행 순서가 바뀔 수도 있다. 하지만 기본적으로 위의 10가지 핵심 요소들은 필히 기획 · 개발 과정에서 검토 과정을 거쳐야 할 것이다. 기획 요소별 혹은 단계별로 세부적인 내용을 살펴보자.

---

13 PCMA가 발행한 "Professional Meeting Management(6th Edition), A Guide to Meetings, Conventions, and Events(2015.1)", CIC(Convention Indusry Council)가 발행한 "Convention Industry Council Manuel(2008.1)", 국내 관련 저서들과 기사들을 참고했으며, 필자들의 경험을 반영하였다.

3 세부 기획 요소 및 단계

국내외에서 참고할 수 있는 서적, 자료, 기사 등을 참고[14]하였으며, 필자들의 내부 회의를 거쳐 실례들을 담아보고자 노력하여 실질적으로 비즈니스이벤트를 기획하려는 분들에게 실용적인 도움이 되도록 했다.

가. 전략적 구상과 기획

PCMA는 세계적인 회의 기획가 협회로서 주최자를 구분하여 고객으로 기술하고 있는데, "전략적 기획(Strategic Planning)"이란 주최자의 의도를 파악하고, 이에 따라 관련 활동들을 이끌어가기 위한 커뮤니케이션 과정으로 정의한다.

주최자의 목적(Goals)에 부합하도록 회의의 개최 목표(Objectives)를 연계(Alignment)해야만 비즈니스이벤트의 성공적 개최로 이어질 수 있다는 취지이다. 이를 위해서 주최자와 회의 기획가는 전략적 사고가 필요한데, '전략적 사고(Strategic Thinking)'란 주최자와 이해관계자들에게 무엇이 가장 핵심적인 것인가를 파악하고, 집중 반영하는 것을 말한다.

때로는 주최자가 회의 기획가이기도 하겠지만, 다루는 내용적인 측면은 동일하다고 본다.

전략적 기획에 있어서의 주최자의 의도를 파악하고, 회의의 목적과 목표를 도출하기 위해서는 아래와 같은 용어의 개념과 정의를 우선적으로 이해하는 것이 필요하다.

---

14 "Professional Meeting Management(6th Edition), A Guide to Meetings, Conventions, and Events" Convention Industry Council Manual(6th Edition, 2015.1, PCMA), 컨벤션 기획실무(성은희, 2020, 백산출판사), MPI "Practical Meeting Planning Guide" 등을 참고하여 발제하였다.

| 표 4-9 | 전략적 기획 관련 용어의 개념[15]

의도(Aspirations)					
	미션(Mission)				
		전략(Strategies)			
			목적(Goals)		
				목표(Objectives)	
					전술(Tactics)
주최자가 원하는 모든 활동과 결과물	주최 기관의 존재 이유:	기관의 자원 활용에 있어서의 방향성	전략 달성을 위한 일반적인 방향이나 의도	원하는 결과물을 묘사하는 간략하고 분명한 서술	목표 달성을 위해 취해지는 각종 수단:
"이루고자 하는 것이 무엇이며, 왜인가?"	대부분의 기관들은 장기간 활용하는 미션이 있음	전략은 자원의 배분과 활용을 통해 기관의 발전을 이끎			우리의 의도를 어떻게 달성할 것인가?

주최자의 의도를 파악하고, 주최 기관의 미션, 전략과 목적, 목표와 전술을 통합적으로 이해할 수 있다면 이를 통해 기획하고자 하는 비즈니스이벤트의 분명한 방향성과 세부 사업들이 정해질 수 있다.

주최자의 의도를 파악했다면, 비즈니스이벤트 개최의 목적과 목표를 정한다. 비즈니스이벤트는 주최자가 달성하고자 하는 주요 목적 달성을 위한 하나의 중요한 과정이자 수단이 될 수 있으며, 중간 결과물이기도 하다. 주최자의 큰 그림 중 주요 단계로, 비즈니스이벤트 개최를 검토하는 것이므로, 행사 개최를 통해 달성하고자 하는 목적과 목표를 큰 그림에 맞게 명확히 할 필요가 있다. 목적이 분명할수록, 목표가 보다 구체적이고, 측정 가능하도록 도출이 가능할 것이며, 목표들 중에서도 우선순위가 명확히 정해질수록 좋을 것이다. 왜냐면, 우선순위에 따른 목적과 목표에 맞추어 일관성 있는 기획이 이루어지고 세부 사업들이 순차적으로 확정될 것이며, 모든 기획 단계에서 사업의 시행 여부 혹은 투입 예산 규모 등 여러 결정을 내림에 있어 중요한 기준이 될 수 있기 때문이다.

예를 들어, 행사 개최의 목적이 지역 기업들의 수출이라면 전시회와 수출 상담회,

---

15 Professional Meeting Management, 6th edition(PCMA, 2015.1), Chapter 2 Strategic Meetings: Aligning with the Organizations, 표 2.1 Strategic Planning Terminology, p. 19

기업세션 개발 등에 많은 시간과 자원을 집중시켜야 할 것이고, 해외 참가자 모집 증대를 통한 양적 성장이 우선적인 목표라면 행사 콘텐츠의 질적 개선, 마케팅 사업 개발과 이를 위한 예산 책정에 큰 비중을 두어야 할 것이다. 행사 규모의 증대보다는 지식 확산과 인식제고 자체가 더 큰 목적이라면, 이에 부합하는 프로그램 콘텐츠 개발과 지식 확산을 위한 네트워크 구축 과정을 강화하거나 관련 분야의 저명 연사 선정과 초청 등에 더욱 무게를 둔 구상과 기획이 이루어져야 할 것이다. 국제회의를 기획하여 주최해 본 경험이 있다면 행사 준비 과정에서 주최자는 물론, 여러 이해관계자들이 비즈니스이벤트 개최 과정에서 다양한 요구들을 무리하게 요청하는 경험을 했을 것인데, 많은 요청사항들에 일관성 있게 대처하지 못한다면 결과적으로 뚜렷한 성과는 없고, 차별화되지 않은 평범한 행사로 그치게 될 확률이 매우 크다. 이는 결국 차기 행사 개최에 부정적인 영향을 미치게 되어 행사의 지속가능성을 크게 침해할 수 있다. 따라서, 명확한 목적과 측정 가능한 목표들을 여러 이해관계자들의 입장을 듣고, 그들의 수요를 반영하여 명확하게 정의하고 이를 공유하는 것이 중요하다. 하지만 바쁜 일정과 여러 상황들에 쫓기다 보면, 목적과 목표 설정 및 공유 단계에서 충분한 공감대를 형성하지 못하고 간과하는 경우가 많은데, 위와 같은 이유들을 감안하여 비즈니스이벤트의 성공적 개최를 위해 중요한 첫 단계임을 잊어서는 안 될 것이다.

PCMA는 목적과 목표를 정하는 방법과 절차를 자료 수집, 연구 및 조사, 목표 나열, 목적과 목표의 통합 정리 등의 단계로 구분했다. '자료 수집'은 국내외 유사 행사들의 개최 결과, 과거 개최 행사 개최 경력이 있다면 이에 대한 각종 자료들, 스폰서 참여 대상 기업이나 관련 기관들의 비전과 미션, 유사 행사들의 과거 개최 사례 등의 자료나 정보들을 우선적으로 모으는 것이다. 관련 분야 전문 협회의 보고서나 간행물, 관련 행사들에서 공개된 정보들이나 기사들, 정부 정책 보도자료 등도 취합할 필요가 있다.

'연구 및 조사' 단계는 이렇게 취합된 각종 자료들을 분석하는 것이다. 대면 혹은 비대면 행사이건 간에 참가자들이 반드시 행사에 참가해야 하는 특별한 혜택이나 이유를 명확하게 제시하기 위해서는 이러한 연구 및 조사를 통한 분석 단계가 중요하다.

참가자들에 대한 혜택뿐만 아니라, 스폰서 기업들이나 기관들의 후원 이유도 면밀하게 검토 및 제시되어야만 참가 규모나 예산 확보 면에서도 지속 가능한 대회가 될 것이다. 연구 및 조사를 위해서는 관련 분야 전문가 포커스 그룹 회의, 관계자 대상 설문 조사나 일부 샘플링 조사, 프로그램 위원회 구성 등의 방법들을 활용하거나 몇 가지 방법을 동시에 병행하여 진행할 수 있을 것이다. 여기서 중요한 것은 기획가 자신이 동 분야의 준전문가가 되어 주도할 수 있도록 스스로에게 자신감이 생길 정도로 많은 연구를 병행해야만 한다는 것이다. 그렇지 못하면 많은 요구들과 변수들을 통제하기 어렵다.

예상 참가자와 이해 관계자들의 수요와 관심을 확인하였다면, 행사 프로그램의 디자인과 구상을 위한 측정 가능한 '목표들을 나열'해 보면 도움이 된다. 이때 참가자들이 궁극적으로 배워갈 수 있는 것들이 무엇인지, 그러한 성과와 결과들을 어떻게 측정하고, 언제까지 결과물을 산출할 것인지를 함께 고민해야 할 것이다.

마지막으로 '목적 및 목표 통합 정리'의 단계는 위의 절차들을 거쳐 제시된 목적과 목표를 정리하고, 이를 이해관계자들과 공유하면서 의견들을 조율하여 확정해 가는 단계이다. 향후 프로그램 개발, 마케팅과 프로모션 등 모든 개최 단계에 있어 판단의 기준점이 될 것임을 한 번 더 유의해야 할 것이다.

전략적 구상과 기획 단계에서 고민하고, 스스로에게 질문을 던져야 할 대표적인 고려 요소들은 한국관광공사에서 시행하는 K-Convention 제도의 평가 지표들을 살펴보면 좋을 듯하다. 2012년부터 시행된 특화컨벤션 제도가 발전하여 현재 K-Convention 제도로 정착되는 과정에서 여러 시행착오와 개선을 겪었던 만큼, 협단체, 기업, 정부 등 주최자들과 컨벤션뷰로, PCO 등 비즈니스이벤트의 기획가라면 분명히 중요한 단서를 얻을 수 있을 것이다. 일부 내용을 단순하게 수정한 부분들도 있지만, 전체적인 맥락은 동일하다.

| 표 4-10 | 한국관광공사, K-Convention 선정심사 평가지표 및 평가요소

평가지표	평가요소
Ⅰ. 주제 경쟁력(주제 평가)	
성장 가능성	– 해당 주제 분야의 중장기적 글로벌 성장, 확산 가능성
경 쟁 력	– 주제 분야, 한국 및 개최지의 발전 단계와 미래 발전 가능성 – 한국 혹은 개최지의 강점 분야와 행사 주제와의 연관성 – 해당 주제 관련 주최기관 또는 개최 행사의 경쟁력
Ⅱ. 전략 적정성(중장기적 글로벌화 전략 평가)	
글로벌화 전략 타당성	– 조직위원회의 글로벌화 육성 의지 – 행사의 현 수준 진단 및 글로벌화 비전 – 행사 비전 및 목표 달성을 위한 사업 전략의 타당성
성과지표와 목표	– 성과지표의 타당성, 대표성, 측정 가능성 – 성과목표의 구체성, 적합성
실행과제 적정성	– 성과 목표와 실행 과제의 연계성 – 실행 과제의 타당성, 구체성, 체계성, 추진 가능성
Ⅲ. 실현 가능성(금년 행사계획 평가)	
홍보 및 마케팅	– 대상 풀(Pool) 구성 및 타깃의 적정성 – 홍보 전략 및 실행 계획의 구체성, 효과성 – 참가자 유치 전략의 타당성, 구체성, 효과성
예산 계획	– 사업 분야별 예산 배분의 적절성, 효과성 – 행사 수익원 발굴 및 재원 확보 계획(안정성)
협력 체계	– 국내외 이해관계자 DB 보유, 관리 – 글로벌화, 콘텐츠 확보 등을 위한 이해관계자 협력 체계
Ⅳ. 행사 매력도(금년 행사계획 평가)	
콘텐츠 매력도	– 전체 행사 주제와 테마/세션별 주제와의 연관성 – 주제의 참신성, 참가자 소구력 – 연사 및 콘텐츠의 질적 수준
행사 운영	– 행사장 및 세션 구현의 참신성 및 편의성 – 행사세션 구성 및 운영의 체계성, 완성도
미래 지향성	– 미팅테크놀로지의 효과적 활용 – 환경 친화적 행사장 조성 및 운영(그린컨벤션) 등
사회적 가치 구현	– 중소기업 및 소상공인 동반성장 가치 반영 – 코로나19 등 감염병 방역 및 행사장/참가자 안전관리 – 관광프로그램 운영 등 개최 지역 경제 발전 기여 등

위의 평가지표를 살펴본다면, 최초 구상단계에서 확인해야 할 여러 사항들의 유용한 체크리스트가 될 수 있을 것이다. 물론, 초기 구상과 기획단계에서 모든 것을 확정하기에는 한계가 있을 수 있겠지만, 행사의 성공 여부와 향후 지속가능성을 판단해 볼 수 있는 필수적인 항목들이다.

전략적 기획 및 구상 단계에서 또 하나 중요한 것은 위기관리(Risk Management) 대상을 미리 파악하여 대비하는 것이다. 위기관리라 함은 국제회의 개최 전ㆍ중ㆍ후에 악영향이나 손해를 발생시킬 수 있는 여러 가지 요소들에 대한 안전(Safety) 및 보안(Security) 조처를 말한다. 이미 목적과 목표 설정 단계에서 관련 행사 사례 연구, 과거 개최 경험, 여러 전문가들의 의견, 자료 취합 및 연구, 설문 조사 등을 통해 기획 및 운영, 사후 단계에서 발생할 수 있는 위기 상황들에 대한 파악이 가능할 것이다. 특히나 현재의 세계적인 팬데믹처럼 예기치 못한 불가항력적 요소들도 생기게 마련이라 행사의 위기관리 체계 구축이 더욱 중요한 시기이다.

| 표 4-11 | 주요 관리 대상 요소(Examples of Protected Items)

항 목	내 용	
사 람 (People)	• 참가자 • 연자 • 참가 기업	• 서비스 업체 • 스폰서 • 운영 요원
정 보 (Information)	• 기업 무역 기밀 • 신용카드 정보	• 연락처 정보 • 의료 정보
자 산 (Property)	• 컴퓨터 장비 • 오디오·비디오 장비 • 커뮤니케이션 장비	• 전시 물품 • 시제품 • 지적 재산권 품목 • 등록 상표
예 산 (Financial Investment)	• 회의 기획사의 예산 • 참가자 지출 경비	• 전시 참가비와 기타 경비 • 연자 초청비
기관 이미지 (Organization Image)	• 회의 기획가, 시설 및 회의 관련 이해 관계자들의 공공 이미지	
분야의 명성 (Professional Reputation)	• 회의 주관 기관, 개최 장소, 개최지 혹은 3자/독립적 회의 기획가 등의 명성	

관리와 보호가 필요한 6가지 분야는 사람, 정보, 자산, 예산, 기관의 이미지 및 해당 분야의 명성 등을 꼽을 수 있다[16].

세부적으로 모든 항목을 다룰 수는 없지만, 최근 개인 정보법의 강화와 지적 재산권, 손해 배상 등의 법적 문제들이 빈번한 만큼, 주최자나 회의 기획가들은 위기관리 매뉴얼을 제작하여 이해관계자들과 공유할 필요가 있을 것이다.

나. 프로그램 디자인

일단 주최자의 수요에 부합하는 비즈니스이벤트 개최의 목적과 목표가 수립되면 이에 근거하여 프로그램을 디자인할 수 있을 것이다. 프로그램을 기획 혹은 디자인한다는 것은 행사의 프로그램 콘텐츠(contents)와 개요(outline)[17]를 만들어내고, 이 콘텐츠를 참가자들에게 전달하는 회의 방식(formats)을 결정하고, 참가자들에게 최적의 환경(environment)을 제공하는 것을 말한다. 이를 통해 주최자의 목적과 목표에 부합하는 결과를 이끌어내는 중요한 과정이기도 하다. 프로그램 디자인 단계를 충실히 거쳐 프로그램 콘텐츠의 질을 높이고, 효과적인 전달 방식을 정하여 주최자의 의도를 효율적으로 전달하고, 참가자의 만족도 제고에 기여함으로써 지속적인 참가규모 증대와 수익 창출에 직접적으로 기여할 수 있을 것이다.

프로그램 콘텐츠를 기획하는 것은 참가자의 참가 동기를 이해하는 것에서 출발한다. 사람들은 왜 이 비즈니스이벤트에 참가하려고 할 것인가에 대한 수요 조사가 기반이 되어야 한다. EIC(Events Industry Council)는 비즈니스이벤트 참가자들의 참가 이유에 대해 정보 습득, 네트워킹 및 레크리에이션으로 간략히 요약했다[18]. EIC는 정보 습득이라고 말할 때, 정보에 대한 정의를 '5년 이내에 활용할 수 있는' 새로운 콘텐츠, 개념 및 기술로 정의하면서 최근 비즈니스이벤트 참가자들의 연령대가 젊어지면서 새로

---

16 PCMA, Professional Meeting Management(6th Edition, 2015), Figure 7. 1(Eamples of Protedted Items, p. 119) 번역

17 행사명, 장소, 기간, 주최, 주관, 후원, 참가 규모, 전체 프로그램 등을 포함한다.

18 Convention Industry Council Manual, 8th Edition(CIC, 2008.1)

운 정보에 대한 요구가 높고, 전반적으로 지식과 교육 수준도 높아졌기 때문에 정보 습득이 가장 중요한 참가 동기라고 분석했다.

네트워킹은 행사 참가자들과의 동료애와 단합을 강화하는 것을 의미하는데, 대부분의 참가자들은 전 세계에서 모여든 동료들의 경험과 '일선에서 부딪히는 치열한 이야기들(war stories)'을 커피 브레이크, 오찬, 만찬 등을 통해 얘기를 나누면서 네트워크를 구축하고 싶어 한다는 것이다. 또한, 경력에 도움이 될 수 있는 연자와 영향력자들과의 네트워크도 중요할 것이다.

마지막으로 레크리에이션은 일상으로부터의 탈피를 통한 재미 요소를 의미한다. 행사 개최 전후의 투어 프로그램을 통해 타 국가와 도시의 문화를 이해하는 기회가 될 수도 있고, 각종 팀 빌딩 프로그램 혹은 공식 사교 행사 등을 통해서도 기억에 남을 만한 경험을 쌓을 수 있을 것이다. 어쩌면 다른 나라나 도시로 출장을 가고 새로운 만남을 한다는 자체가 일상을 벗어나는 설렘일 수도 있다.

또한, 참가자들이 행사에 참가해서 얻기를 바라는 혜택은 참가자들의 국적, 연령, 성별, 교육 수준, 직업, 경력 및 경제적 지위 등에 따라서도 차이가 있을 수 있다. 중요한 것은 이러한 참가 동기를 십분 이해하면서 회의 개최의 목적과 목표에 부합하도록 회의 콘텐츠를 디자인해야 한다는 것이다.

콘텐츠를 개발하는 가장 효율적인 방법은 프로그램 기획위원회(Program Planning Committee)를 구성하고 운영하는 것이다. 사실 프로그램 위원들을 누구로 구성하고 어떻게 운영하느냐에 따라 프로그램 콘텐츠의 질적인 요소가 크게 좌우된다고 해도 과언이 아니다. 프로그램위원회는 여러 상황에 따라 다르겠지만, 집중적으로 지식을 교환할 수 있는 10명 내외의 전문가들을 산·학·연·관 등 소속의 균형과 지역 분배, 각자의 전문 분야, 위원 상호 간의 사회적 관계까지 고려하여 신중하게 구성할수록 좋다. 콘텐츠 개발은 심도 있는 토론과 의견 교환이 이루어져야 하므로 너무 많은 수의 위원들로 구성되는 것은 바람직하지 않을 것이다.

콘텐츠의 전달 방식이나 형식도 중요하다. 최근에는 일 방향 강의와 같은 전통적인 형식에만 의존해서는 참가자들의 수요를 반영하기 어려울 수 있다. 많은 참가자들, 특히, 젊은 세대들은 직접적인 참여와 적극적인 역할을 원한다.

프로그램 전달을 위한 회의 형태들을 간단히 살펴보자. 4~5명의 '청중 질문팀 구성(Audience Reaction Team)', 참가자들을 그룹으로 나누어 논의 및 전체 발표를 진행하는 '토론 세션(Buzz Session)', 대부분 학술적 혹은 연구 분야에서의 논의를 목적으로 하는 공동 토의 성격의 '콜로키움(Colloquium)', 하나의 이슈를 두고 두세 명의 소수로 구성된 두 개의 팀이 서로의 반대 입장을 토론하는 '논쟁(Debate)', 내부 토론자와 외부 청중 간의 의견 교환을 자유롭게 진행하는 '피쉬 보울(Fishbowl)[19]', 회의 진행자가 청중을 대표하여 연자에게 질문하는 '인터뷰(Interview)', 약 10명에서 50명 정도의 비교적 소규모의 공통 관심사를 가진 참가자들을 대상으로 관련 분야의 전문가가 진행하는 강의 혹은 대화 형식의 '세미나(Seminar)', 새로운 기술이나 현안 사항에 대한 집중도 있고, 때로는 실습 위주로 진행하는 '워크숍(Workshop)', 전문가들 간의 특정 분야에 대한 논문 발표, 토론 등을 통해 특정 문제를 해결하기 위한 '심포지엄(Symposium)' 등의 형태 등이 있으니 적합한 형식을 고민해서 정해야 할 것이다.

다. 예산 기획

사업 전체를 보려면 예산을 보면 된다거나 예산이 사업 자체라는 등의 말은 예산 기획의 중요성을 강조한다. 그만큼 예산 기획은 비즈니스이벤트의 방향과 기획 의도를 예산 항목별로 실질적으로 반영하여 실행으로 옮길 수 있는 직접적인 가이드 맵이다. 또한, 철저한 예산 기획을 통해 행사 준비에 있어 각종 불안 요소들을 없애고, 위기관리에 기여할 수 있다. 행사 개최 과정에서 발생하는 당황스런 경험, 예를 들어, 예산이 최종적으로 부족하여 행사 막바지에 행사장 조성을 기획대로 진행하지 못하거나 최초 의도와는 다르게 참가자들에게 공식 만찬 등의 비용 부담을 시킨다거나 연자 초청 비용을 재협상하는 등의 곤란한 상황이 생기는 것을 원치 않을 것이다. 나아가 적

---

19 토론을 위해 모여 앉은 모습이 어항을 둘러싸고 바라보는 모습을 닮았다 하여 붙여진 이름

자로 인한 서비스 제공 기업에 대한 지불 체납 상황이 생기거나 중요한 참가자 서비스에 누락이 생긴다면 주최자와 행사의 신뢰도에 큰 타격을 줄 수도 있다.

따라서, 예산 기획에서는 최악의 시나리오, 플랜 B를 염두하고, 대비책을 항상 강구하면서 진행해야만 한다. 또한, 예산 계획을 통해 수입과 지출 부문의 고정 예산과 변동 예산들을 한눈에 조정 및 관리해야 하는데, 이렇게 대비하지 않으면 불필요한 항목에 집행되는 마케팅 예산들이나 여러 이해관계자들이 요청하는 중요도가 떨어지는 사업들에 대한 예산 지출을 미연에 방지할 수 없어, 정작 필요한 부문에 지출이 어려워지는 경우가 생길 수 있다.

때로는 국비와 시비, 후원금 등을 활용하는 경우에 예산의 성격에 따라 집행 가능한 항목들이 엄격하게 한정되어 있어 예산 항목에 맞는 적정한 예산 배분을 세심하게 기획할 필요가 있다. 예산 항목과 맞지 않게 집행되어 손해를 보거나 법적인 문제로까지 이어질 수 있는데, 이러한 결과들은 참가자와 주최자, 공급자 모두에게 피해를 줄 수 있으며, 무엇보다 목적과 목표에 맞는 행사를 기획하고 운영해야 하는 팀의 사기 진작에도 부정적인 영향을 미칠 수 있다.

예를 들어, 국비 보조금이 해외 참가자 모집 홍보를 위한 목적으로 확보되었다면, 이러한 조건에 부합하는 예산 항목을 편성하고, 관리해야 한다. 시비의 경우도 예산 확보 시에 기본계획에 따라 항목들을 편성하고, 불가피한 경우에는 변경 신청을 통해 사전에 조정해야 한다. 대부분의 국제회의 수입은 국·시비, 기업 후원금 등 다양한 재원으로 구성되기 마련인데 각 예산의 배정 목적과 쓰임새가 다르므로 이에 따른 세심한 관리가 이루어져야 한다.

예산 기획에 있어서, 우선 수입을 어떻게 안전하게 확보할 것인가가 출발점일 것이다. 통상적으로 개최하려는 회의의 규모와 참가자 등록비, 스폰서 수입 등은 유사한 주제와 규모의 대회를 비교조사하여 사전에 추정할 수 있을 것이다. 이미 수차례 개최했던 행사의 경우는 전차 대회들의 사례를 통해 수입 목표를 조정할 수도 있다. 이 중에서도 민자 수입 외에 국비와 시비 등 보조금을 안정적으로 확보하는 것은 행사 개발의 초창기에 시드 머니 역할을 할 수 있어 중요하다. 그만큼 기획·개발 과정은 예산 투자와 투입 인력이 필요한 어려운 과정이자 수입 확보에 불확실성이 많기 때문이다.

국·시비 확보는 원칙적으로 최소한 대회 개최 1년 전에는 개시해야 한다. 국비는 지출 연도의 전년도 5월에 책정이 되고, 시비의 경우는 차기 연도 예산을 통상 7월부터 검토하여 늦어도 12월 초에 시의회를 통과해야만 확정이 된다. 물론, 이러한 본 예산이 아니더라도 당해 연도의 추경 예산을 통해 확보할 수도 있지만, 추경 예산 확보는 더욱 어렵고, 주최자의 입장에서도 대회 준비에 시간이 촉박해지므로 안정적인 대회 운영을 보장하기 어렵다.

국비와 시비를 확보하기 위해서는 정부 해당 부서에 제안할 수 있는 대회의 기본 구상안이 필요한데, 이를 기획 및 작성하고, 여러 경로로 정부와 시의 담당자들을 만나서 설득해야 한다. 국가의 정책과 시의 정책과 부합하도록 제안해야 하고, 국제회의를 통해 어떠한 실질적인 혜택을 가져올 수 있는지에 대한 비전이 최대한 명확하게 제시되어야 한다. 기본 구상안에는 회의의 기획 배경, 필요성, 대회 개요, 비전과 목표, 운영 계획 및 예산안 등이 구체적일수록 좋다.

이러한 과정에서 한국관광공사의 K-Convention, 국제 융합 이벤트 등의 제도와 지자체별 컨벤션 뷰로들의 특화 컨벤션 지원 정책들이 회의를 개발하려는 주최자나 회의 기획가의 입장에서는 큰 도움이 될 수 있다. 이러한 제도를 활용하지 않더라도 개최지의 컨벤션뷰로는 지자체의 담당 부서를 통해 별도의 예산을 확보하는 데 주최자를 지원하여 중간 가교 역할을 할 수 있다.

〈표 4-12〉는 대표적인 수입 및 지출 항목들이다. 먼저, 수입 부문의 항목들이다.

| 표 4-12 | 수입 부문 주요 항목

항 목		내 용
보조금	시 비	• 지자체 유관 부서 보조금 　- 예시: 물 산업 컨퍼런스의 경우, 미래산업국 물에너지과
민 자	국 비	• 국가 보조금 　- 예시: 로봇 컨퍼런스의 경우, 산업자원통상부 기계로봇항공과
	등록비	• 참가자 등록비 　- 온라인, 오프라인 등록비 구분 반영 　- Early Bird, Standard 등 등록 시기별 구분 　- 국내, 해외 등록비 차별 적용 검토 　- 정회원, 준회원, 비회원, 일반, 학생, 단체 등 차별화
	기업 참가비	• 기업의 마케팅 행사 참가비 　- 전시회, 수출상담회, 라이브 커머스 등
	광고 및 후원	• 기업 및 기관의 광고 혹은 기타 후원 　- 초록집, 뉴스레터, SNS 등 광고비 　- 기타 전략적 제휴를 통한 후원 등
	협 찬	• 금액 지원이 아닌 항목별 현물 협찬 　- 오찬 세션, 콩그레스 백 등
	기 타	• 전략적 제휴를 통한 수입 • 관련 사업을 통한 수입 등

수입 재원을 보조금과 민자로 크게 구분하는 경우가 많은데, 이는 예산의 효율적인 관리를 위해서이다. 보조금의 경우는 지자체나 정부의 예산 관리 시스템을 별도로 활용하는 경우가 많고, 실적 및 정산 보고서를 별도로 제출해야 한다. 통장도 재원별로 별도로 개설하여 1원까지 정확하게 관리해야 한다. 또한, 비즈니스이벤트 개최를 통한 각종 수익금이 발생할 경우에는 전체 예산 중 보조금의 비율에 따라 수익금을 반납해야 하는 경우가 많다. 보조금 자체에 잔액이 발생할 경우도 전액 반납이 필요하므로 별개의 수입원으로 관리한다. 최근에는 보조금 자체에 대한 정산은 물론이고, 민자 부문의 증빙까지 요구하는 경우가 늘고 있어 정산을 행사 이전부터 미리 염두에 두면서 운영해야 한다.

하이브리드 행사일 경우, 온라인 등록비와 오프라인 등록비를 차별화해야 한다.

기본적으로 참가 경험 가치는 오프라인이 더욱 높고, 오·만찬, 콩그레스 킷, 수료증 등 주최자가 지출해야 할 예산이 늘어나기 때문에 오프라인 참가자에 대한 등록비를 더 높게 책정한다. 온·오프라인 등록비 책정에 있어서는 주최자의 정책적인 판단이 중요한데, 예를 들어, 오프라인 참가를 최대한 유도하기 위해서는 온라인 참가비를 오프라인 참가비에 비해 지나치게 저렴하게 책정해서는 안 될 것이다. 반면에 온라인 참가 증대를 통해 홍보효과와 연중 수입을 창출하고자 한다면 연중 스트리밍 서비스와 온라인 아카데미 등을 고안하여 온라인 참가자들에게 콘텐츠를 수시로 제공함으로써 행사의 전체 참가자 수와 참가 가치를 증대할 수도 있을 것이다.

조기 등록(Early Bird)을 구분하여 운영하는 것은 행사의 콘텐츠와 프로그램이 참가자들에게 어느 정도 매력적으로 판매되는지를 사전에 짐작할 수 있고, 최종 등록비 수입을 예측할 수 있으며, 조기 확보된 등록비 수입을 여러 지출 항목에 우선적으로 활용할 수 있다는 장점이 있어 대부분의 비즈니스이벤트는 조기 등록을 적극 홍보하고 유도한다. 때로는 Super Early Bird 등을 통해 등록 시기를 더욱 앞당길 수도 있으며, 심지어 등록 개시 최초 몇 주간은 특별 혜택으로 무료 등록을 유도하여 참가자를 일정 부분 미리 확보하는 경우도 있다.

또한, 매년 고정적으로 참가하는 참가자들의 비율을 높이기 위한 혜택을 제안하기도 한다. 재참가자의 등록비를 할인하거나 협단체의 정회원일 경우는 각종 혜택을 차별화하여 제공하는 방법이 있다. 국내 참가자와 해외 참가자의 등록비를 차별화하기도 한다. 즉, 국내 참가자들의 경우, 등록비를 좀 더 저렴하게 책정하여 부담을 줄이고, 개최지의 참가자 수를 증대할 수 있다. 학생 참가자들과 단체 등록에 대한 혜택을 마련하는 것도 좋은 방안이 될 수 있다.

기업들의 참가 형태도 과거에 비해 단순한 광고나 후원의 형태로 비즈니스이벤트에 참여하기보다는 수출 성과 제고, 매출 증대, 고객 네트워크 확대 등 명확한 비즈니스 성과를 요구하는 추세이다. 이에 따라, 전통적인 전시회 부스 참가 외에도 라이브 커머스, 수출상담회, 기업세션, 연중 바이어 매칭 등 연계 마케팅에도 더욱 관심을 가지고 이들을 패키지로 제안하는 것도 좋다. 교육 자료집이나 초록집, 뉴스레터, SNS 커뮤니티 등의 광고를 게재하는 것도 주최 측에서는 중요한 수입 항목이긴 하지만 명확한 성과 창출 실적을 제시하지 못한다면 지속가능성이 약화될 수 있다. 주최자에게 후원금을 지급하지는 않더라도 행사 운영을 간접적으로 협찬하는 경우도 많다. 의료 관련 행사의 경우, 런천 심포지엄에 기업이나 제품을 홍보하는 조건으로 오찬 비용을 지불하거나 콩그레스 백에 로고를 게재하는 조건으로 제품을 직접적으로 제작하여 지원하는 경우 등을 협찬의 사례로 볼 수 있겠다.

다음은 대표적인 지출항목들이다[20]. 세부적인 설명은 표의 설명들을 보고, 적절히 활용할 수 있으므로 생략하고자 한다.

| 표 4-13 | 지출 부문 주요 항목

항 목		내 용
프로그램	프로그램위원회	• 회의 운영비(회의 참가비, 식대, 행사장 조성 등)
	강사비	• 연자 강의비
	초청 경비	• 연자, VIP 등 초청 경비(항공료, 숙박비 등)
	음향 및 영상	• 행사장 내 음향 및 프레젠테이션 등 영상 지원
	온라인 시스템	• 강의 촬영, 녹화 및 편집, 송출(스트리밍 포함)
시 설	행사장 임차	• 회의실, 전시장, 사무국 등 각종 시설 임차비
	서비스 비용	• 행사장 세팅, 인터넷, 와이파이 등 추가 서비스료
식음료	환영 만찬	• 공식 환영 만찬 혹은 웰컴 리셉션
	커피 브레이크	• 오전, 오후 커피 브레이크
	오 찬	• 행사 기간 중 VIP 혹은 참가자 오찬
	기타 부대행사	• 폐회식, 기타 네트워킹행

---

20 PCMA의 Professional Meeting Management(5th Edition), Figure 3.1(Sample Functional Expense Budget, p. 32)을 참고하여 재구성함

마케팅	홍 보	• 국내외 출장, 유관 행사 참가, 광고 등 사전 홍보
	홍보 제작물	• 사전 홍보물(브로슈어, 리플릿, 동영상 등) • 현장 배포물(초록집, 프로그램집, 콩그레스 킷 등) • 행사 공식 로고, 통합 디자인 등
	통신비	• 홍보물 우편비, 국내외 탁송비 등
	홈페이지	• 공식 홈페이지 구축(온라인 시스템 연계, 결재시스템 등 포함)
	SNS	• 온라인 커뮤니티 구축 및 홍보
전시회	장치물	• 조립 부스 및 독립부스, 포스터 보드 설치
	보 안	• 전시 물품 등 보안 업체 계약
	관리비	• 폐기물, 청소 관련 서비스 비용
등 록	등록 시스템	• 온라인 참가자 등록 시스템 • 현장 등록 장비 임차(컴퓨터, 바코드 인식기 등)
	등록 물품	• 참가자 네임택 등 물품 제작
	운영 인력	• 등록 지원 인력 채용
현장 조성	사인물	• 행사 및 행사장 안내(현수막, 행사장 배너, 가로등 배너 등)
	장식물	• 포토존, 포디엄, 수반 등 장식물
운영비	인건비	• PCO, 통·번역사, 현장 운영 인력, 사진사 등
	수수료	• PCO, 여행사, 카드사 등 • 취소 정책(Cancellation Policy)에 따른 예비 수수료
	관리비	• 전화, 인터넷 등 통신료, 출장비, 회의비 등
	보험료	• 참가자 안전, 시설 등 손해 배상 관련 등 보험 가입비
	법 관련 전문가	• 계약 관련 변호사, 회계사, 세무사 등 법적 컨설팅
기 타	예비비	• 각종 상황 대처 예비비

라. 운영조직 구성

운영조직 구성 시에는 행사를 직접적으로 기획하고 운영하기 위한 운영팀 혹은 사무국 역할의 전담팀을 구성해야 할 뿐만 아니라, 의사 결정과 사업 집행을 위한 조직위원회 혹은 운영위원회를 조직하여야 하고, 서포터즈나 자원봉사단도 모집해야 한다.

운영팀의 경우는 소규모 행사의 경우, 개인 한 명이 행사 개최 전 준비 단계의 대부분의 일을 처리하고, 행사의 현장 운영 시에만 운영인력이나 전문 대행사의 지원을 받을 수도 있다. 하지만 중대형 행사의 경우는 원활한 기획 및 운영을 위하여 전문적인 운영팀을 구성해서 업무를 분장할 필요가 있다. 운영팀은 프로젝트 매니저(PM)를 중심으로 업무를 분장하고, PM을 중심으로 커뮤니케이션이 원활하게 진행되도록 해야 한다. 이벤트브라이트(Eventbrite)에 따르면, 약 12% 정도의 행사들이 10명 이상의 운영팀으로 구성되고, 45%의 행사들은 2명에서 5명이 전담하는 경우가 많다. 한 명이 여러 가지 역할을 동시에 진행하는 경우도 적지 않은 것으로 파악되었다.

운영팀 혹은 사무국의 적정 인원과 업무 분장 방식은 다양하겠지만, 전략적인 회의 기획과 운영을 위해서는 현재 살펴보고 있는 모든 과정들이 업무분장 내에 포함되어야 할 것이다. 아래 표는 이러한 요소들을 고려한 사무국 혹은 운영팀의 업무 분장 사례이다.

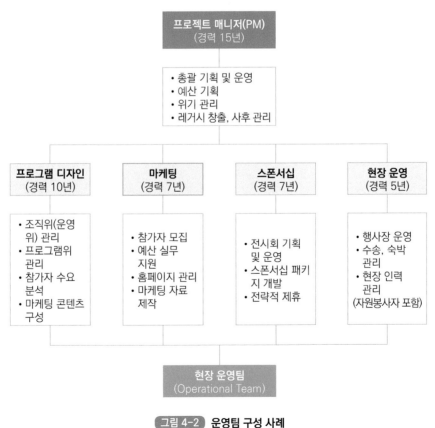

그림 4-2 운영팀 구성 사례

프로젝트 매니저는 주최자와의 관계를 형성하고, 운영팀을 총괄해야 하므로 가장 경험이 많고, 리더십 있는 사람이 담당한다. 프로그램 디자인은 팀원들 중에 가장 경력이 많은 사람으로 배정했는데, 프로그램 콘텐츠가 결국 본질적인 상품의 경쟁력이 되고, 조직위원회와 프로그램위원회 등을 구성 및 운영 지원하며, 여기서 나온 의견들을 반영해야만 하기에 실무진들 중 가장 핵심적인 자리로 생각했다. 개발된 콘텐츠를 홍보와 마케팅을 통해 참가자를 모집하는 활동도 중요할 것이며, 마케팅 담당자가 예산 기획을 통해 실무적으로 PM을 지원하면서 각종 사업들에 예산 배정을 하도록 운영팀을 설계했다. 마케팅 담당자는 프로그램 콘텐츠를 담은 각종 홍보물을 제작하고, 이를 홈페이지와 SNS 등을 통해 홍보하도록 한다. 스폰서십 담당자도 많은 경력이 있을수록 좋을 듯한데, 이는 수입을 창출해야 하는 중요한 자리이기 때문이다. 참여 기관이나 기업들이 내부적으로 마케팅 예산을 배정하고, 행사 참여 혹은 후원을 유도하기 위해서는 세심한 전략과 설득 능력이 있어야 한다. 마지막으로는 현장 운영 매니저를 배정하였는데, 이 담당자는 행사 개최 시기에 인접하여 선정하고 투입해도 된다. 현장 운영 담당자는 서포터즈나 자원봉사자 관리 업무까지 맡는 것이 효율적일 수 있다. 현장 운영 관련 업무는 행사에 임박하여 확정 및 세분화되므로 통상적으로는 전담 현장 운영팀을 별도로 구성하여 투입하는 경우가 많다. 물론, 현장 운영팀 구성에는 그간의 모든 담당자들이 포함되어야 한다. 위의 표는 어디까지나 하나의 사례이며, 비즈니스이벤트의 목적과 목표에 따라 다양한 주안점을 반영해야 한다.

많은 주최자들은 운영팀의 구성에 있어 PCO의 전문성을 확보하여 행사 운영 기획 및 사후 관리에 많은 지원을 받고 있다. 이러한 경우에는 주최자와 PCO와의 명확한 업무 분장이 필요하다. PCO를 선정하는 절차상에 있어 제안요청서(RFP)에는 행사 개요, 예산, 역할 분담 등에 관한 과업지시서가 포함되는데, 이에 대해 주최 측은 명확하고 세부적인 기준을 최대한 담아야 한다. 주최자는 정책적 결정이 신속히 필요한 주요 사업들과 프로그램 아젠다 개발 및 토픽 선정, 총괄 예산 관리, 참가자 모집 및 주요 스폰서 유치를 통한 예산 확보 등의 업무들을 주로 담당하고, 이외에 세부 마케팅과 행사 운영 전반에 대해서는 PCO에 역할을 분장하는 경우가 많다. PCO 선정 과정은 수의 계약 범위 내가 아니면, 통상적으로 공개 입찰을 통해 진행하여 공정성을 기한다.

운영팀 혹은 사무국에 못지않게 중요한 것이 조직위원회 혹은 운영위원회 등을 조직적으로 구성하여 운영하는 것이다. 반드시 조직위원회를 구성해야 하는 것은 아니며, 보다 낮은 단계로 운영위원회 혹은 집행위원회 등으로 구성할 수도 있다. 조직위원회(Organizing Committee)를 구성하게 되면 운영을 위한 별도의 정관을 마련하거나, 때로는 조직위원회를 법인 형태로 설립하기도 한다. 물론, 운영위원회나 집행위원회 형태로 비공식적으로 운영할 수도 있다. 이러한 위원회가 중요한 것은 경쟁 행사들과의 차별화를 위해서 각계각층 전문가의 노하우와 네트워크가 필요하기 때문이다.

통상적으로 조직위원장이나 운영위원장은 상징적이면서도 의사 결정권과 관련 분야에 영향력이 있는 저명한 인사로 하고, 당해 연도의 대회장 혹은 운영위원장은 실무 책임자급으로 별도로 위촉할 수 있다. 공식 조직위원회로 운영하거나 실무적이고 신속한 결정을 내릴 수 있는 운영위원회 위주로 운영할 것인가 등은 대회의 성격과 목적에 따라 유연하게 판단하여 결정한다. 비즈니스이벤트 개최의 초창기에는 공식적인 위원회 구성과 운영 관련 결정에 지나치게 많은 비중과 시간을 투자할 경우 프로그램 개발과 수입 증대 등의 핵심적인 목표를 달성하지 못할 우려가 있을 수도 있으므로 이를 감안해야 할 것이다. 아래는 조직위원회 구성 사례이다.

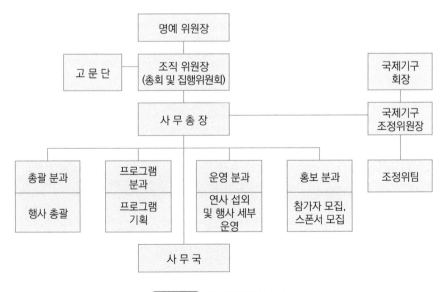

그림 4-3 **조직위원회 구성 사례**

[그림 4-3]은 대규모 국제회의를 국제기구 본부와 공동으로 기획하는 경우의 조직위원회 구성 사례이다. 국내 협단체나 단일 기관, 기업이 진행하는 경우는 국제기구 조정 팀은 필요 없을 수도 있다. 명예 위원장의 경우, 협단체의 전 회장이나 단체에 기여 한 분들을 위촉하여 구성할 수 있다. 고문단 혹은 자문단을 두어 조직위원회를 지원하는 시스템으로 구상하였다. 사무국의 업무를 실무적으로 총괄하는 사무총장이나 사무국장이 필요할 것이며, 이를 회의 기획가 PM이 맡는 경우도 있을 수 있다.

마. 개최 장소와 개최 시기 정하기(Venue and Date)

개최 장소를 선정하는 것은 비즈니스이벤트의 개최 목적과 목표, 행사 규모, 국내외 참가자의 편의 등을 고려하여 선정한다. 가령 행사 개최 목적이 교육이나 훈련에 집중되어 있다면 주변의 편의시설보다는 교육 시설과 장비가 잘 갖추어진 전문 교육 시설을 먼저 검토할 수 있고, 비즈니스 성과 창출이 최종 목표라면 전시 공간이나 수출 상담장, 국내외 바이어의 이동 편의를 우선 고려하여 장소를 선정해야 할 것이다.

의료 관련 행사라면 상징적인 병원이나 대학교를 활용하는 등 주제에 따라 의미 있는 곳을 고려할 수 있을 것이다. 행사의 규모나 참가자들의 선호도에 따라 호텔에서 원루프로 진행하는 것을 선호할 수도 있고, 대규모 참가자와 전시회를 수용하기 위한 전문 컨벤션센터를 활용할 수밖에 없는 경우도 있을 것이며, 학생 참가자가 많은 경우는 대학교의 회의시설과 캠퍼스를 활용하여 자유로운 분위기를 연출할 수도 있다. 국내외 참가자들의 선호도를 조사하여 반영하는 것도 좋은 방법이 될 수 있다. 가족들과 함께 참가를 유도하는 여행 성격을 가미할 수 있다면 리조트의 시설 활용을 요청하는 참가자가 많을 것이다. 참가자 입장에서는 행사 장소 인근의 호텔 숙박비가 과도하게 책정될 경우, 참가하는 국가에 따라 참가 여부에까지 영향을 줄 수 있어 가급적 다양한 가격대의 호텔이 제안되면 좋을 것이다. 또한, 공항으로부터의 접근성이 용이하지 않아 참가자들에게 불만족 요소가 우려된다면 이 또한 참가 만족도에 영향을 줄 수 있으므로 셔틀버스 운영 등을 고려해야 한다.

개최 장소의 유형별로 성수기가 다르다. 1, 2월의 경우 미국과 캐나다는 기업 세일즈 행사들이 줄지어 개최를 준비하고 있어 호텔의 경우 개최 장소로 확보하는 데 어려움을 겪을 수 있다. 우리나라는 10, 11월이 가을이라는 쾌적한 기후와 회계 마감이 통상 12월임을 고려했을 때, 많은 주최자들이 적절한 정산 시기를 확보할 수 있고, 참가자의 만족도를 충족하기에 유리한 시기이기도 하여 행사장 확보가 쉽지 않다. 전 세계적으로 호텔의 경우는 12월에 각종 연말, 연회 행사들이 집중되어 예약하기가 쉽지 않으며, 주말에는 각종 예식과 연회 행사들이 개최되기에 예약은 물론, 가격 협상에서 불리한 경우도 많다. 대학교의 경우는 통상적으로 자체 대학의 행사들을 우선적으로 배정하는 경향이 있어, 수년 후의 국제회의를 예약하려면 대학 내부 절차를 밟아야 할 수도 있으며, 방학 중에는 행사장 운영 인력 지원 여부도 살펴보아야 한다.

인기 있는 행사 장소는 수년 전에도 예약하기 쉽지 않은 경우가 많다. 행사 시설의 담당자와 최대한 조속히 접촉하여 원하는 시기에 예약이 가능한지 여부부터 파악하고, 가예약을 진행한다. 이때 시설마다 차이가 나겠지만, 계약금과 납부 시기 등 계약 절차와 예약 취소 정책을 정확히 파악해 두어야 후에 곤란한 상황을 피할 수 있다. 몇 군데의 후보 장소가 선정되면 조직위원회 등의 내부 선정 절차를 따라야 할 것이다.

기타 행사장 내의 화장실, 식당, 체육시설 등의 편의시설은 물론, 행사장 인근의 쾌적한 환경과 시설 등도 고려 대상이다. 화재 예방 시설, 응급 상황에 대한 대처 등도 참가자들의 안전을 위해 살펴봐야 한다. 행사의 예산을 고려하지 않을 수 없을 것인데, 이러한 협상에 있어서는 솔직한 협상이 필요할 수 있다. 약 50%의 회의 기획가들은 공식적인 행사장 임차료를 할인받는 것으로 조사되고 있다. 여기에 무료 와이파이, A/V시설, 주차비 등에서도 혜택을 받을 수 있도록 협상해야 할 것이다.

개최 시기 결정에 있어서는 위와 같은 행사장 확보의 문제도 중요하지만 더욱 중요한 고려 요소는 관련 분야의 유사 혹은 경쟁 행사들과의 개최 시기를 점검해야 한다는 것이다. 국내는 물론, 세계적으로 유사 분야의 대표적인 행사가 비슷한 시기에 개최된다면 참가자 확보에 매우 불리해질 수 있다. 예를 들어, 미용·성형분야의 대표적인 국제행사는 1월 말이나 2월 초 파리에서 개최되는 IMCAS, 4월 모나코에서 개최되는 AMWC 등이 있다. 이외에도 10월과 11월에 집중된 피부과, 성형외과 학회 행사들과 같은 시기에 개최된다면 신규로 기획·개발한 아태안티에이징컨퍼런스의 참가자 모집에는 타격이 있을 수 있다.

완벽한 개최 시기를 정하기 쉽지 않은 경우, 피해를 최소화할 수 있는 차선의 시기를 점검하여 확정할 필요가 있으며, 이러한 정보는 운영위원회 등을 통해 전문가들의 정보를 파악하고, 웹 검색 등으로 조사할 수 있다. 행사의 기획·개발은 중장기적인 관점에서 봐야 하므로 시기를 매년 변경하는 것은 바람직하지 않다. 연초에 참가자들이 자신의 캘린더에 미리 표시할 수 있을 정도로 일관성 있는 개최 시기가 정해져 있다면 중·장기적으로 참가자 모집에 유리하다.

바. 마케팅과 프로모션

미국마케팅협회(American Marketing Association)에 따르면, 마케팅이란 "고객에게 가치를 창출하여 소통하고 전달함으로써 단체나 관련 이해관계자에게 혜택이 되도록 고객 관계를 구축해 가는 일련의 조직적 기능과 과정"이라고 정의한다. 비즈니스이벤트에 있어서 고객은 수요자인 참가자로 볼 수 있을 것이고, 이들에게 제품, 즉, 비즈니스이벤트를 공급하는 것은 주최자와 개최지인 셈이다. 따라서, 비즈니스이벤트에 있어서 마케팅은 고객인 참가자들에게 행사의 참가 가치를 창출하고, 이를 홍보 및 전달하고 참가를 유도함으로써 주최자와 개최지에 혜택이 되도록 관계를 구축해 가는 기능과 과정이다. 좀 더 간단히 얘기하자면, 참가비에 걸맞은 참가 혜택을 홍보하여 많은 참가자들이 만족스럽게 참가하도록 유도하는 과정인 것이다.

제품(Product)은 비즈니스이벤트 행사 자체일 것이며, 가격(Price)은 참가자 입장에서는 등록비, 스폰서 기업 입장에서는 책정된 전시 참가비, 광고비 등이다. 또한, 참가자나 스폰서 등이 행사에 참가하기 위해 필요한 항공, 숙박, 식사 등에 소요되는 비용도 가격의 범주에 포함될 수 있다. 장소(Place)는 행사의 정보들을 구하고, 접근할 수 있는 행사 홈페이지, SNS와 같은 온라인상의 공간이나 대회 홍보를 위해 부스 등을 설치하여 행사를 홍보하는 오프라인상의 공간 등을 의미한다. 마지막으로 프로모션 (Promotion)은 개최 목적과 참가 혜택 등에 대한 커뮤니케이션 과정이라고 생각하면 된다.

주최자와 개최지들이 마케팅을 소중히 다루어야 하는 이유는 참가자와 스폰서들에게 선택권이 있기 때문이다. 참가자들은 특정 행사에 참가할지 말지, 혹은 유사한 행사에 참가할지를 선택할 수 있다. 참가 기업들의 입장에서도 연간 기업의 마케팅을 기획함에 있어 타 전시회나 컨퍼런스에 참가할지를 여러 요소를 감안하여 고르기 마련이다. 따라서, 위의 4Ps를 활용한 통합적 마케팅을 통해 참가 규모와 행사 수입으로 직결되고, 결국은 비즈니스이벤트의 성패를 좌우한다고 해도 과언이 아니다. 물론, 제품, 즉, 행사 자체의 콘텐츠가 타 행사들과 차별화되어 있고, 참가 혜택이 타 행사들에 비해 탁월하다면 참가 결정에 있어 유리한 위치를 차지할 것이다. 하지만 그렇더라도 전략적 마케팅 부재로 인해 참가 대상자 혹은 기업들이 행사의 정보 자체를 습득하는 데 어려움을 겪는다면 소용없을 것이다. 특히, 신규로 개발 혹은 설립한 초기 행사의 경우는 기존의 행사들에 비해 진입 장벽이 높을 수밖에 없고, 참가 혜택에 대한 정확하고 세부적인 정보 전달을 위한 마케팅 노력이 성장기의 행사들보다 더욱 중요할 것이다.

통합적이고 전략적인 마케팅은 프로그램, 가격 등을 포함한 비즈니스이벤트 콘텐츠 개발 과정과 밀접한 관련이 있어 먼저 살펴보았으며, 참가 기업들에 대한 스폰서십은 별도로 세부적으로 설명할 것이다. 여기서는 주로 행사의 프로모션 측면에 집중하고자 한다. 어떤 홍보 콘텐츠를 엮어내고, 어떠한 잠재 참가자를 타깃으로 하여 어떠한 효율적인 매체를 활용하여 알리고, 설득할 것인가에 관한 문제이다.

이를 위해서 우선은 기본적인 시장조사가 필요하다. 잠재 참가자들은 누구인가, 이들은 주로 어떤 매체를 활용하여 정보를 습득하는가, 이들은 오프라인에서 어디에서 모이는가, 이들에게 참가 혜택을 제안할 경우 어떤 라이프 스타일을 고려할 것인가, 국내외에 경쟁해야 할 행사들은 무엇이고 어떠한 장단점이 있는가 등 주로 시장 상황(marketplace), 대상 타깃 참가자(target audience) 및 경쟁 상황(competition)에 대한 것들이다. 조사 방법으로는 설문, 인터넷 검색, 전문가 자문, 표본 조사 등의 여러 방법을 고려할 수 있겠다. 이때 세대별 라이프 스타일을 고려해야 할 경우도 있을 것이다. 예를 들어, 베이비부머 세대들은 보다 깊이 있는 통찰력을 얻을 수 있는 프로그램을 원할 것이므로 이에 대한 메시지를 담아야 하고, 이들이 주로 활용하는 매체도 MZ세대와는 확연히 다를 것이다.

참가 결정을 내리도록 유도하기 위해서는 잠재 참가자들의 수요에 따라 마케팅 콘텐츠를 세분화할 필요가 있을 것이다. 교육의 가치를 가장 우선적으로 생각하는 참가자들에게는 프로그램의 소개 시에 토픽과 연자만으로 구성하기보다는 더욱 세부적인 교육 내용을 요약하고, 연자 또한 어떠한 분야의 전문가인지 세부 프로필을 제시해 줄 필요가 있을 것이다. 교육 못지않게 네트워킹에 관심이 있는 참가자들에게는 교육 콘텐츠 외에 사교 행사 개최 계획과 연자 및 주요 참가자들에 대한 정보가 도움이 될 것이다. 단, 참가자들의 수요에 맞게 세분화를 하는 경우에도 행사의 메인 주제와 목표 등에 부합하는 일관성을 유지해야 한다.

정보의 과잉 공급 시대에 살고 있는 우리로서는 회의 공급자의 일방적인 정보 전달만으로는 대회에 대한 정확한 정보를 인식시키는 데 한계가 있다. 우선은 모든 메시지들이 디자인적인 측면이나 내용 면에서 시선을 끌어야 할 것이며, 생각을 자극할 수 있도록 구성해야 할 것이다. 뉴스레터를 보내더라도 정보의 나열에 그치기보다는 아이디어를 제안할 수 있도록 시스템을 설계하거나 홈페이지 등에도 의견을 남기도록 한 후 소정의 상품을 전달하는 등 상호작용 방식(interaction)을 반영한다면 잠재 참가자들의 참여도를 높일 수 있다.

차별화된 메시지 개발도 중요하다. 최근에는 웹 컨퍼런스, 온라인 연수 프로그램, 사립 아카데미, 기업 자체 교육, 대학교 강의, 학·협회의 교육 프로그램 등 비즈니스 이벤트의 교육 과정이나 컨퍼런스와 중복될 수 있는 여러 경쟁 과정들이 존재한다. 이들과의 차별성이 무엇인지 명확하게 제안할 수 없다면 참가 결정 과정에 긍정적인 영향을 미치기 어렵다. 차별화된 메시지는 이러한 경쟁자들에 대한 정보 파악에서 시작할 것이다. 이를 통해 관련 기관이나 기업에 상호 협력을 제안할 수도 있을 것이다. 신규 참가자들과 시장을 조사하여 틈새시장을 개발하는 것도 차별화된 메시지 개발이 될 수 있으며, 기존 참가자들에게 재참가 혜택을 개발하여 제안하는 것도 차별화된 메시지가 될 수 있겠다.

이와 같이 시장 조사, 참가자 수요 조사 및 이에 따른 세분화와 차별화 전략들을 담아 마케팅 계획 초안을 작성하여야 한다. 마케팅 계획에는 세부 전략과 전술, 마케팅 수단, 예산 및 일정이 포함되어야 한다. 마케팅 수단에는 DM(direct mail), PR(press relations), 웹 사이트, SNS, 홍보 및 광고 등 온오프라인으로 여러 종류가 있다. 타깃 참가자에 맞추어 통합적인 옴니 채널 마케팅을 기획할 필요가 있다. 마케팅 예산은 총괄적인 대회 예산 기획 과정에서 이미 활용할 수 있는 예산이 정해져 있을 수도 있지만, 각 마케팅 수단들을 적절히 활용하여 참가 기업이나 기관의 광고 등을 통해 추가적인 수입을 올려 예산을 확대할 수도 있다. 또한, 마케팅 채널별로 명확한 참가자 모집 목표를 정해두고 이에 따른 성과를 분석해 가는 것도 중요한데, 해를 거듭할수록 데이터들이 축적되면서 채널별 마케팅 효율성을 분석할 수 있다. 최근에는 온라인 미팅 기술이 급격히 발전하였고, 이에 대한 거부감도 낮아져 연중 프로모션을 간편히 진행할 수 있는 적절한 기반이 조성되었다고 본다. 예를 들어, 참가자 모집 대상 국가별로 현지의 주요 인사들이나 참가자들을 하나의 온라인 커뮤니티에 집결하고, 주요 연사들이 사전 온라인 세미나나 워크숍을 연중 저비용으로 개최함으로써 본 대회의 오프라인 참가 기대 가치를 증대하는 방법이 가능하게 되었다.

사. 스폰서십과 전략적 제휴

스폰서십(sponsorships)이란 옥스퍼드 사전에 의하면, '개인, 기관 혹은 사업 활동을 특히, 재정적으로 지원(the act of supporting a person, organization or activity, especially financially)'하는 것을 말한다. 이에 반해, 전략적 제휴(strategic partners)는 주최자가 타 개인이

나 단체와의 상호 필요성에 의하여 협력할 수 있는 긴밀한 관계를 구축함으로써 윈윈 전략을 연중 추구하는 것이다. 비즈니스이벤트 개최에 있어서 이 두 가지 방식은 행사 수입 확대, 참가자 증대를 위한 핵심 전략이다.

스폰서십과 전략적 제휴를 위해서는 회의의 공급자가 제공할 수 있는 가치나 혜택 등 자산의 정의(asset identification) 및 나열, 이들의 개별적 혹은 통합적 평가(asset valuation)를 통해 사전에 잠재 스폰서 및 파트너사와의 협의를 거친 후에 제안해야 한다. 제안 시에는 이러한 혜택들을 수요에 맞추어 패키지화(packaging customized)하는 경우가 많다. 내부적으로도 이러한 과정을 공유하고, 일단 스폰서와 파트너들로 지정된다면 연중 실행, 평가와 개선안 반영의 과정이 필요하다.

이러한 과정에서 중요한 것은 공급자, 그중 주최자로서 제안할 수 있는 비즈니스이벤트의 자산(asset)[21]에 대해 객관적으로 평가하고, 가치를 높일 수 있는 혜택을 연중 개발하면서 스폰서와 파트너들의 참여 결정에 신뢰를 주어야 한다는 것이다. 당해 한 차례의 행사로 만족하고 싶은 주최자나 파트너는 없을 것이다. 지속적인 관계와 신뢰를 구축하고자 한다면, 과도하게 평가된 스폰서 패키지나 지원하기 어려운 사업들을 포함한 업무 협약 등은 금물이다. 비즈니스이벤트의 유형적 자산에는 눈에 보이는 결과물들, 즉, 유명 연사진, 참가 규모, 홍보 제작물 등이 있을 것이고, 그간 구축해 온 대회 자체의 브랜드, 로고, 주최자의 명성 등과 같은 눈에 보이지 않는 무형적 가치들도 있다. 특정 분야에서 가장 대표적인 대회로 명성이 높은 비즈니스이벤트에는 참가하는 것 자체가 스폰서와 파트너의 신뢰도와 명성에 도움이 될 수 있다.

만약 의료 기술 관련 컨퍼런스를 기획하고 있다면, 컨퍼런스의 유명 강사진들이나 참가 규모를 대표적인 행사 자산으로 부각하여 기업들의 스폰서를 받을 수 있다. 또한, 해외 의사들의 연수 프로그램을 강사진들과 개발하여 연중 참가 기업과 제품의 해외 진출을 지원함으로써 스폰서십 가치를 증대할 수 있다. 최근에는 온라인 세미나

---

21 자산(asset)은 비즈니스이벤트가 가진 가치를 일컫는데, 비즈니스이벤트의 제품, 서비스 혹은 아이디어를 말한다. 만약, 행사의 연사진이 100명이라면, 이들은 제품 자체의 가치가 될 것이고, 이들이 행사에 참가하면서 제공할 수 있는 제품 구매력 등은 서비스 가치에 해당할 것이다.

를 저렴하게 진행할 수 있으므로 이러한 수단을 활용하여 본 대회 이전에 세미나를 개최하고, PPL(products in placement, 간접광고)을 통해 스폰서들을 홍보할 수도 있다. 이러한 과정에서 주최자와 스폰서 혹은 파트너사는 상호 간의 수요를 공유하고, 상호 원원할 수 있도록 연중 협의를 진행할 수 있다. 이렇게 쌓인 신뢰도는 당해에 목표를 달성하지 못하더라도 이듬해 등 지속가능한 관계로 발전할 수 있는 밑거름이 된다. 또 다른 예로, ICCA나 PCMA와 같은 마이스 업계의 저명한 협단체가 주관하는 컨퍼런스에 스폰서로 참가할 경우, 자연스럽게 전 세계 호텔들이나 CVB, 미팅 플래너, 서비스 공급 업체 등에게 홍보효과를 가져올 수 있으므로 이들은 높은 자산을 가졌다고 볼 수 있다.

스폰서십은 패키지 형태로 제안할 수 있는데, 플래티넘, 골드, 실버 등 직관적인 등급명으로 제안하거나 전략적 파트너들은 프리미엄 파트너, 메인 파트너, 행사 파트너 등으로 차별화할 수 있다. 이러한 등급이 중요한 것은 후원하는 금액에 따라 제공하는 가치를 차별화해야만 참가자들과 스폰서들 사이에서도 차별화된 가치에 대한 인식이 공유되고, 향후 스폰서들의 연중 협력사업에 주최자들도 이에 부합하는 노력이 따르게 될 것이다.

스폰서와 파트너사들의 후원 금액을 결정함에 있어서는 이들에게 제공할 수 있는 구체적인 혜택들을 나열해 보고, 각각의 혜택들에 대한 가치를 환산해 본다. 스폰서들이나 파트너들도 내부 보고 절차가 필요하므로 스폰서 지출 비용에 대한 명분과 논리가 필요할 것이며, 패키지 상품을 제안할 경우 개별적인 후원 항목에 대한 할인 혜택이나 성과 창출을 위한 시너지 효과에 대비하여 이해할 수 있기 때문이다.

또한, 스폰서십 가격 결정에 있어서 유사 행사들의 책정 가격과 가치를 비교하여 제안할 수 있다면 더 설득력을 가질 수 있다. 다른 행사에서는 제공하기 힘든 차별화되거나 독특한 혜택을 제공할 수 있다면 스폰서십 모집에 유리하다. 이를 위해서는 연중 새로운 서비스를 개발할 수 있도록 스폰서와 파트너들과의 전략 구상이 필요하다. 때로는 후원금을 현금으로 받지 않고, 협찬(in-kind) 형태로 참여할 수도 있을 것이다.

커피 브레이크나 오찬을 협찬하면서 기업이나 제품을 홍보하거나 기업의 대표나 임원이 강의 등의 형태로 제품을 홍보할 수 있도록 제안하고, 임차료 등을 지원하는 경우가 그러한 사례이다.

스폰서십과 전략적 제휴의 핵심은 주최자와의 연중 회의를 통해 주최자와 후원사및 파트너사들 간의 수요와 목표 달성에 어떻게 기여할는지를 협의하고, 실행하며, 평가하는 것이다. 주최자 내부적으로도 스폰서들의 중요성과 이들이 얻고자 하는 목표들이 공유되어 일관적인 지원 정책이 제시되어야 한다. 사후 개선안을 반영하고 후속조치를 통해 계약을 연장하거나 다년간의 계약을 체결하는 등 상호 간의 노력이 해를거듭하며 지속되어야만 스폰서와 전략적 제휴 파트너들과의 관계가 중장기적으로 운영될 것이다.

아. 레거시 창출 기획 및 사후 관리

앞서 비즈니스이벤트 개최를 통한 레거시 창출의 중요성에 대해서는 이미 언급을하였다. 비즈니스이벤트는 단기적이고 직접적인 결과물(outcomes)의 창출을 넘어 최종적인 목적은 주최자와 개최지의 중장기적인 혜택, 즉, 레거시를 창출하는 것이다. 레거시 창출을 위해서는 사전에 철저한 기획과 실행, 측정 및 성과 관리가 이루어져야한다.

레거시의 창출을 위한 기획 단계는 최초 단계인 전략적 기획과 구상 단계부터 고민해야 한다. 즉, 비즈니스이벤트의 개최 목적과 목표, 예산 수립 시에 이미 반영되어야 한다. 하지만 필자가 지금까지 20여 년간을 근무하면서 경험한 바로는 레거시 창출까지 반영하여 선제적이고 체계적으로 준비하는 행사는 드물며, 간혹 레거시 창출과관리를 위한 계획을 포함하더라도 실질적으로 이에 대한 성과 측정과 관리를 통한 체계적인 접근은 거의 없는 듯하다. 이는 얼마만큼이나 레거시 창출과 관리가 어려운지를 반증하는 사례일 수도 있다. 사실, 행사가 끝나면 모두들 서로를 격려하고, 헤어졌다가 수개월 후에나 차기 대회를 위해 다시 모이거나, 이때도 담당자가 바뀌어 연속성이 끊어지는 경우도 많은 것이 현실이다.

앞서 살펴보았던 ESTRO의 사례가 중요한 것은 행사 개최 수년 전부터 주최자와 개최지 간, 상호 간 긴밀한 협업을 통해 뚜렷한 목표를 서로 공유하고, 이를 위한 전략적인 실행 체계를 구축하는 데 추가적인 노력과 기획을 투입한다는 것이다. 즉, '전략적 회의 레거시 기획(Strategic Meeting Legacy Planning)'이 필수적인 과정이다. 코펜하겐 컨벤션뷰로는 레거시 연구 및 실행 분야의 선두 주자로 전문 기구인 '레거시 랩(Legacy Lab)'을 창립하고, 레거시 창출을 위한 '툴 킷(Tool Kit)'을 개발하여 적용하고 있다. 이는 주최자와 개최지와의 지속적인 워크숍을 통해 목표 설정, 가용 자원 분석, 달성 가능한 전략 수립 등을 구체적으로 협의하기 위한 일종의 매뉴얼이자 실행 시스템이다.

코펜하겐 컨벤션뷰로 홈페이지에 공개되어 있는 아래 포스터와 템플릿 등의 자료들을 통해 비즈니스이벤트 레거시 창출의 방법과 절차를 생각해 보고, 향후 시스템을 정립해 볼 수 있다.

자료: www.wonderfulcopenhagen.com/convention-bureau

그림 4-4 레거시 툴 킷 사례(창출 대상 레거시)(1)

위 레거시 툴 킷 포스터를 살펴보면, ① 주최자와 개최지가 원하는 목적(purpose)과 의도(ambition), ② 보다 폭넓은 사회적 기회(wider societal opportunities), ③ 행사의 자원(event resources), ④ 주최자와 개최지 각각의 달성 가능한 레거시의 잠재 유형(legacy potentials) 등의 분야를 미리 고민할 수 있도록 안내되어 있다.

우선 목적과 의도라고 하면, 주최자와 개최지가 동 행사의 개최를 통해 달성하고자 하는 궁극적인 목표인데, 향후 5~10년까지를 내다보면 더욱 창출 가능성이 높아질 것이다.

두 번째 사회적 기회라는 것은 행사가 다루고자 하는 보다 폭넓은 의미의 사회적 기여 가능 분야를 고민하면서 지역과 국제 사회에 기여할 수 있는 방안을 고민해 보자는 것이다. 예를 들어, 의료 분야 컨퍼런스라면 이를 통해 지역민과 나아가 국제적인 건강 증진과 같은 사회적 기여를 위해 주최자와 개최지가 협력할 수 있는 사업들을 고민해 볼 수 있다.

세 번째로 행사의 자원이라 함은 행사의 개최 목적과 포부를 달성하기 위하여 활용할 수 있는 자원들을 정의해 보는 것이다. 이러한 자원들은 저명 연자들과 참가자들의 영향력이 될 수도 있고, 행사와 주최자에 대한 미디어의 관심일 수도 있으며, 스폰서로 참가하는 기업들이 가진 네트워크일 수도 있다.

마지막으로 제시된 레거시의 잠재유형이란 동 행사 개최를 통해 주최자와 개최지가 목표로 삼을 수 있는 레거시의 유형을 협의하여 목표로 설정하는 과정을 의미한다.

행사의 주제와 성격별로 창출하고자 하는 레거시를 3가지 정도로 축소하고 이 중에서도 가장 우선적인 레거시를 선택과 집중을 통해 정하는 과정에서 유한한 자원에 집중하고자 하는 주최자와 개최지 간의 의지를 효과적으로 담을 수 있을 것이다.

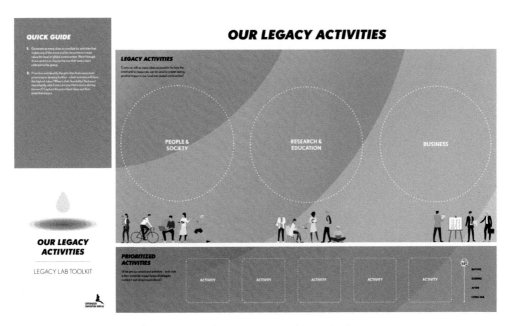

자료: www.wonderfulcopenhagen.com/convention-bureau

그림 4-5 레거시 툴 킷 사례(창출 대상 레거시)(2)

이후에는 여러 가지 창출 대상 레거시에 대한 아이디어를 특정 분야의 사람들과 사회, 연구 및 교육, 그리고 비즈니스 등의 3가지 분야로 구분하여 분야별 각 레거시를 협의하거나 한 분야에 집중할 수 있는 레거시를 정의해 본다. 이후에 참가자 수나 직접적 지출 효과를 넘어 이러한 레거시 창출을 위해 우선적으로 취할 수 있는 전략이나 사업들을 사전, 행사 중, 사후 및 중장기적으로 정의하는 과정을 거친다.

물론, 이러한 레거시 창출을 위한 사전 기획, 실행 및 사후 관리 등의 방법과 절차들은 각 도시별로 활용 가능한 인적 자원과 예산 등에 따라 다양한 방법들이 있을 것이다. 하지만 공통적으로 비즈니스이벤트 레거시 창출 및 관리를 위해서는 연중 발굴된 사업을 실행하고, 행사 중에 자원들을 연결하여 성과 창출에 대한 가능성을 높이고, 사후 조사와 관리를 통해 레거시의 창출에 기여할 수 있는 전담 인력과 시스템이 갖추어져야만 실행가능하고 지속가능한 사업들이 될 수 있을 것이다. 이를 덴마크 코펜하겐에서는 간파한 것이다.

자료: www.wonderfulcopenhagen.com/convention-bureau

그림 4-6　레거시 툴 킷 사례(연구 프로젝트)

만약, 개최되는 행사의 목표 중 하나로 '연구 프로젝트 발굴'과 지역 유관 기관의 참여로 규정할 수 있다면 위와 같이 레거시의 유형을 정하고, 이를 위한 구체적인 활동들과 사업들을 정해볼 수 있을 것이다.

자료: www.wonderfulcopenhagen.com/convention-bureau

그림 4-7　레거시 툴 킷 사례(스타트업 연계)

앞서 살펴보았던 2016 SIBOS Conference(The Swift International Banking Operations Seminar)에서는 스위스 전국의 12개 벤처 기업이 연중 예선 대회를 거쳐 SIBOS 본 대회에서 피칭대회를 개최한 사례와 같이 행사 개최 시에 창업 행사를 연계할 수도 있겠다. 물론, 이후 벤처기업에 대한 투자가 이루어졌다면 훌륭한 레거시가 될 것이다.

자료: www.wonderfulcopenhagen.com/convention-bureau

그림 4-8 　레거시 툴 킷 사례(산업 시찰)

레거시 창출을 위한 가장 간단하면서도 효과적인 방법으로는 지역의 유관 기관이나 기업, 클러스터를 사전에 방문하여 협의하고, 행사 중에도 방문을 전략적으로 기획하여 향후 여러 가지 레거시 창출 사업들이 발굴될 수 있도록 밀착 지원하는 방법도 있다. 이와 같이 몇 가지 사례만을 얘기했지만, 여러 다양한 방법과 절차를 주최자와 개최지가 상호 협의하여 행사 전, 중, 후에 시행하고 관리할 수 있을 것이다.

이러한 레거시의 창출을 비즈니스이벤트 개최의 궁극적인 종착지이자 목적으로 생각하다 보면, 비즈니스이벤트 기획을 통한 지역 개발 이벤트(Origin Events)의 창출이 얼마나 중요한지 재조명할 수도 있다. 이들은 대륙별로 순회하는 국제회의 유치와는 달리 매년 혹은 정기적으로 한 지역에서 개최하므로 운영 노하우와 글로벌 네트워크가 주최자와 개최지에 지속적으로 축적된다. 이러한 경험과 네트워크가 지역의 강점이 있는 분야와 결합하여 레거시 창출에 시너지 효과를 가져올 수 있기 때문이다.

또한, 레거시 창출 극대화를 위한 또 하나의 중요한 사업은 협단체 혹은 주최자 육성 사업이다. 레거시 창출을 위해서는 연중 비즈니스 서비스를 제공하는 것이 중요한데, 이러한 역할을 협단체 혹은 주최자가 담당한다면 레거시 창출에 보다 유리할 것이다. 이러한 구심점을 지역의 컨벤션뷰로나 하나의 산별 경제기구에서 연중 밀착 지원하기에는 벅차다. 이러한 협단체 지원 사업에는 지역의 PCO가 AMC(협단체 운영 회

사) 역할로 참가하여 MICE산업의 역량강화 및 신규 MICE 창출에 기존의 역량을 쏟아부을 수 있어 MICE산업의 확대에도 좋은 모델이 될 것이다.

자. 현장 운영

행사의 현장 운영과 직결되는 실행계획서는 최소한 행사 개최 1개월 전에는 마무리되면 좋다. 실행계획서에는 대회의 목적과 목표, 기간, 장소, 주최, 주관, 전체 참가 규모를 포함한 확정적인 행사 개요는 물론, 전체 행사의 일별, 시간별 운영 프로그램도 포함되어야 한다. 컨퍼런스, 전시회 등의 본 행사들과 개·폐회식, 웰컴 리셉션, 환영 만찬, 커피 브레이크 등의 사교 행사와 관광 등 부대 행사들과 이들의 세부 행사별 프로그램이 제시된다. 세부 행사별로 일시, 장소, 참가 규모와 대상자들이 정의되어야 하고, 나아가 행사장 배치도, 장소별 장비 및 비품 배치, 인력 배치까지 구체적으로 기술되어야 할 것이다. 여기에 주최자를 포함한 운영팀의 업무 분장, 업무별 비상연락망, 건별 세부 예산까지 총망라되어야 한다. 현장 운영 종합 매뉴얼인 셈이다.

행사 현장 운영에 대한 고민을 하기에 앞서 중요하게 생각해야 하는 부분은 행사를 어떠한 형태로 운영할 것인가 하는 부분이다. 코로나19 이전에는 대다수의 행사들이 오프라인으로만 진행되었고 소수의 행사들이 온라인 혹은 하이브리드 형태로 진행되었다. 그러나 코로나19의 발발로 대다수의 행사가 비대면 행사로 전환되는 경험을 하게 되었고, 그 경험을 통해 시공간 제약의 완화와 같은 장점을 알게 되었다. 그 결과, 코로나19가 잠잠해진 이후에도 일부 행사는 온라인으로 진행되거나 하이브리드로 진행되는 경우도 지속되고 있다.

하지만 '22년 5월, 대구에서 개최된 대형 행사인 세계가스총회의 경우는 현장 운영은 100% 오프라인 형태로만 참가를 제한했다. 여러 가지 고려사항들이 있었겠지만, 온라인 참가의 길을 열어두는 것이 오프라인 참가자를 축소하게 되는 결과로 이어질 것을 예상하고, 대형 행사인 만큼 온라인 운영 시에 발생하는 추가 예산들을 감당하기가 쉽지 않았던 것이다. 세계가스총회는 3년에 한번씩 개최되는 에너지 분야 3대 올림픽 중에 하나이다. 컨퍼런스 등록비가 수백만 원이며, 한 부스가 500만 원을 상회하는 고급 행사이며, 전시회만 3만 제곱미터가 필요한 비즈니스이벤트이기 때문에 온라인 참가에 대한 길을 열어둘 경우, 행사의 현장가치가 폭락할 수도 있음을 감안했어야 했다.

또한, '23년 이후, 우리나라도 사회적 거리두기가 해제되었으며, 생각보다 매우 빠르게 많은 국제회의들이 100% 오프라인 형태로 회귀하고 있다. 지난 수년간 오프라인 대면 면담에 목말라 했던 개인과 제대로 된 회원 서비스를 원했던 협단체의 욕구가 강하게 분출되는 상황이다. 이에 따라 미팅 테크놀로지는 연중 홍보, 지식 확산 등의 특정 목적의 달성을 위해 제한적이지만, 전략적으로 탈바꿈하여 적용되고 있다.

기타 현장 운영을 위해 준비해야 할 서류들과 자료들에는 어떠한 세부 내용들이 포함되어야 하는지 PCMA가 발간한 "Professtional Meeting Management(6th Edition)"의 표 14.2 핵심 현장 운영 서류와 자료들을 소개하고자 한다. PCMA는 행사 개요(Events Resume)와 세부 내용 가이드(ESG, Events Specifications Guide)가 행사 현장 운영에 필요한 지침을 종합적으로 제시할 수 있는 대표적인 두 가지 자료로 소개하면서 아래와 같이 정리하였다. 이들을 살펴보면 현장 운영에 대한 세부적인 이해가 가능할 것이다.

| 표 4-14 | 핵심 현장 운영 준비 서류

행사 개요(Events Resume)	세부 행사 가이드(ESG)
• 회의 개요(행사명, 기간 등) • 참가자 및 참가 기업 내역 • 주요 연락처 • 거래 방침 • 전체 행사장 조성 고려 요소 • 추진 방향 • 고객 서비스 관리(CSR) 정책 및 방향 • 교통 및 수송 • 배송 • 숙박 • 전시 요소	• 분야별 실행계획서 • 연회 행사 지침(Banquet Events Orders) • 오디오·음향 설치 지침 • 통신 관련 지침 • 회의장 배치 • 행사장 안내물 리스트 및 배치 • 가구 및 비품 배치 • 부대시설(전기, 가스, 수도 등) 요청서 • 장애인 법 준수 사항

배치 인력 대상 지침	커뮤니케이션 네트워크
• 연락처 정보 • 담당 업무 • 세부 과업 • FAQs(예상 질문과 답변) • 오리엔테이션 • 행사장 배치 지도 • 출발·도착 기간, 일시, 항공 일정	• 무선 통신 혹은 핸드폰 정보 • 무전기 • 채널 공유 및 채널별 기능 • 네트워크 관련 담당자 • 행사 장소 취소·변동, 비상 상황 대책 연락망
프로그램 일정표	**안전·보안·응급 처치**
• 연자 리스트(여행 일정표) • 연락처 • 특별 요구 사항 • AV 장비 필요사항	• 의료 및 응급 상황 대응 계획 • 개최 도시와 각 행사장별 응급부서 연락처 • 주요 담당자 연락처 (핸드폰, 이메일, 직장 및 자택 연락처) • 행사장 별 주요 배치물 리스트 • 안전 관리 스케줄 • 보안 장소 접근 가능 담당자 리스트 및 시간 • 분실물 보관처
행사장 조성 일정표	**공급 및 배송**
• 설치 및 철거 일정 및 시간 • 리허설 일정 • 설치 시기 (조명, AV, 무대, 장비, 등록대, 전시장 등)	• 배송 목록 • 입고 및 출고 물품과 배치 관련 리스트 • 사무 용품 및 장비 리스트
미팅 앱	**자원봉사자와 현장 인력 배치**
• 프로그램 일정(예: 최종 전자 프로그램북) • 행사 일별 일정표 • 행사장 배치도 • 푸쉬 홍보(예: 장소 취소 혹은 변경) • 전시업체 정보 • 캘린더 • 소셜 미디어 탑재 정보	• FAQs(예상 질문과 답변) • 교육 프로그램(안전 및 응급 처치 포함) • 오리엔테이션 • 관리자 정보 • 상위자 보고 방침 • 행사 일정 • 행사장 배치도 • 통역 기술 리스트
참가자 세부정보	**연락처**
• 참가자 세부 정보 리스트 (이름, 아이디, 연락처, 참가 세션 등) • 비상시 연락망(등록 양식 내 포함)	• 행사 관련 모든 계약처 • 전자 장비 연락처 • 각종 라이센스 및 승인 관련 부처

이러한 서류들을 준비하는 과정에서 현장 운영에 대한 구체적인 대비가 이루어질 것이다. 한 가지 더 소개할 것은 이렇게 마련된 자료들이 어느 장소에 적절히 배치되어야 하는가이다. 이 또한 PCMA와 동일한 책자의 14.3의 표 "회의 운영 자료 배치 장소"를 번역하여 소개한다.

| 표 4-15 | 현장 운영 관련 자료 배치 장소

본부 사무국	연자 준비실
• 행사 개요(Events Resume) • 세부 행사 가이드(Events Specifications Guide) • 연회 행사 지침(Banquet Events Orders) • 최종 행사 프로그램 • FAQs	• 최종 행사 프로그램 • 연자 관련 업무 담당자 연락처 • 연자 프레젠테이션 백업 자료 • 각종 유인물 • 평가 양식 혹은 앱 • 행사장 배치도 • 연자 가이드라인 • FAQs(특히, 연자 관련) • 기타 면담이 필요한 인력 및 자원봉사자
등록 데스크	**안내 데스크**
• 업무별 담당자 연락처 • 스탭과 자원봉사자 세부 담당 업무 • FAQs • 행사장 배치도 • 최종 행사 프로그램 • 각종 지역 정보 • 등록 배지 픽업 절차 • 현장 등록 방법 • 현금 찾기 및 활용 방법 • 외투 보관 방법	• 지역 정보 안내 브로슈어 및 지도 • 호텔 정보 • 교통 및 수송 정보 • 최종 행사 프로그램 • FAQs • 행사장 배치도
세션룸	**행사장 안내물(사이니지)**
• 최종 행사 프로그램 • 연자 프레젠테이션 백업 자료 • 연자 소개 자료 (연자들이 스스로 소개하지 않을 경우) • 각종 평가 자료 • 유인물 • AV 장비 담당자 연락처	• 행사장 안내물 리스트 • 안내물 배치 시간 및 장소, 배치 담당자 • 국제 공통 심벌 표시

성공적인 현장 운영을 위해서는 이와 같이 현장 운영 준비를 위한 세부 자료들을 갖추고 사전 회의와 교육을 통한 회의 공급자들 간의 긴밀한 커뮤니케이션이 필수적이다. 회의 기획가, 주최자, 개최지, 서비스 제공 기업 등 공급자들 간의 협의와 커뮤니케이션이 잘 이루어져야만 이를 통해 행사의 목표, 세부 지침 등이 현장 운영 인력과 자원봉사자들에게도 원활하게 전달되고, 개별 참가자들이 일선에서 만나는 이들의 서비스에서 노력과 정성을 고스란히 느낄 수 있을 것이기 때문이다. 나아가 매일 현장에서도 공급자들 간의 미팅이 이루어져야 한다. 당일 운영을 통해 발견된 예기치 못했던 문제점들과 이를 보완할 수 있는 해결 방안 등이 전체적으로 공유된다면 그 다음날은 더 발전된 현장 운영과 각종 상황에 철저한 대비가 이루어질 것이다.

또 한 가지 현장 운영에 있어 중요한 것은 설문이나 인터뷰 등을 통한 참가자들의 만족도 혹은 평가를 받아내는 것이다. 여러 사유로 이를 간과하는 경우가 많은데, 모든 참가자들이 돌아간 뒤에 이들로부터 피드백을 받기는 어렵기 때문이다. 실제로 사후 설문 평가에 대한 응답률은 현저하게 떨어지며, 현장감이 없기 때문에 개선 사항 등의 반영에 유의한 데이터 수집이 어렵다. 따라서, 사전에 평가를 위한 별도의 스태프나 자원봉사자로 이루어진 팀을 만들어 정확한 업무를 지시해 두고, 현장 운영 기간 중에 이를 운영해야만 할 것이다.

데이터 수집 방법으로는 참가자 대상 설문, 인터뷰, 포커스 그룹 간담회, 전자 평가, 홈페이지 방문 및 리뷰 행태 분석, 모바일 앱 등을 통한 다양한 방법을 활용할 수 있을 것이다. 평가 내용은 주최자의 경우는 프로그램 만족도, 연자 개별 만족도, 주제와 토픽에 대한 의견, 행사 운영상의 보완점, 홍보 전략별 도달률 및 향후 개선 사항 등이다. 개최지의 입장에서는 참가자들의 소비 행태와 지출 금액, 개최 도시 및 개최 장소에 대한 만족도, 국가별 개최지 내 방문 행태 분석, 서비스 공급자들에 대한 만족도 분석 등을 통해 향후 개최 예정인 국제행사에 개선안을 반영하기 위한 데이터를 수집하는 것이 중요할 것이다. 나아가 참가자 개별 정보를 최대한 확보하여 비즈니스나 관광의 목적으로 재방문을 유도하기 위한 도시 마케팅의 기반을 축적해 가는 것도 의미 있을 것이다.

사후 미팅에서는 운영팀들의 그간 노력을 서로 격려하고, 성공 사례를 공유하며, 개선 사항을 도출할 필요가 있다. 생생한 피드백을 서로에게 제공하고 이를 반영하기 위해서는 가능한 조속히 사후에 미팅을 소집해야 할 것이다. 또한, 사전에 수립했던 행사의 목적과 목표에 대해 얼마만큼의 성과를 거두었는지, 즉, ROI 분석과 결과보고 회도 매우 중요하다.

차. 미팅테크놀로지의 활용

행사 기획 및 운영과 관련하여 추가적으로 중요하게 다루어야 할 분야가 있는데, 바로 중요성이 급부상하고 있는 미팅테크놀로지 부문이다. 미국 이벤트산업위원회 (Events Industry Council, EIC)는 미팅테크놀로지를 '미팅이나 이벤트와 같은 행사를 지원하는 컴퓨터, 소프트웨어, 네트워킹, 오디오 등과 같은 기술 도구'라고 정의한다. 코로나 사태로 인해 생겨난 여러 국제회의 개최 방식의 변화 가운데, 앞서 살펴본 대로 하이브리드 회의는 누구도 거스를 수 없는 트렌드로 자리 잡았다. 그 이유는 미팅테크놀로지를 활용한 장점이 명확하기 때문이다. 주최자와 개최지 등 회의 공급자들은 지난 팬데믹 시대에서는 회원들에 대한 혜택을 이어가고, 이미 확정되었던 회의의 개최를 위해 우선 비대면 회의 기술들을 익혀 활용할 수밖에 없는 입장이었다. 부득이하게 회의 개최 자체를 취소하게 되는 경우도 생겨났지만, 많은 주최자들은 비대면 혹은 하이브리드 회의 형태를 채택하고 진행하고자 했으며, 이러한 변화를 감지한 개최지들은 온라인 회의 시스템을 구축하여 제공함으로써 발 빠르게 대처했다. 하지만 이제는 과거의 경험을 되돌아보았을 때, 주최자와 개최지 모두 비대면 회의 위주의 개최 방식으로만 진행 시의 한계를 깨달았을 것이다. 그것은 온라인 회의 시스템에 소요되는 추가 비용 문제일 수도 있고, 참가자들이 호소하는 피로도 및 축소된 참가 가치에 대한 문제일 수도 있으며, 참가자의 현장 방문 감소로 발생하는 개최지의 경제 파급효과 축소와 이의 대응에 대한 한계일 수도 있을 것이다.

반면에, 미팅테크놀로지들의 장점을 명확히 파악하는 계기도 되었을 것이다. 마케팅 콘텐츠를 동영상, E-book, AR/VR 기술을 접목한 디지털 콘텐츠로 전환하고, 이를 SNS, 홈페이지, E-뉴스레터, 각종 미디어 채널 등의 옴니 채널에 탑재했을 경우에 '원 소스 멀티 유즈'가 가능해지면서 홍보 효과를 극대화할 수 있음을 경험적으로 알게 되었다. 잠재 참가자들도 과거와는 다르게 이러한 디지털 마케팅에 더 의존하게 되었다. 직업군, 연령, 국가 및 지역별 세부 타깃별로 도달할 수 있는 글로벌 SNS를 활용할 수도 있으며, 홍보 대상을 체계적으로 DB화하여 관리하는 편리한 기술들도 급속히 발전하였다. 행사별로 전용 앱을 개발하여 필요한 행사 및 강사의 정보는 물론, 등록자들과의 네트워킹도 연중 가능하게 되었으며, 웹과 앱의 생방송 강의나 교육을 연중 진행하면서 본 행사의 현장 참가에 대한 기대 효과를 극대화할 수 있는 미팅 테크놀로지들도 세련되게 발전하였다.

나아가 이러한 생방 혹은 녹화 강연들은 아카이브화를 통해 유료로 전환될 수도 있으며, 현장에서 진행되는 컨퍼런스를 생중계하여 온라인 유료 등록자를 늘리는 것을 검토할 수 있게 진일보하였다. 또한, 지리적 공간을 초월하여 저명한 강사들을 합리적인 가격으로 온라인으로 초청할 수 있게 되었고, 강의 효과를 극대화하기 위한 각종 생방송 기술들을 실제로 적용하면서 관련 노하우를 축적하였다. 이러한 미팅 기술들을 활용하는 비용들도 적절한 수요가 있고, 각 미팅 기술들의 장점들을 합리적으로 활용함으로써 안정화 및 표준화되고 있는 추세로 보인다.

요약하자면, 지난 3년간의 비대면 혹은 하이브리드 행사들의 경험들을 통해 미팅 테크놀로지를 전략적으로 활용한다면, 연중 홍보 효과 극대화, 저명 강사 초청, 오프라인 참가 기대 가치 증대, 일부 비용 절감, 수입 증대 등에 다양한 강점들을 파악하게 되었으므로 이를 사전, 현장, 사후에 활용하여 하이브리드 행사로 개최하는 것이 새로운 트렌드가 될 수 있다.

대표적 미팅테크놀로지는 〈표 4-16〉과 같이 청중 추적 기술, 증강현실, 비콘, 챗봇, 이벤트 모바일 앱, 게이미피케이션, 홀로그램 등이 있다. 각 행사는 개별 행사의 참가자 경험을 극대화하고 더 큰 레거시를 창출할 수 있는 데 도움이 되는 미팅테크놀로지를 취사 선택하여 적용해야 한다.

| 표 4-16 | 대표적인 미팅테크놀로지

분류	세부 내용
청중 추적 기술	• 웹 사이트 트래픽 등을 통해 청중에 관한 각종 활동 등을 측정 • 계량화된 통계를 통해 다양한 피드백 및 인사이트를 도출할 수 있으며, 추후 행사 및 플랫폼 개선에 실질적인 도움이 될 수 있음 • 사생활 및 개인정보 관련 윤리적, 법적 우려에 대비하기 위하여 사전 개인정보 수집 및 동의가 꼭 필요하며, 발전된 솔루션이 계속해서 나타나고 있음
증강현실 (Augmented Reality)	• 가상현실(VR)의 한 분야로 실제로 존재하는 환경에 가상의 사물이나 정보를 합성하여 마치 원래의 환경에 존재하는 사물처럼 보이도록 하는 컴퓨터 그래픽 기법
비콘 테크놀로지 (Beacon Technology)	• 사물 인터넷(IoT) 네트워크 기술 활용 실내외 위치 확인 시스템 • 반경 50~70m 내에 위치하고 있는 사용자를 인식하여 메시지를 전송하고 모바일 결제를 간편하게 해주는 근거리 통신 기술
챗봇 (Chatbots)	• 실제 에이전트와 직접 접촉하는 대신 텍스트 및 음성으로 온라인 채팅 대화를 수행하는 데 사용되는 소프트웨어 애플리케이션
이벤트 모바일 앱 (Events Mobile apps)	• 실시간 이벤트 참석자의 경험 향상에 사용되는 모바일 애플리케이션 • 공통적인 기능으로 디지털 아젠다, 1대1 메시지, 네트워킹을 위한 참가자 프로필 제공, 소셜 미디어 통합 등의 기능을 제공 • 브랜드 또는 사용자 맞춤형 앱 구축도 가능하며, 앱스토어 및 화면에 이벤트 명을 표시하는 등 광범위한 사용자 맞춤 서비스를 제공하여 상호작용적이고 기억에 남는 사용자 경험을 지원
게이미피케이션 (Gamification)	• 게임이 아닌 상황에서 게임 디자인 요소와 게임 원리를 응용하는 현상, 게임 요소의 특성을 사용하거나 적용하여 문제를 해결하는 일련의 활동
홀로그램 (Hologram)	• 두 개의 레이저광이 서로 만나 일으키는 빛의 간섭 현상을 이용하여 입체정보를 기록하고 재생하는 기술 • 물리적으로 같은 공간에 있지 않아도 실시간(혹은 비실시간)으로 직접 눈앞에 있는 것같이 구현됨
소셜미디어 큐레이션 및 시각화 (Social Media Curation & Visualization)	• 웹을 통해 흥미로운 콘텐츠를 필터링하고 소셜 미디어 채널에서 뉴스 기사 및 비디오 인포그래픽을 공유하는 시스템 • 데이터 분석 결과를 쉽게 이해할 수 있도록 시각화하여 표현
가상 이벤트 플랫폼 (Virtual Events Platforms)	• 온라인 플랫폼을 통해 가상의 공간에서 온라인 이벤트를 계획, 촉진할 수 있으며, 다양한 이벤트 도구가 포함되어 있음 • 디지털 경험을 통해 실제 이벤트와 동일한 느낌과 가치를 제공할 수 있도록 설계
웨어러블(Wearable)	• 피부 표면에서 착용되는 스마트 전자장치로서, 신체 신호와 관련된 정보를 감지 및 분석하여 전송

자료: 한국관광공사(2021), MICE 경쟁력 강화방안 연구

이상으로 10가지 요소 및 단계로 비즈니스이벤트의 기획절차를 살펴보았다. 비즈니스이벤트를 기획하고 운영하며, 지속가능한 발전을 이끌어내는 것이 쉬운 일은 아니다. 하지만 비즈니스이벤트가 가진 지식 확산, 산업 혁신 및 지역민의 행복이라는 핵심가치와 레거시를 생각한다면 매년 혹은 정기적으로 개최할 수 있는 특정 분야의 비즈니스이벤트를 기획하고 탄생시키고, 육성해 가는 것은 분명 가치 있는 일이 될 것이다. MICE산업의 위상 제고와 산업 범주의 확대, 마이스 업계의 자부심 강화 등에도 분명한 기폭제가 될 것이다. 자신이 기획하여 탄생시킨 비즈니스이벤트의 개최가 마무리되고, 레거시 창출이 확인되는 그날, 그 자부심을 마음껏 느껴봤으면 한다.

참고문헌

ㄱ ....

- 고양컨벤션뷰로(2021). 지속가능 MICE 행사개최 매뉴얼.
- 고양컨벤션뷰로(2023). 고양 MICE ESG 성과지표.
- 국창민·김도균·정아람(2020). 평창동계올림픽 후 레거시 효과가 국가기관 신뢰, 자주적 관여, 장소애착에 미치는 영향. 한국체육과학회지. 29(4): 675-691.
- 김미견·황희곤(2020). Mice산업의 사회문화적 파급효과 연구. 무역전시연구. 15(2): 1-19.
- 김미성(2021). 지속가능한 컨벤션 개최 레거시(Legacy) 평가지표 개발 연구. 경희대학교 일반대학원 박사학위논문.

ㄴ ....

- 뉴질랜드비즈니스이벤트뷰로 홈페이지(businessevents.newzealand.com)

ㄷ ....

- 대구컨벤션뷰로. Better Together Challenge 대회 주관 자료.
- 대구컨벤션뷰로. 아태안티에이징 컨퍼런스 대회 주관 자료
- 대구컨벤션뷰로(2015). 지속가능한 MICE 행사 매뉴얼.
- 대구컨벤션뷰로(2021). 비즈니스이벤트 레거시.
- 덴마크컨벤션뷰로 홈페이지(www.visitdenmark.com/)
- 도쿄비즈니스이벤트뷰로 홈페이지(www.businesseventstokyo.org)

ㅂ ....

- 박진경·박명숙·태혜신(2014). 2018 평창동계올림픽의 올림픽레거시와 경기장 시설 사후활용방안. 한국체육학회지-인문사회과학. 53(1): 357-372.

ㅅ ....

- 서울특별시(2023). 친환경 행사 지침.
- 성은희(2020). 컨벤션 기획실무.

ㅇ ‥‥‥‥‥

- 이벤트 지속가능성 경영관리 시스템(ISO 20121: Events Sustainability Management System).
- 이수연(2015). 스포츠 유산의 개념과 가치 평가에 관한 연구. 한국체육과학회지. 24(6): 251-264.
- 인상우(2011). 시리즈 효과: 스포츠이벤트 레거시의 형성과정. 한국체육학회지-인문사회과학. 50(1): 123-137.
- 인터컴 홈페이지(www.intercompco.co.kr)
- 임태성·박재우(2015). 2012런던올림픽 스포츠 유산 정책 고찰. 한국체육학회지. 54(3): 475-488.

ㅈ ‥‥‥‥‥

- 제주 CVB(2021) 그린 MICE 매뉴얼.
- 지속가능발전 기본법.

ㅋ ‥‥‥‥‥

- 코엑스 홈페이지 – 친환경 경영 개요(https://www.coex.co.kr/about-coex/green-coex/coex -environmental-management-overview)
- 코엑스 홈페이지 – 메타코엑스(https://elypecs.com/platform/coex/index.html)
- 코펜하겐 컨벤션뷰로 홈페이지(www.wonderfulcopenhagen.com/convention-bureau)

ㅎ ‥‥‥‥‥

- 한국관광공사 k-mice홈페이지 – 지속가능한 MICE(https://k-mice.visitkorea.or.kr/convention_ kr/continuemice/iso20121.jsp)
- 한국관광공사(2016). 국제회의 유치·개최 성공 생생 스토리.
- 한국관광공사(2018). MICE산업 통계조사.
- 한국관광공사(2019). 국제회의 유치 매뉴얼.
- 한국관광공사(2020). K-컨벤션 선정 평가항목.
- 한국관광공사(2021). MICE 경쟁력 강화 방안 연구.
- 한국관광공사(2022). MICE ESG 운영가이드.
- 한국표준협회 홈페이지 – ISO 20121(https://ksa.or.kr/ksa_kr/985/subview.do)
- 한국MICE협회 홈페이지(micekorea.or.kr)
- 한국PCO협회 홈페이지(kapco.or.kr)
- 한림 마이스 디스커버리 Hallym MICE Discovery(2021.6.4.). MZ 세대가 바라본 MICE.

A

- ad:tech 홈페이지(www.ecommerceexpo.co.uk/adtech)
- Anahita Malekmohammadi, Badaruddin Mohamed & Erdogan H. Ekiz(2011). An Analysis of Conference Attendee Motivations: Case of International Conference Attendees in Singapore.

B

- BECA 홈페이지 (https://www.businesseventscouncil.org.au)
- BE Canada(2019). How Canada's National Meetings Strategy is Driving Regional Economic Growth.
- Best Cities Global Alliances(2020). Advancing Events Legacies Through Impact Measurement.
- BE Sydney(2010). Beyond Tourism Benefits.
- BE Sydney(2017). The Power of Conferences.
- Blockchain Expo Global 홈페이지(www.blockchain-expo.com/global)
- Boardroom(2020). The Role of Business Events in the Economic Recovery(https://boardroom.global/the-role-of-business-events-in-the-economic-recovery)
- Business Events Council of Australia(2005). National Business Events Study.
- Business Events Council of Australia(2008). A National Business Events Strategy for Australia 2020.
- Business Events Council of Australia(2020). The Value of Business Events in Australia.
- Business Events Council of Australia(2021). COVID-19 Recovery and Rebound Framework.

C

- C2 Montreal 홈페이지(www.c2montreal.com)
- CES 페이스북페이지(facebook.com/ces)
- CES 홈페이지(https://www.ces.tech)
- Convention Indusry Council(2008). Convention Industry Council Manual.
- Collision 컨퍼런스 홈페이지(www.collisionconf.com)
- Cortex 홈페이지(www.cortexstl.org)
- Curtis & Coulter(2019). Why do people attend conferences? 5 key reasons for attendees and event organizers(https://curtiscoulter.com/why-do-people-attend-conferences-5-

key-reasons-for-attendees-and-event-organizers/)

D ·········

• Destination Canada 홈페이지(businessevents.destinationcanada.com)
• Destination International 홈페이지(https://destinationsinternational.org/)
• Dreamforce 홈페이지(www.salesforce.com/dreamforce)

E ·········

• EdTechXEurope 홈페이지(www.edtechxeurope.com)
• Elo, L.(2016). From event planning to legacy planning. Master's Thesis. Haaga-Helia: University of Applied Science.

F ·········

• Fintech Connect 홈페이지(www.fintechconnect.com)
• FinTech North Investment Forum 홈페이지(www.fintechnorth.uk/event)
• FinTech World Forum 홈페이지(www.fintechconferences.com)

G ·········

• Gaining Edge(2018). Destination Competitive Index.
• German Convention Bureau(2013). Meetings made in Germany.

H ·········

• IICCA(2018). A Modern History of International Association Meetings
• ICCA(2020). The Kaohsiung Protocol
• IoT Tech Expo Global 홈페이지(www.iottechexpo.com/global)

J ·········

• JMIC 홈페이지(www.themeetingsindustry.org)
• JMIC(2012). The Value of Business Events.
• JMIC(2019). Business Events Legacies.
• JMIC(2019). The Global Meetings Industry Overview.

· JMIC(2020). JMIC Global Manifesto.

· JMIC(2020). Meeting the Worlds Sustainable Development.

K

· Kassens-Noor, E., Wilson, M., Müller, S., Maharaj, B., & Huntoon, L.(2015). Towards a mega-event legacy framework. Leisure Studies. 34(6): 665-671.

L

· London Techweek 홈페이지(www.londontechweek.com)

M

· Masterman, G.(2009). Strategic Sports event management Olympic edition. 2nd ed. Oxford: Butterworth-Heinemann.

· Malaysia Convention & Exhibition Bureau. Malaysia Business Events Strategic Marketing Plan 2021~2030(https://www.myceb.com.my/about-us/malaysia-be-smp-2021-2030)

· Meet Denmark(2019). Outreach and Legacy.

· Meet Denmark(2020). Meeting Legacies: Innovating for Enchanced Value Creation.

· Meetings mean business(MMB) 홈페이지(www.meetingsmeanbusiness.com)

· MMB & Skift(2017). Defining Conventions as Urban Innovation and Economic Accelerators.

· MPI 홈페이지 - Practical Meeting Planning Guide(https://www.mpi.org/the-practical-guide-to-meeting-planning)

O

· Oppermann, M.(1996). Convention destination images: analysis of association meeting planners' perceptions. Tourism management. 17(3): 175-182.

· Ozgur Tore(2017). Why People Attend Meetings?(https://ftnnews.com/mice/31950-why-people-attend-meetings)

P

· PCMA(2015). Professional Meeting Management(6th Edition), A Guide to Meetings, Conventions, and Events.

· Prabhu T.L.(2021). ENTERTAINMENT MANAGEMENT: Successful Events Management

Strategies.

• Preuss, H.(2007). The conceptualisation and measurement of mega sport event legacies. The Journal of Sport Tourism. 12(3-4): 207-227.

Q ·········

• QCon London 홈페이지(www.qconlondon.com)

R ·········

• Rob Davidson(2008). What Does Generation Y want from Conferences and Incentive Programmes?

S ·········

• Singapore Tourism Board(2021). CHECKLIST ON SAFE MANAGEMENT MEASURES FOR SAFE BUSINESS EVENTS FRAMEWORK.

• Smart City Expo World Congress 홈페이지(www.smartcityexpo.com)

• SXSW 홈페이지(www.sxsw.com)

T ·········

• Tech Connect World Innovation 컨퍼런스&엑스포 홈페이지(www.techconnectworld.com)

• TechDay London 홈페이지(www.techdayhq.com/london)

• Technology For Marketing 홈페이지(www.ecommerceexpo.co.uk/tfm)

• The Iceberg 홈페이지(https://www.the-iceberg.org/newsletters)

U ·········

• UFI(2019). The Exhibition Industry and UN SDGs.

• UIA 홈페이지(https://uia.org/)

• UKEvents(2014). Business Visits and Events Strategy.

• UKEvents(2019). UK Governement's Business Events Action Plan.

• UK Investor Show 홈페이지(www.ukinvestorshow.com)

• UNWTO(2008). Global Meeting Initiative.

• UNWTO, Reed Travel Exhibitions, ICCA & MPI(2006). Measuring the importance of Meetings Industry.
• U.S Travel Association(2015). The Role of Business Travel in the U.S. Economic Recovery.

V ·········

• Visit Britain 홈페이지 – Business Events Growth Programme(https://www.visitbritain.org/resources-business-events-partners/business-events-growth-programme)

W ·········

• Websummit 홈페이지(www.websummit.com)
• WTTC(2011). Business Travel: A Catalyst for Economic Performance.
• Woodhouse, J., & Fielden, A.(2010). London Olympics 2012: sporting legacy. London: House of Commons Library.

Y ·········

• Yoo, J. J. E., & Zhao, X.(2010). Revisiting determinants of convention participation decision making. Journal of Travel & Tourism Marketing. 27(2): 179-192.

저자
소개

김성태

경북대학교 영어영문학과를 졸업하고, 한림대학교
국제학대학원에서 컨벤션경영학 석사를 취득하였
다. EXCO(대구전시컨벤션센터) 마케팅팀, 대전
컨벤션뷰로(현, 대전관광공사) 마케팅팀장, 한국
MICE협회 사무국장을 역임하였고, 현재는 대구컨
벤션뷰로의 사무국장으로 근무하고 있다. 24년간
MICE산업 분야에 종사하면서 국제회의 세일즈,
마케팅 및 기획·개발을 전담해 왔다.

정광민

경희대학교 일반대학원 컨벤션전시경영과에서 박
사학위를 취득하고 현재는 한국문화관광연구원에
서 연구위원으로 재직 중이다. 한양대학교 도시대
학원에서 겸임교수로 재직하며 문화관광 수업을 강
의하고 있다. MICE, 복합리조트, 디지털 전환, 관
광거점도시, 관광규제 등 관광 산업분야 정책연구
를 수행 중에 있으며, 특히 10여 년간 제4~5차 국
제회의산업육성기본계획을 비롯하여 국제회의산
업 법제도 등 정부 MICE 정책 연구를 총괄하여
수행하고 있다.

윤은주

서강대학교에서 경영학 박사학위를 취득 후 1999
년부터 MICE산업에 종사하기 시작하였다. 2006
년부터 한림국제대학원대학교 컨벤션전시이벤트
전공 교수로 재직 중이며 한국컨벤션전시산업연
구원(icem) 원장을 겸직하고 있다. Global MICE
Insight 전문지 발간과 한림 MICE Discovery 유튜
브 채널을 운영하고 있고, 25년의 MICE산업 연구
및 교육 경험을 바탕으로 비즈니스이벤트 영역으로
의 성장을 고민하고 있다.

e-mail: ejyoon517@hallym.ac.kr

김미성

이화여자대학교 사회학과를 졸업하고, 경희대학교
컨벤션전시경영학과에서 석사학위를, 스마트관광
원에서 박사학위를 취득하였다. ㈜드림아이플래너
스에서 국제회의기획사(PCO)로 활동하였으며, 한
국MICE관광학회 사무차장을 역임하였고, 현재는
경희대학교 관광 산업연구원에서 학술연구교수로
재직하고 있다. 10여 년간 MICE산업 분야에 종사
하고 있으며, 최근 비즈니스이벤트 레거시에 주요
한 관심을 가지고 연구를 진행하고 있다.

저자와의
합의하에
인지첩부
생략

비즈니스이벤트

2024년 3월 10일 초판 1쇄 인쇄
2024년 3월 15일 초판 1쇄 발행

지은이 김성태·윤은주·정광민·김미성
펴낸이 진욱상
펴낸곳 (주)백산출판사
교 정 성인숙
본문디자인 신화정
표지디자인 오정은

등 록 2017년 5월 29일 제406-2017-000058호
주 소 경기도 파주시 회동길 370(백산빌딩 3층)
전 화 02-914-1621(代)
팩 스 031-955-9911
이메일 edit@ibaeksan.kr
홈페이지 www.ibaeksan.kr

ISBN 979-11-6567-820-3 93320
값 26,000원

● 파본은 구입하신 서점에서 교환해 드립니다.
● 저작권법에 의해 보호를 받는 저작물이므로 무단전재와 복제를 금합니다.